乡村振兴探索丛书

丛书主编　温铁军
　　　　　潘家恩

全国高校出版社主题出版 | 重庆市出版专项资金资助项目
西南大学创新研究2035先导计划资助项目

社会企业：乡村产业振兴的多元探索

杜洁 编著

西南大学出版社
SWUP
国家一级出版社 全国百佳图书出版单位

图书在版编目(CIP)数据

社会企业：乡村产业振兴的多元探索 / 杜洁编著.
重庆：西南大学出版社, 2025. 1. -- (乡村振兴探索).
ISBN 978-7-5697-2223-9

Ⅰ. F279.23

中国国家版本馆CIP数据核字第2024VZ9969号

社会企业：乡村产业振兴的多元探索

SHEHUI QIYE：XIANGCUN CHANYE ZHENXING DE DUOYUAN TANSUO

编　　著：杜　洁

出 品 人：张发钧
策划组稿：黄　璜　刘　露
责任编辑：刘　露
责任校对：畅　洁
排　　版：夏　洁
装帧设计：观止堂_未　氓
出版发行：西南大学出版社(原西南师范大学出版社)
地址：重庆市北碚区天生路2号　邮编：400715
经　　销：新华书店
印　　刷：重庆正文印务有限公司
成品尺寸：170 mm×240 mm
印　　张：18.25
字　　数：283千字
版　　次：2025年1月　第1版
印　　次：2025年1月　第1次印刷
书　　号：ISBN 978-7-5697-2223-9

定　　价：78.00元

总　序

温铁军*

人们应该知道乡村振兴之战略意义实非仅在振兴乡村，而是在中央确立的底线思维的指导下，打造我国“应对全球化挑战的压舱石”。

2022年中央一号文件指出：“当前，全球新冠肺炎疫情仍在蔓延，世界经济复苏脆弱，气候变化挑战突出，我国经济社会发展各项任务极为繁重艰巨。党中央认为，从容应对百年变局和世纪疫情，推动经济社会平稳健康发展，必须着眼国家重大战略需要，稳住农业基本盘、做好‘三农’工作，接续全面推进乡村振兴，确保农业稳产增产、农民稳步增收、农村稳定安宁。”

为此，应把“三农”工作放入我国的新发展阶段、新发展理念、新发展格局中来解构。“三新”这个词，可能大家很少深入去思考，我们简单回顾一下。2021年1月11日，习近平在省部级主要领导干部学习贯彻党的十九届五中全会精神专题研讨班开班式上发表重要讲话强调：进入新发展阶段、贯彻新发展理念、构建新发展格局，是由我国经济社会发展的理论逻辑、历史逻辑、现实逻辑决定的。这是新时期全面推进乡村振兴的指导思想。

就“三农”工作来说，当前要遵照2020年党的十九届五中全会确立的国内大循环战略，“两山论”生态化战略，城乡融合发展战略。

我在调研过程中发现，很多地方在稳住“三农”工作时没能很好地学习和贯彻“三新”战略，还在坚持以工业化和城市化为主的旧格局，以至于很多矛盾不能很好解决。

---

* 西南大学乡村振兴战略研究院（中国乡村建设学院）首席专家、教授。

新发展理念和旧的理念有很大不同，比如，现在我们面对的外部的不确定性，其实主要是全球化带来的巨大挑战。而全球化挑战最主要的矛盾就是全球资本过剩，这主要是近20年来，西方主要国家增发大量货币，导致大宗商品市场价格显著上涨，迫使中国这样“大进大出”的以外向型经济为主的国家多次遭遇“输入型通胀”。这些发达国家对外转嫁危机制造出来的外部不确定性，靠其国内的宏观调控无法有效应对。面对全球资本过剩这种历史上前所未有的重大挑战，我国提出以国内大循环为主体、国内国际双循环相互促进的主张。

因此，要贯彻落实2022年中央一号文件精神，就要把握好“稳”的基本原则，守住守好“两条底线”（粮食安全和不发生规模性返贫），坚持在“三新”战略下推进乡村全面振兴，打造应对全球危机的“压舱石”。

此外，在2000年以后世界气候暖化速度明显加快的挑战下，中国已经做出发展理念和战略上的调整。

中央早在2003年提出“科学发展观”的时候就已经明确不再以单纯追求GDP为发展目标，2006年提出资源节约、环境友好的“两型经济”目标，2007年进一步提出生态文明发展理念，2012年将大力推进生态文明建设确立为国家发展战略。“绿水青山就是金山银山”的“两山”理念在福建和浙江相继提出。2016年，习近平总书记增加了“冰天雪地也是金山银山”的论述。2018年5月，习近平生态文明思想正式确立。在理论上，意味着新时代生态文明战略下的新经济内在所要求的生产力要素得到了极大拓展，意味着新发展阶段中国经济结构发生了重要变化。

2005年，中央在确立新农村建设战略时已经强调过“县域经济”，2020年党的十九届五中全会强化乡村振兴战略时再度强调的“把产业留在县域”和县乡村三级的规划整合，也可以叫新型县域生态经济；主要的发展方向就是把以往粗放数量型增长改为县域生态经济的质量效益型增长，让农民能够分享县域产业的收益。

新发展阶段对应城乡融合新格局，内生性地带动两个新经济作为“市民下乡与农民联合创业”的引领：一个是数字经济，一个是生态经济。这与过去偏重于产业经济和金融经济这两个资本经济下乡占有资源的方式有相当大的差别。

中国100多年来追求的发展内涵，主要是产业资本扩张，也就是发展产业经济。21世纪之后进入金融资本扩张时代，特别是到21世纪第二个十年，中国进入的是金融资本全球化时代。但是，在这个阶段遭遇2008年华尔街金融海啸派生的“输入型通胀”和2014年以金砖国家为主的外部需求下滑派生的“输入型通缩”，客观上造成国内两次生产过剩，导致大批企业注销、工人失业，矛盾爆发得比较尖锐。同期，一方面，加入国际金融竞争客观上构成与美元资本集团的对抗性冲突；另一方面，在国内某种程度上出现金融过剩和社会矛盾问题。

由此，中央不断做出调整：2012年确立生态文明战略转型之后，2015年出台“工业供给侧结构性改革”，2017年提出“农业供给侧结构性改革”，2019年强调“金融供给侧结构性改革”，并且要求金融不能脱实向虚，必须服务实体经济。例如，中国农业银行必须以服务“三农”为唯一宗旨；再如，2020年要求金融系统向实体经济让利1.5万亿元。总之，中央制定“逆周期”政策，要求金融业必须服务实体经济且以政治手段勒住金融资本异化实体的趋势。

与此同时，中央抓紧做新经济转型，一方面是客观上已经初步形成的数字经济，另一方面则是正在开始形成的生态经济。如果数字经济和生态经济这两个转型能够成功，中国就能够回避资本主义在人类历史两三百年的时间里从产业资本异化社会到金融资本异化实体这样的一般演化规律所带来的对人类可持续发展的严重挑战。

进一步说，立足国内大循环为主体的新阶段，则是需要开拓城乡融合带动的数字化生态化的新格局。乡村振兴是中国改变以往发展模式，向新经济转型的重要载体。因此，《中华人民共和国国民经济和社会发展第十四个五年规划和2035年远景目标纲要》指出，要坚持把解决好“三农”问题作为全党工作的重中之重，走中国特色社会主义乡村振兴道路。

为什么强调“走中国特色社会主义”的乡村振兴道路？

因为，在工业化发展阶段，产业资本高度同构，要求数据信息必须是标准化的，以实现可集成和大规模传输，这当然不是传统农村和一般发展中国家能够应对的。并且，产业资本派生的文化教育体现产业资本内在要求，是机械化的单一大规模量产的产业方式。被资本化教育体制重新塑造的人力资本如果不敷用，则改用机器人替代……

中国特色社会主义与其最大的区别是，虽然产业资本总量和金融资本总量世界第一，但在发展方向上促成了乡村振兴与生态文明战略直接结合，对金融资本则严禁异化，不仅要求服务实体，而且必须服务于现阶段的生态文明和乡村振兴等生态经济，这就不是单一地提高农业产业化的产出量和价值量，而是包括立体循环、生态环保，以及文化体验、教育传承等多种业态。因此，乡村振兴不能按照资本主义国家农业现代化要求制定中国农业现代化标准，而是要按照建设“人与自然和谐共生”的现代化，形成中国特色社会主义乡村振兴的生态化指标体系。

近年来，党中央提出建设“懂农业、爱农村、爱农民”的“三农”工作队伍并指出“实践是理论之源”，多次强调国情自觉与“四个自信”。回到历史，中国百年乡村建设为新时代乡村振兴战略积累了厚重的历史经验。20世纪20至40年代，中国近代史上具有海内外广泛影响的乡村建设代表性人物卢作孚、梁漱溟、晏阳初、陶行知等汇聚重庆北碚，使北碚成为民国乡村建设的集大成之地，而西南大学则拥有全国高校中最为全面且独特的乡村建设历史资源。

为继承并发扬乡村建设“理论紧密联系实际”的优秀传统，紧扣党中央关于乡村振兴和生态文明的战略部署，结合当代乡村建设在全国范围内逾20年的实践探索与前沿经验，我们在西南大学出版社的大力支持下，特邀相关领域研究者与实践者共同编写本丛书，对乡村建设的一线实践进行整理与总结，希望充分依托实际案例，宏观微观相结合，以新视野和新思维探寻乡村振兴的鲜活经验，推进社会各界对新形势下的乡村振兴产生更为立体全面的认识。同时，也希望该丛书可以雅俗共赏，理论视野和实践经验兼顾，为从事乡村振兴的基层干部、返乡青年、农民带头人提供经验参考与现实启示。

理论是灰色的，生命之树常青！

是为序。

序 言

温铁军

中国历史留给当代的基本经验，恐怕是“处变不惊”和“因势利导”的对立统一。据此，大可不必对任何海外引入的制度或格局因循拘泥。君不见，新世纪以来身处其中的“世界百年未有之大变局”，使中国“应时顺变”地进入了“以国内大循环为主体，国内国际双循环相互促进”的“双循环”新发展格局。而我们长期从事乡村建设活动之战略意义，也就主要体现在国家“应对全球化挑战的压舱石”的需求上。

在这样的国家重大战略改变的局势下，企业和组织作为微观主体，其目标和行为都顺理成章地要进行改革创新。客观上，“社会企业”成为重要的企业改革方向。“社会企业”强调通过商业经营手段解决社会问题。这种企业形态不但参与市场活动以形成经营收益，还同时撬动社会资源，形成社会服务，它强调社会综合收益，而不仅仅以经济利益最大化为目标。社会企业经营和服务的基础是本国资源、本地社区，因而具有发展爱国企业、服务地方建设的内在可能性。

习近平总书记提出“以人民为中心”的发展思想、提出生态文明思想“生态产品价值实现”的要求以来，若要落实国内大循环为主体的乡村振兴战略的“产业振兴”，就需要转变过去40年主要搞外向型企业的发展模式，更多地转向对本土资源与市场的重新认识与有效开发，使企业主体进一步与乡村社会、资源特点相结合，创新出更适合于中国国情和乡村产业发展要求的社会企业。可以说，作为一种追求社会整体效益最大化的企业组织类型，“社会企业”特别适用于推动农业农村的创新绿色产业发展。

一、中国特色的社会企业发展

说到社会企业，一些论者习惯性地引述海外的概念，然后把照搬洋人书本的知识趸过来卖与国人，认为“社会企业”是西方资本主义演进过程中创新的社会经济组织形式，在中国是一个新的概念。但即使喜欢照搬的学者们也不能忽视的是，社会企业的组织经营方式在中国有悠久的历史，且有深厚的社会土壤。

中国历史上一直存在着以解决社会问题、推动社会良性治理为目标的经济组织，在外部和内部压力的推动下，其往往与本地社区（特别是乡村社区）的社会生活结合更为紧密，从而形成内生的在地化特点。大约一千年前，宋代的范仲淹于家乡设立“范氏义庄”，捐献田产进入义庄独立经营，地租收入用于赡养族中的贫困家庭，并通过制定义庄规章实现了对本乡本土的良性治理。此类“义庄”“义学”在中国乡土社会中具有悠久的传统，其社会性目标、商业性经营以及集体的利润共享都符合当今“社会企业”的定义，其扎根乡土、回馈乡土的内涵更具有中国特色。

近现代以来，随着现代公司概念和工业生产进入中国，也积累了很多独具特色的在地化社会企业经验。中国近代的社会企业诞生于帝国主义列强侵略和瓜分中国的危难之中，一批以“实业救国”为己任的有识之士，通过本土资源和市场的整合，积累了在地化、可持续的企业发展与社会良治有机结合的企业发展经验。他们为着救国救民的社会利益目标而努力，开创了具有“社会企业”内涵的中国特色民营企业发展模式。从这个意义上说，他们也可被称为中国本土最早的现代“社会企业家”。

例如毛泽东赞赏的早期实业家张謇就是典型代表。张謇先生不仅作为实业救国的民族企业家而闻名，也在清末宪政等政治变革中做出了极其重要的贡献,他也是早期组织农民参与"农会"的发起者。1895年,他有感于甲午战败之国耻而回乡创办的大生集团,是典型的以"实业报国"为目标,通过经营企业而推行"在地化"综合性发展的社会企业。张謇以孔子的"大道之行也,天下为公"理念重新定义"公司",使其从西方强调"私人"的产业,转变为服务社会的"公"的意涵。他兴办了一百多所学校,还兴办了图书馆、体育场、敬老院、残疾人救助站等大量公益机构,直到1926年去世,毕生没有追求"个人利益最大化"、没有占据"资本收益"! 作为一个真正意义上的社会企业家,他探索出了"教育—实业—公益"三位一体的"村落主义"社会建设模式。为此,我们亦称他为近代"中国乡村建设的开创者"。

类似的,还有在重庆创办民生公司带动北碚"镇域"综合发展、最终一统长江航运业的卢作孚,在江苏吴江开办蚕丝合作社的费达生,江苏无锡著名实业家荣宗敬、荣德生、薛明剑等。他们都通过立足本地乡村资源兴办本土化实业经济,企业收益随之也主要投入本地社会事业,形成了对本地民生产业、教育医疗以及社会组织的良性建设。

中国是社会主义国家,各类企业中大量存在社会企业内涵。客观地看中国共产党领导的实业建设史,无论是1920年代后期的根据地、1940年代后期解放区的企业,还是1949年新中国成立后相继形成的以国家资本为内涵的国有经济与乡村全体成员参与的集体经济,都是以社会综合发展为己任的社会企业。1980年代以后,虽然企业大面积改制,但仍然有很大部分的企业资产和治理结构具有明确的社会企业属性。当今,新时代中国特色社会主义所追求的共同富裕目标和共生共享共治的理念,都是社会企业创新发展的内涵方向。

这些中国历史上已经存在并仍在延续的社会企业经验之所以能够形成,是因为中国立足本土(而非对外殖民或依附状态)发展社会经济,主要依赖的是对中国乡土社会中本土资源(特别是政府资产残值和社会资本)和本地市场的优化配置。通过社会资源优化配置,以较低的成本构建了在地化社区治理与社会服务体系，从而实现企业经营与本土社区的良性互动发展。这是独具特色且在全球经济危机背景下具有可推广性的中国经验。

具有参照意义的是东亚19世纪末期形成的乡村“综合农协”，或可认为是延续了历史上东亚社会长期稳态的、以村社为单位的社会企业模式。东亚的综合性合作社百年传承，本身就具有和自然生态及人文社会结合的特征。在数千年延续的原住民为主体的东亚乡土社会中，内含着生态可持续目标的乡土经济，符合社会企业本地化特征。

二、乡村社会企业如何可能？

社会企业作为以社区为基础的经营组织，与乡村社区具有亲和性。乡村社区是以村集体为组织基础、以亲缘为社会基础、以地缘为生态资源基础的乡村社会系统。社会企业在乡村社区的良性经营，有利于起到激活社会资本、整合唤醒生态资源、融合外部资本、降低企业经营成本、塑造和谐乡村的作用。以社会企业的方式，对接外部多元投资主体、发展社会化农业、改善村庄治理，可以形成有效的组织创新。

社会企业作为新的微观主体，与资源环境可持续具有极强的内在联系。当前，我国进入生态文明新时代战略转型期。发展乡村生态产业，可以重构新型集体经济组织，通过公司化改制成为乡村社会企业，以追求收益在地化和共同富裕社会化为目标。这既符合空间生态资源开发与“资本深化”结合的质量效益型市场经济要求，又能体现“空间正义”原则，推进“生态产业化”和“产业生态化”，最终以生态资本深化带动生态产品价值实现。

社会企业作为包容多业态的组织形式，可以成为城乡融合的桥梁和业态创新的载体。乡村振兴战略提出“产业兴旺”的目标，要求“促进农村一二三产业融合发展”。《中共中央、国务院关于做好2022年全面推进乡村振兴重点工作的意见》中，更提出了数字时代下一二三产业融合的新业态和绿色产业发展要求。这都是以多元业态创新推动本土产业发展、进行转型升级的重要契机。中央在确立“城乡融合”指导思想的同时，还强调市民下乡与农民联合创业。新型集体经济、农民专业合作社等新型经营主体，以及市民下乡与农民合作的创新业态等，都可以形成乡村社会企业的载体，以社会多元化主体参与式的“混改”创新，推进多种经济成分的共同兴旺发展。通过一二三产业融合，农民在与市民及社会力量的联合创业创新过程中收入真正得到提高，生态资源、环境在空间正义的理念之下，完成生态资源价值化。

从而，在习近平新时代中国特色社会主义思想指导下的乡村振兴发展中，乡村社会企业可以成为产业振兴和企业升级的重要创新方向。社会企业作为一种追求社会整体效益最大化的企业组织类型，适用于推动乡村产业发展和社区建设。它可以是乡村“三生合一”的生态化产业兴旺的载体，也是“三治合一”治理有效的基础和组成部分。

乡村社会企业应该如何建设呢？借当前生态文明建设和实施乡村振兴战略的东风，乡村地区可以乡村传统的村社理性为基础，首先通过“三变改革”完善新型集体经济建设，为乡村社会企业的发展提供组织基础。然后，鼓励新型集体经济组织结合“三变改革”开展全域资源内部化的自主定价，再以可变现资源计价入股到合作社、家庭农场、外来投资企业、下乡市民实体、返乡创业企业等。大力推进城乡融合、六产融合，从而让乡村的沉睡资源与外部资源和创意结合，让乡村资产与县域平台经济相结合，让在地化的县域产业与在地农民农村共享福利。

总体来说，在实施乡村振兴战略的过程中，中国社会企业的创新方兴未艾。它们可能创造出不过度依赖外部投资与外部市场的、低成本服务于本地社区的可持续企业制度，构建起中国以不同于西方道路崛起于世界民族之林的企业发展和制度创新话语，这是构建当前我国道路自信、理论自信、制度自信、文化自信的重要基础。

归纳起来，现有乡村社会企业实践创新大致可分为四类：一是农民通过“三变改革”的财产关系组合来“重构新型集体经济”；二是农民合作社，以及信用社和供销社联合构建“三位一体”的综合性合作社；三是城乡融合战略下的市民下乡与农民联合创业形成的绿色发展机构。本书案例将从这三个方面呈现当前乡村社会企业的各种探索。不同的经营主体，共同在乡村大地上走出具有中国特色的乡村社会企业创新之路，书中记录的只是它们前进过程中的一个脚印，其未来的发展更值得关注和期待！

目录

第一章

乡土中国的社会企业①

当前,“社会企业”是一种重要的新型社会组织形态。社会企业作为彰显社会性作用的企业组织形式,不仅具有公益性的社会辅助意义,更在整体性的社会建设中发挥着日益重要的作用。当前对中国社会企业的研究,大多认为中国本土社会企业的诞生较晚,且尚处在发展之中。但本书采用历史性视角,将目光回溯至中国近代历史上的实业家和他们创办的企业,认为我国具有“社会企业”内涵的本土企业早已有之,且具有独特的发展和推动本土化社会建设的实际经验。

从19世纪末20世纪初开始,随着“实业救国”话语的兴起,一批实业家在艰难的经济环境中以救国图存为目标开办实业,并通过企业的经营发展带动区域性整体建设。这些企业家在创业初期即立意于社会之发展与革新,在创立初衷、经营目标、组织形式、社会服务等方面都充分体现了“社会企业”的真正内涵。

这样的发展脉络,在现当代也是一以贯之的。当代乡村社区集体条件下的工业化也继续沿袭了这一传统。自1980年代以来,大量兴起的集体所有制乡镇企业,充分发挥了在地资源最优化配置、成员权共享、与企业经营支持社区建设的社会企业优势,从而“异军突起”。其中很多乡镇企业在形成巨额财产之后并没有按照西方主流的思想走向私有制,而是在1980—1990年代

---

① 本章部分节选自:杜洁,张兰英,温铁军.社会企业与社会治理的本土化——以卢作孚的民生公司和北碚建设为例[J].探索,2017(3):138-143.收入本书时有删节修改。

改制为西方没有的财产在地化、依据社区成员权占有企业收益分配的“社区股份合作制”。到20世纪末21世纪初,延续此类经验的乡村专业合作社、合作企业、城市消费者合作企业等多种形式的本土企业,在这方面进行了大量卓有成效又富有创造性的探索与实践。

因而,中国基于乡村本土社区的社会企业经验模式,可以与乡土社会有机结合,这有助于化解过高的企业投资风险、降低政府和农民之间的交易成本,从而有效降低企业的运营成本。这种既有助于企业的良性发展,也有助于乡村地方社会建设的做法,对乡村振兴战略下乡村产业振兴的转型升级和乡村社区的有效治理都具有重要的启示与借鉴意义。

一、社会企业概念简介

1.社会企业概念。

本书不讨论纷繁的社会企业的概念,而是聚焦于其社会建设的根本性目标指向。社会企业谋求怎样的社会目标?怎样以经营的方式实现社会建设的目标?特别是在处于社会基础位置的乡村社区,又怎样与本社区的社会生态有机结合?这是本书聚焦乡村社会企业所关注的问题。

简单来说,西方意义上的“社会企业”(Social Enterprise)和“社会企业家”(Social Entrepreneur)的概念源于欧洲。法国经济学家蒂埃里·让泰首先提出了“社会经济”的概念,将社会因素引入了经济体的考量分析,认为经济不应该脱嵌于社会而存在[①]。

随着当代社会企业的演变与发展,对其概念内涵有着很多不同的定义。英国政府把社会企业定义为“拥有基本的社会目标而不是以最大化股东和所有者的利益为动机的企业,所获得的利润都再投入到企业或社会之中”[②]。而美国的社会企业由于深受其创新的商业文化和创业精神影响,更多倡导的是

① 赵莉,严中华.国外社会企业理论研究综述[J].理论月刊,2009(6):154-157.

② 于晓静.国外社会企业的发展及其启示[J].社团管理研究,2011(5):46.

社会企业家精神[①]。

综合以上对社会企业的定义可见，不同形式的社会企业具有以下共同特点：(1)有社会和集体的公共目标；(2)企业化运作不以利润最大化为目的；(3)社会创新；(4)团体治理结构及社区责任。

2. 中国的当代社会企业研究。

目前对中国社会企业的研究，大多认为中国的社会企业还处在初创发展阶段。根据已有研究的分类，目前中国本土社会企业或准社会企业大体上可以分为两类。一大类由传统体制中的社会服务机构演变而来，包括“促进类社会企业”(如社会福利企业等)、“照料类社会企业”(如养老服务组织、弱势儿童照料服务组织、社区服务组织等)、“扶贫类社会企业”(如小额贷款组织等)、“医疗服务类社会企业”(如公益性质服务的医疗机构等)和教育发展类社会企业(如改善流动农民工教育的组织等)[②]及其他具有社会服务性质的民间组织(如非政府组织NGO、非营利组织NPO)和城乡居民的互助合作组织(如合作社)等[③]。另一大类，则是近十几年出现的，一些通过市场实践和创新来实现社会目标的社会企业，尝试运用创新路径来解决运营模式和社会公益性的兼容问题，探讨一种可持续发展之道。[④]这类社会企业很多注册为“民办非企业单位”(简称“民非”)。

在多年的发展与摸索中，社会企业概念在中国社会逐渐扎根，并在管理上逐渐正规化。虽然还没有像一些西方国家出台了国家层面的法律规定，但是在一些地方省市已经开始了立法规管的尝试。2018年，成都出台的《成都

① 杨光飞，马晓浔．本土社会企业发展的困境与契机：实践观察与理论思考[J]．广州公共管理评论，2013(00)：131-145．

② 余晓敏，张强，赖佐夫．国际比较视野下的中国社会企业[J]．经济社会体制比较，2011(01)：157-165．

③ 俞可平．发展社会企业，推进社会建设[A]．透视社会企业：中国和英国的经验．英国文化协会，2007：12．

④ 杨光飞，马晓浔．本土社会企业发展的困境与契机：实践观察与理论思考[J]．广州公共管理评论，2013(00)：129-143，349-350．

市人民政府办公厅关于培育社会企业促进社区发展治理的意见》中,对社会企业的界定为:"社会企业,是指经企业登记机关登记注册,以协助解决社会问题、改善社会治理、服务于弱势和特殊群体或社区利益为宗旨和首要目标,以创新商业模式、市场化运作为主要手段,所得盈利按照其社会目标再投入自身业务、所在社区或公益事业,且社会目标持续稳定的特定企业类型。社会企业兼具社会、经济双重属性。"

有研究者认为,中国的社会企业形成时间不长,还存在很多问题,例如:基本属于模仿西方的阶段,社会创新仍显不足;主要依靠外部资金支持,往往缺乏持续性;社会影响有限,尤其是缺乏一些具有创新能力的优秀社会企业家的引领[①]等。

二、中国本土社会企业的历史渊源

以上研究虽对我国社会企业发展现状进行了系统的梳理,但是,中国本土社会企业并不是最近几十年才出现的,也不是模仿西方社会企业的产物。目前很多对中国本土社会企业的研究都主要关注于21世纪以来的案例,而很少采用历史的视角,研究民国时期的社会企业家和社会企业。

几乎在欧洲早期社会企业诞生的同时,中国社会企业也在自己独特的社会环境中开始孕育。19世纪末,随着经济危机的加重,欧洲工人通过合作社的形式以工业生产服务自身社区生活。同时,清末民初,面对着国危民困的中国知识分子,开始倡导"实业救国",很多地方精英通过开办实业的方式积累资金,着手进行地方社区建设,又通过地方建设来降低交易成本、积累人力资本,促进企业的发展。

与欧洲不同,中国的本土社会企业,在一定程度上来源于传统乡土社会

---

① 杨光飞,马晓浔.本土社会企业发展的困境与契机:实践观察与理论思考[J].广州公共管理评论,2013(00):129-143,349-350.

的“义庄”传统和“设厂济贫”的思想。根据马俊亚的研究①，在工商业相对发达的江南地区，清末以后，一些工商业地主取代传统官僚兴办义庄。义庄多用于救济族内困难家庭、兴办义学并补助本族寒门子弟、修理庙宇祠堂、祭祀祖宗等。当时很多经营工商业的实业家及其家族在家乡购地建立较大规模的义庄，到20世纪20年代，义庄土地面积约占无锡土地面积的10%②。

在此基础上，很多接受“实业救国”理念的新兴工业资本家们开始着手对乡村进行现代社区建设。19世纪末，在无锡最早创办机器缫丝厂的周舜卿，在其所居村落开展了建设工作，“拓地百亩为之辟街衢、立警察、建桥梁、筑廛舍，而又汲汲于地方教养。开学校、建工厂、设质肆、编乡团，崇墉栉比蔚为市场”③。1895年，“状元实业家”张謇最早提出“村落主义”，他在南通搞了20年的“在地化”农工商企业，带动了县域经济与社会的综合发展④，将南通建设成模范县，改变了整个苏北地区的农业环境、经济面貌乃至教育水平。20世纪20年代，被誉为“最有希望的农村”的上海杨思乡，也是实业家建设乡村的典范⑤。

同时，有别于传统地主制经营的小农生产，这些新兴工商企业绝大部分采用了雇佣劳动进行商品生产。企业中的工人大部分是从当地农村社区招

---

① 马俊亚．有实无名的江南乡村建设事业[C]//近代史研究杂志社，南开大学历史学院．中国近代乡村的危机与重建：革命、改良及其他．北京：社会科学文献出版社，2012:268.

② 马俊亚．有实无名的江南乡村建设事业[C]//近代史研究杂志社，南开大学历史学院．中国近代乡村的危机与重建：革命、改良及其他．北京：社会科学文献出版社，2012:268.

③ 马俊亚．有实无名的江南乡村建设事业[C]//近代史研究杂志社，南开大学历史学院．中国近代乡村的危机与重建：革命、改良及其他．北京：社会科学文献出版社，2012:268.

④ 温铁军．告别百年激进[M]．北京：东方出版社，2016:223.

⑤ 马俊亚．有实无名的江南乡村建设事业[C]//近代史研究杂志社，南开大学历史学院．中国近代乡村的危机与重建：革命、改良及其他．北京：社会科学文献出版社，2012:269.

聘而来,为经济凋敝之下的农村地区提供了就业机会、提高了农民人口素质、提高了妇女地位,也为企业降低了与农民的交易成本和自身人力资源成本。

此外,工商企业作为中国社会新型社会组织,在发挥经济功能的同时,具有重塑新型社会关系的功能。为了推动农村社区发展,有些企业还特意选址在农村地区。如无锡玉祁制丝所"实施救济农村,竭力设法降低成本,使工业成为农业之副业,所址设立于农村,即雇佣该地附近农民作为女工,借使农民经济宽裕,生活安定"[①]。

三、中国乡土社会企业的文化渊源

在更多保留传统文化的乡土中国,在借鉴西方工业化和企业组织制度时,首先孕生的是以经济回嵌社会作为社会企业的制度内涵。

首先,来自中国的儒家文化思想传统,由于最早的民族企业家很多来自于地方士绅阶层,所以其受儒家文化影响也更深厚。中国集古代先贤思想之大成的《礼运·大同篇》中,内涵地表达了共生共享才能共存的思想,其在传统乡土社会制度中的表达,即是以"公田""义仓"等为代表的社区共有制的千年传承。

其次,经济回馈社会也是乡土中国社区生活文化的要求。在"小农村社制"[②]的乡土社会中,个体是家族和村庄社区的一分子,经济行为、文化行为也需要放在这样的整体单位上进行考量,从而呈现一种"村社理性"而非仅从个体经济收益角度考虑的"理性小农"。因此,建基于某一个地区的本地企业,就必须保证本地社区的福利,而不能仅追求企业个体自身的利润最大化。在这个意义上,传统乡间广泛存在的"义庄"传统,在工业发展过程中演变出了

① 马俊亚.有实无名的江南乡村建设事业[C]//近代史研究杂志社,南开大学历史学院.中国近代乡村的危机与重建:革命、改良及其他.北京:社会科学文献出版社,2012:267.

② 温铁军."三农"问题与制度变迁[M].北京:中国经济出版社,2009:9.

“设厂济贫”的思想[①]。

最后，这也与近代中国的历史和社会经济环境直接相关。清末民初，中国民族工业企业在诞生之初就带有救国救民的社会内涵，而非西方式强调私人利益最大化。其一，清末民初的中国社会，处于外忧内患的社会环境中，“救国图存”是摆在所有人面前的使命。其二，由于战争和西方经济危机对中国转嫁，资本外流严重，中国民族企业很难从外部获取资源来支持企业运作。其三，随着基层社会的传统治理结构瓦解，乡土社会的资源组织与治理体系失序，要发展实业就亟须社会建设以创造稳定的营商环境。因此，中国本土工业发展，是必须依靠从本地社会内部获取资源的，这也就必然要求对本地社区的治理建设，从而实现资源的优化配置以及经济与社会的良性互动。

综合以上这些清末民初产生的以“设厂济贫”“实业救国”为初衷理念的企业发展分析，可以看到，中国近代民族企业虽然没有使用“社会企业”的概念，但是很多都具有社会企业的内涵。其中，很多企业与乡土社会结合，以乡村建设的方式来化解过高的企业投资风险，并降低政府和农民之间的交易成本[②]，这就是一种具有中国特色的社会企业的创新模式。这种社会企业模式的创新性经验植根于中国本土社会经济环境，对于创新性服务本土社区建设具有更重要的启示意义。并且其植根于中国的传统文化与本土社会经济环境之中，具有更为深厚的社会土壤与现实启示。

① 马俊亚．有实无名的江南乡村建设事业[C]//近代史研究杂志社，南开大学历史学院．中国近代乡村的危机与重建：革命、改良及其他．北京：社会科学文献出版社，2012：268.

② 温铁军．产业资本与乡村建设[J]．开放时代，2005(06)：11-18.

第二章

中国社会企业的历史先声

19世纪末以降的中国社会企业和社会企业家们的社会建设，不是某个精英人物的单独特例，而是包含知识分子和民营资本家们在内的一个群体的努力成果。他们在内忧外患的社会环境下，为改善乡土和国家的建设而进行着创造性的尝试。这种尝试从清末相对简单的“开设实业、救济乡里”的方式，逐渐发展成更成熟、更具有整体性的视野，并进一步关注社区成员主体性的社区建设方式。张謇的大生集团和卢作孚的民生公司，就是其中典型的案例。

第一节 “就地所宜”——张謇与“大生集团”的社会企业探索[①]

【案例导读】民国时期的社会企业和社会企业家在一定程度上植根于中国传统乡土社会的传统文化与本土社会经济环境之中，体现的是本地社会占有“资源资本化”收益的社会理性。因此，张謇这样的社会企业家，在中国近

① 本节选自：杜洁，潘家恩．近代中国在地型社会企业的探索与创新——以张謇的“大生集团”与近代南通建设为例[J]．上海大学学报(社会科学版)，2018，35(1)：11-22．收入本书时有删节修改。

现代工业化历史上并非鲜见。在礼崩乐坏、国破家亡的清末民初形成了一种类型的企业家群体，他们以信奉“实业救国”的基本理念为主要特征，将工厂设置在乡镇区域，与在地资源和本地社区紧密结合，形成“在地型”社会企业的建设。本节以张謇及其“大生集团”为案例，介绍近代的“在地型”社会企业的本地经营与本地建设。

一、中国最早的社会企业——张謇的大生集团

在近代中国的第一次工业化过程中，清末官方主流从洋务运动的技术引进到戊戌变法的制度改革相继失败。《马关条约》签订后，清政府被迫鼓励绅商自筹私人资金兴办工厂，其意在抵御外资的入侵。正如张之洞所说，“分属苏州、镇江、通州在籍京官，各就乡里设厂制造。为抵制外人之计”[①]。一批有识之士响应号召以“救国”为己任，以有限的资源兴办实业，张謇便在此之列。在内忧外困的社会环境下，中国的“社会企业”和“社会企业家”们，依托有限的本土资源，进行了富有创造性的尝试，逐步超越传统的“开设实业、救济乡里”的思路，以更成熟、更具整体性的现代化视野，并以“救国图强”的理念高度关注在地社区的综合建设实践。

其中，最具首创性和代表性的，当属清末“状元实业家”张謇。他是我国近现代以来最早创办本地化综合发展试验区的社会企业家，是中国棉纺织领域等轻工业的早期开拓者。张謇，祖籍常熟，生于南通海门市长乐镇。他主张“村落主义”“地方自治”，是中国近代史上企业界“实业救国”的最早倡议者和实践者之一。在1894年甲午战争的惨败刺激下，张謇秉持“棉铁主义”的理念聚焦实业，于1895年始筚路蓝缕地创办了以纺织业为核心的大生集团，并抱定“村落主义”，以家乡南通为基地推行乡村社区的基本建设，形成了南通城乡经济与本地教育、文化及政府善治等多元社会发展模式。他首建了棉

① 张季直先生事业史编纂处．大生纺织公司年鉴(1895—1947)[M]．南京：江苏人民出版社，1998：5.

花改良和推广种植基地,作为棉纺企业原料基地。自1899年大生纱厂正式开工运行至1926年,张謇共投资兴办了四十多家企业[①],组成了经营在地化、产业多元化的大生集团综合系统。

张謇在创业之初即对“公司”做出了中国式的解释:“公司者,庄子所谓积卑而为高,合小而为大,合并而为公之道也。……甚愿天下凡有大业者,皆以公司为之。”[②]张謇从建厂之初,就将服务于民众之生活作为办厂的宗旨和目标。“大生”取自《易经·系辞下传》:“天地之大德曰生。”可见,他兴办实业之初即立意于“为公”,谋求的不是个人利润的最大化,而是以追求社会和集体的目标为己任。其企业运营具有社会企业内涵。张謇本人是典型的中国本土社会企业家,他的努力更是社会企业促进本土化社会建设的典型案例。

张謇是1895年《马关条约》签订后涌现的我国第一代民族企业家之一。他在大生企业设立基金,并将个人收益用于创办敬老院、幼儿园、收容所、图书馆、博物馆、公园等社会事业,促进了南通本地化的社会经济可持续发展。他一生共创办了370多所学校,其中就有开纺织高等教育之先河的中国第一所纺织专业学校。张謇的社会企业运营,本质上是在对本地社会和自然资源进行“在地化”的统筹协调,并探索通过产业开发形成收益返还本地社会文化建设的乡土社会治理方式。

二、“就地所宜”:在地化与多元化的综合性经济开发

(一)资本积累:集中官力民力共同完成积累

无论是中国的企业还是西方的,但凡兴办实业,首先要回答“第一桶金”如何完成这个问题。而中国近代企业的独特性在于,西方工业化之初是通过殖民化掠夺外部资源形成了自身的资本积累,而中国,当时不仅没有对外殖

① 王敦琴.传统与前瞻——张謇经济思想研究[M].北京:人民出版社,2015:23.

② 张謇研究中心,南通市图书馆.张謇全集(第3卷)[M].南京:江苏古籍出版社,1994:212.

民扩张的可能，还要面对战争赔款、鸦片贸易导致白银大量外流、资本稀缺加剧的挑战。按照西方资本积累的逻辑，中国企业在这种情况下要完成资本积累，恐怕更难以避免按照西方经验提出的资本积累的“原罪”，即通过强军、竞争来争夺外部资源（日本明治维新走的基本就是这样的工业化发展道路）。但是，张謇的大生集团的发展跳出了这个西方资本积累逻辑的陷阱。他是怎样做到的呢？

1.资金的募集：本地资源的最大化运用。

根据文献记载，大生集团的第一个企业大生纱厂在设立时，依靠的是对本土资源的最大化动员来解决资金短缺的难题。大生纱厂从设想到现实创办，其重要的转折点是张謇利用个人声望和社会关系得到了一笔“无风险资产”——大生纱厂的纺纱设备来自张之洞在当时已经宣告失败的洋务运动中置办，后来闲置下来已经生锈的机器，是谓“官机”。根据记载，1895—1899年，张謇共筹得资金约44.51万两，其中官机折价25万两，占比56.17%[①]。

为了募得资金，张謇还创造性地使用了股份制方法，筹募社会资本、扩大资本规模。他描述以集股的方法集资办厂，“则利不外溢，转而为本，本又生利，所谓以本身气血自养活也”[②]，从而形成充分利用本地资源而减少资源外流的思想。1897年，筹备中的大生纱厂发行了中国近代民营企业最早的股票。初期募得私人款项主要来自亲朋好友以及一些闽粤商股。而在募款过程中，也多次出现承股又退、阻滞不前的情况，用张謇自己的描述即“人事乖舛，时变纷纭，竭力经营，屡成而屡阻”[③]。值得注意的是，私股中最积极认真筹办工厂的，是投资通州的本地资本。反而来自外部的更雄厚的买办资本，最持观望态度，且最早退出。

① 王敦琴．传统与前瞻——张謇经济思想研究[M]．北京：人民出版社，2015：20．

② 张謇研究中心，南通市图书馆．张謇全集（第2卷）[M]．南京：江苏古籍出版社，1994：145．

③ 张季直先生事业史编纂处．大生纺织公司年鉴（1895—1947）[M]．南京：江苏人民出版社，1998：22．

2.社会资本与官方资源。

此外,由于仅依靠当地私人财力并不足够,因此张謇在调动私人资本资源的同时,争取本地的政府资源,在两江总督张之洞的支持和帮助下,将最初拟纯商办的纱厂,改为“官商合办”,再到“绅领商办”的方式,减少了募款上的压力。而同时,即使是筹募的私股,最初也有很多是来自于官绅,在可查明身份的个人私股中,官僚及部属投资6.94万两,所占比重为59.16%;商号投资2.54万两,占比23.5%;地主以土地作价投资0.33万两,占比0.74%①。由上可见,客观来说,官机在总股本中占比56%(虽然官机实际上因破败损耗,并不值25万两),再加上借助官方资源获得的资金,意味着政府以其资产残值为大生纱厂垫付了第一桶金,极大节约了资金的沉淀成本。

正是借助地方大员的政治作用,对本地的官方资本、私人资本的有效募集与使用,使张謇得以跳出西方式资本积累的陷阱。而此后张謇推动“大生系”集团公司的产业扩张,也多次借助最重要的社会资本,就是他作为状元的“金字招牌”以及与先后担任两江总督的张之洞、刘坤一的关系。由于特殊的身份,张謇“介官商之间,兼官商之任,通官商之邮”②。对外,他可以借助自己的身份与声望,在资金、设备、专利、减税等方面,不断向张之洞、刘坤一等官员寻求支持和帮助。而对内,他又坚持企业的“绅领商办”性质,拒绝官府干预经营管理。

同时,在经营过程中,张謇还利用自己及其他大生高层职员的社会地位,制造了一种它的经营是“经官方认可”的形象,获得制订原棉收购价格的权力③。同时,借助张之洞和刘坤一的关系,大生纱厂在通海获得了独家经营纺

① 章开沅.开拓者的足迹——张謇传稿[M].北京:中华书局,1986:69.

② 章开沅.开拓者的足迹——张謇传稿[M].北京:中华书局,1986:68.

③ 章开沅,田彤.辛亥革命时期的张謇与近代社会[M].武汉:华中师范大学出版社,2011:139.

织企业的特权，从而垄断了通海市场棉纱的销售[①]。因此可以说，在很大程度上，政府最初以其残值资产支持了张謇的创业起步，随后以无形资产为企业的产业扩张提供了一定的空间。而如何利用好这个资源和空间，并在与政府的博弈过程中保持独立的经营地位，则是张謇的智慧。

可见，社会企业家除了自己的资金投入之外，还能凭借资历、道德威望和社会目标感召等非物质性的社会资本，动员本地各类社会资源都来加入本地的实业开发。这与一般私人企业相比，更富成效。

3.优化配置在地资源。

作为在地化社会企业，大生集团还有利用在地资源优化资源配置、缓解流动资金紧张的经验。据记载，通海地区自明代开始就有棉花种植并发展了纺织业。到晚清时期，这里已经是长江三角洲地区最大的优质棉花产区和手工纺织中心，并已经开始使用洋纱来织布。

大生公司利用在地化社会企业的制度优势开展非西方掠夺模式的资本原始积累，其制度收益主要来自三个方面：

其一，本地交易，加快资金周转。

所有发展中国家在追求现代化工业生产之初，都要面对资本严重短缺的挑战。大生纱厂开工之初，也面临资金严重短缺的局面。张謇利用当地是原材料产区和销售市场的条件，采用了沈敬夫建议的“尽花纺纱，卖纱收花，更续自转”策略，一边生产一边销售，加快资金周转减少借贷（当时向钱庄借贷的利息是每月1.2分），逐渐走出了资本稀缺的瓶颈限制。

其二，立足本地产业，对内合作、对外竞争。

当时进口洋纱物美价廉，对本土生产冲击很大，但中国在劳动密集型的织布环节还比较具有优势。通海等沿海口岸地区进口棉纱手工纺织，再将织

① 章开沅，田彤．辛亥革命时期的张謇与近代社会[M]．武汉：华中师范大学出版社，2011:149.

布外销，是以“棉产则供大于求，纱市则求大于供”[①]。张謇选择进口替代的纺纱作为举办实业的起点，本地采购，由于棉产供大于求而降低了原料收购成本；本地销售，因纱市求大于供而增加了利润，同时也极大降低了运输、销售成本，加速了资金流动，从而形成本地化产销的比较优势。

其三，在银钱比价不断上涨的时候，企业产销本地化具有价格稳定优势。

因为在清末，随着白银外流日甚一日，银钱比价发生巨大变动，银贵钱贱日益加剧，严重影响了社会经济的发展。在自然经济被打破、乡土社会被迫依附于外部商品市场的情况下，收购本地原料、在本地生产、在本地消费，这样的在地化产销方式，在一定程度上减少了对外部的过度依赖，减少了银贵钱贱带来的多次低估盘剥。用张謇等大生纱厂创办者的话说，“以本地所出之花，用本地习纺之工，即以纺成之纱销于本地及邻近州县。运脚省则商本轻，轻则集赀易成；购买近则乡人便，便则漏卮可塞”[②]。

（二）社会企业的产业扩张与结构调整——多元化产业链经营

张謇利用在地化优势获得启动资金并逐步发展，随后通过多元投资，形成了包含四十多个企业在内的大生资本集团。该集团门类众多，包含工业、农业、垦牧、商业、渔业、交通、运输、水利、盐垦、金融、商贸、通信、服务业、房地产等。其中，仅1901—1907年间，就创办了公司19个，构成以大生纱厂为核心的企业集团。

在大生资本集团的诸多企业构成的产业链中，常常是一个企业的废料是另一个企业的原料，一个企业的创办为另一个或另几个企业服务，形成了一条因果相应、环环相扣、独自运行的生态产业链。1899年建成了大生纱厂；1901年兴办了通海垦牧公司，以解决棉花原料来源问题（这也是国内首次建立棉纺织原料供应基地，进行棉花改良和推广种植工作）；1902年创办了广生

① 张季直先生事业史编纂处．大生纺织公司年鉴(1895—1947)[M]．南京：江苏人民出版社，1998：3-4．

② 张季直先生事业史编纂处．大生纺织公司年鉴(1895—1947)[M]．南京：江苏人民出版社，1998：5-6．

油厂，解决棉籽出路问题；1903年创办了吕四盐业公司和渔业公司，以扩大财源；1904年创办了上海大达外汇轮步公司，以解决大生原料和产品的运输问题；1906年创办资生铁冶工厂，以维修和制造机器设备等。这些工厂、公司是配套系统的。大生纱厂是龙头，其他工厂、公司都是围绕该厂的需要建立起来的，并为该厂服务。

可以说，通过一步一步的产业扩张，张謇在南通以纺织工厂为中心，推动了该地区垦牧业、炼油业、盐渔业、运输业、冶铁业的整个产业链的建设和发展。南通之所以会从一个荒僻的乡村成为我国东部地区的工业重镇，是和张謇建立的这一套工业网络分不开的。多元化的全产业链经营模式的形成，将农工商贸的收益最大程度地保留在集团内部，极大地降低了与外部的交易成本，减少了资源与资本的浪费，并有效地提高了生产效率和利润。

(三)社会企业的制度创新——作为成员权集合的股份合作

在张謇社会企业的本地化资源整合经验中，还有重要的一点是组织创新。这也是有效整合资源、降低成本的重要方式。大生纱厂是中国最早的民营股份制企业，现今发现的中国近代企业最早发行的股票便是1897年9月26日由“大生机器纺织纱厂”签发的股票。

张謇在学习借鉴西方现代企业制度中的股份制度的同时，又对股份制进行了制度创新。一是大生纺织公司的股份合作制不是对西方企业制度的简单照搬，而是有其独特的创新管理方式。它不同于西方股份制公司的“一股一票”的股权制度，而是1至100股，每股1权；101股以上，每20股1权。这种梯级“累退制”股权制度限制了官股的“大股东”股权，保障了中小股东的权益。二是大生的“职工股份制”使企业具有合作制属性，这也早于西方的同类企业(如著名的西班牙蒙达拉贡合作社)。许多职工(包括普通机匠)也有股份，他们在本企业中便具有了雇员与股东的双重身份。他们通过参与分红，将个人利益与企业利益紧密联系，分享利润、共担风险。这样也就通过股权的方式实现了成员权的集合。

三、村落主义:地方自治与在地化社会建设

张謇作为社会企业家,他对地方的社会治理也有自己独特的见解。他的政治主张由倡导国家层面的立宪改革,走向对“地方自治”的关注,他认为“目睹世事纷纭,以为乡里士夫,苟欲图尺寸以自效者,当以地方自治为务”①。张謇在“地方自治”的指导思想上自诩“生平村落主义”,这个发展理念是他把全部收益用于地方建设的本源。他所持的“村落观念”中的“村落”,并非指乡土中国的村庄基层,而是指类似于村庄一样对内合作互助、对外联防自保的一个独立、综合发展的地域所在;“南通一下县,其于中国直当一村落。謇不自量力,粗有所营。”他认为“惟有仍致力于村落主义”,方能“求自治之进步”。“治本维何? 即各人抱村落主义,自治其地方之谓也。”②

执着于这个理念,在开办实业的同时,张謇将商业收益投资于本地社区的综合建设,推动了以教育为核心,带动医疗、社会保障等事业的在地化发展,从而在南通综合性地形成了他所倡导的在地化的地方自治与综合社区建设,亦即落实“村落主义”。

(一)“村落主义”的内涵:地方“自治”与“法治”

传统中国以乡土社会为主体,而乡土社会的治理是以士绅和伦理为主体的低成本自治。隋唐以来的科举体系在拔擢人才的同时,也为乡土社会培育了大批精英和社会权威,他们在社会治理和建设中发挥着重要的作用。但清末以来朝向所谓现代化的全面激进制度变迁中,教育也全面进行了西式改革,由此形成的制式教育致力于将人重塑为产业资本使用和“异化”的对象,教育遂成为服务于产业资本发展而不是治理社会的手段。

在这个社会背景下,张謇在南通开展的社会建设工作,不是一般意义上

① 张謇研究中心,南通市图书馆.张謇全集(第4卷)[M].南京:江苏古籍出版社,1994:426.

② 张謇研究中心,南通市图书馆.张謇全集(第4卷)[M].南京:江苏古籍出版社,1994:439.

的扶贫济弱的慈善，而是将教育作为社会治理的核心，是一个政治家、教育家、社会企业家高屋建瓴的视野。张謇在南通打造的含有多种门类、覆盖不同社会群体的教育体系，某种程度上更新了传统乡土社会的宗法体系，发挥了社会重塑和低成本治理的作用；而教育活动的多样化，也使得南通一地的发展具有了极大的包容性。

在这个意义上，张謇所主张的"地方自治"，并不是对西方宪政政治思想中"自治"的简单照搬，而是中国政治的改良——他要延续中国这个唯一没有被迫中断的文明——自秦治郡县以来中国有效的低成本治理体系中的"皇权不下县"，即费孝通总结的乡土中国的"双轨政治"。亦即，在对中国乡土自治社会传统充分理解与尊重的基础上，推动本地人建设和管理本地社区。他认为，如果真能够做到"各人抱村落主义，自治其地方"，"走营村落，自尽天职"，则会形成低成本的地方治理——"走治里事，所兢兢者村落""勉营村落，比以乡里义务"。从而，形成一种弱化现代化政治成本的地方自治模式：以在地化的经济发展形成的综合性经济收益，回嵌于地方自治和社会发展。

同时，张謇认为，"治人"是村落主义的核心与关键，而这包含民众素质的提高和自治机构的法治建设两个层面。一方面，张謇强调"治人"，他指出"欲预备自治，必自治其地其人始。欲自治其地其人，必自治治其地其人之人始。……自治当从自重、自苦、立信用始"。另一方面，他强调法制的重要性，"不明公法，无以成立自治之机关；不讲民法，无以组织自治之团体；不研究诉讼法，社会何以得安宁？不陶冶习惯法，风俗何以臻良善？"①

（二）社会企业的探索——教育为核心的综合性本地建设

张謇在南通开展本地建设实践探索时，与其产业发展思路一样，都是多样化的、综合的，而不是对某一重点特色领域的过度强调与依赖。且多样化的建设工作是融"实业—教育—公益"于一体的，并以最终推动本地化的自治

① 张謇研究中心，南通市图书馆．张謇全集（第3卷）[M]．南京：江苏古籍出版社，1994：325．

发展为目的,“兴实业、广教育、谋公益,以展自治之事业”。对这三者的关系,他描述为,“国家之强,本于自治,自治之本,在实业教育,而弥缝其不及者,惟赖慈善”①。各项事业中,处于核心位置并贯穿其他事业的是教育和实业。

前文分析了他通过大生集团的经营而兴办实业,而他更强调的是教育事业的发展。他将教育提到“救国”的地位,认为“根本之根本在教育”②。他认为教育和实业是相辅相成的两个重要工作,“举事必先智,启民智必由教育,而教育非空言所能达,乃先实业。实业教育既相资有成,乃及慈善,乃及公益”③。张謇兴办教育事业的重点首先从师范教育和小学教育开始推动,他提出“窃维自治之本在兴学,兴学之效在普及”“师范则普及根原,教育本位”④。1903年,他创办了中国近代第一所民立师范学校——通州师范学校。1904年设海门常乐初等学校、南通五属学校。1905年,设工人艺徒学校、城厢初等小学校,并在吴淞合作创办复旦公学(今复旦大学前身)。1907年,创办了通州农业学校和通州女子师范学校。1909年倡建南通五属公立中学、创办吴淞商船学校。1912年,创办了江苏省立水产学校、私立南通医学专门学校、南通纺织染传习所、河海工程专门学校、盲哑学校,以及兴办了一批小学和中学。1913年,开设南通纺织专门学校……同时,还建设了图书馆、幼稚园以及诸多职业传习所。

张謇一生创办了370多所学校,他兴办的学校,从门类上说,有师范教育、普通教育、职业教育、特殊教育、社会教育、慈善教育等。在普通教育中,又构建了幼儿教育、小学教育、中学教育、大学教育的教育体系。因而,南通

① 张謇研究中心,南通市图书馆.张謇全集(第4卷)[M].南京:江苏古籍出版社,1994:355.

② 张謇研究中心,南通市图书馆.张謇全集(第4卷)[M].南京:江苏古籍出版社,1994:90-91.

③ 张謇研究中心,南通市图书馆.张謇全集(第4卷)[M].南京:江苏古籍出版社,1994:468.

④ 张謇研究中心,南通市图书馆.张謇全集(第4卷)[M].南京:江苏古籍出版社,1994:31.

具备从幼儿园、初等教育机关、中等教育机关，直到高等教育机关都较完整的教育系统，不同层级的人才都可以依靠这一体系得到培育。

与兴办实业相应，在教育思想上张謇主张的是实业教育，“若农工实业皆有实习，皆需致力理化”①，“窃专门学校，纲目纷繁，而衡以我国之现势，与民主所最切要者，莫如农工专门学校。农为立国之本，其切要在棉。工储应用之材，其先务在纺织。盖人生日用所需，衣食为大”②。在视野上，张謇将在地方上兴办的教育事业，与当地的社区建设、地方自治放在统一的系统视野中综合考量。他指出，“你们能切切实实受了良好教育，将来地方上就多了很多有用的人才。拿这些有用的人才来治理地方，地方哪有不发达的道理。地方发达了，适如你们自身发达”③。可见，他对于教育的重视，是将教育作为本地建设事业的一部分来考虑的，是促进本地人力资本的增值，并应用于本地，而不是培养高水平人才后向外输送。

在当时因庚子赔款形成的中国近代教育具有跟从西方的殖民化内涵、国内急需的职业教育极为落后、专业和技术人才严重缺乏的形势下，张謇自己创办或参与创办了大批民办学校，一方面立足于在地化需求而构建知识体系，培养出大量各种层次的人才，从而为南通、江苏的本地建设提供了充分的人才基础；另一方面，也为中国的近代教育跳出殖民化陷阱，更多地与本土的生产实践相结合做出了重要的贡献。

（三）南通本地建设的资金来源

有很多研究认为，张謇投资地方建设，给企业发展带来了过重的负担，并导致了后期的企业经营状况恶化。实际上，张謇以本地企业服务于本地建

① 张謇研究中心，南通市图书馆．张謇全集（第6卷）[M]．南京：江苏古籍出版社，1994:500.

② 张謇研究中心，南通市图书馆．张謇全集（第4卷）[M]．南京：江苏古籍出版社，1994:144.

③ 张謇研究中心，南通市图书馆．张謇全集（第4卷）[M]．南京：江苏古籍出版社，1994:174.

设,其资金来源并非全部依赖公司。据记载,本地社会事业的资金来源,主要是张謇作为企业家应得的个人收益及其叔兄的个人筹款,较少部分由企业直接承担。

在创办通州师范学校的时候,张謇使用的经费是自己自筹办大生纱厂起六年间存厂未领的工资和利息二万余两,以及向挚友沈敬夫等筹集的万余两[①]。此后,多项南通本地教育、公益建设事业的投资,都主要是由张謇及其三兄张詧捐赠,并多方筹募兴办的。为此,张謇虽经营有利润丰厚的企业集团,但个人不占有资本收益,他个人及亲朋甚至为了社会建设事业债台高筑。

"二十余年来,'除謇自用于地方及他处教育、慈善、公益可记者一百五十余万外,合叔兄所用已二百余万,謇单独负债又八九十万余元。'"[②]张謇曾总结,除了南通纺织专门学校和通州师范学校外,他和叔兄每年承担的费用为:教育事项58,440元,慈善事项22,560元,公益事项4,080元,总计85,080元[③]。可见,其并未完全因为地方建设事业而过多地减少企业资本积累。

同时,教育基金也成为吸纳社会资金投资教育事业的重要渠道。通州师范学校的运作即通过在前期投资基础上形成的基金支持。只有南通纺织专门学校是大生集团作为社会企业来投资兴办的,以培养适于公司需要的专业人才,提供高素质人力资源。

有论者认为,1920年代后期大生集团经营遇到危机,是大生集团"企业办社会"过多投资于无回报的社会建设事业所致。但实际上,大生集团的经济下滑更主要是20世纪二三十年代世界经济危机转嫁的影响所致。严学熙的研究指出,当时大生集团的经营恶化,更主要的原因在于大生主要的纱销市场——通州关庄布市场被日本排挤,甚至完全占领;此外还有大生集团低水

① 张季直先生事业史编纂处.大生纺织公司年鉴(1895—1947)[M].南京:江苏人民出版社,1998:序文6.

② 张季直先生事业史编纂处.大生纺织公司年鉴(1895—1947)[M].南京:江苏人民出版社,1998:序文5.

③ 张季直先生事业史编纂处.大生纺织公司年鉴(1895—1947)[M].南京:江苏人民出版社,1998:序文5.

平扩展外延，未重视技术管理等内涵提高的问题。事实上，南通主要的教育等慈善事业是在企业初创期资金并不充足的情况下创办起来的，比如通州师范学校、南通纺织专门学校等都是在1920年代之前创办的，随后形成基金支持其正常运转[①]。所以，大生集团的经营与其支持本地社会建设的工作并不矛盾。

不但不矛盾，对社会事业（特别是教育）的投资反而对大生集团的发展起到了重要的促进作用。实业教育培养的毕业生，既有理论基础又有动手能力，为企业自身培养了高素质技术人才，降低了企业的人力资源成本、设备维修成本。同时，农校为垦牧公司培养了农技人员，还进行了良种推广、科学种棉的实验，起到了教育社会的效果。

还有一个重要的因素就是，先后担任两江总督的张之洞、刘坤一等对张謇的主张给予了认同和支持，在其事业开创早期为其提供了一定的稳定空间。在政治经济局势动荡多变的社会环境下，张謇的社会建设事业改善了地方治理环境、改善了民生，一方面帮助大生集团降低了本地生产中的交易成本，另一方面也有利于进一步与地方政府及地方各层次社会力量形成互利多赢的结构。因此，在社会条件适当的时候，发展在地化的本地建设可以更好地促进企业的发展，而非成为“企业办社会”的经营包袱。

四、在地化社会企业与本地社区治理的结合有助于形成乡土社会有效治理

综上所述，以张謇大生集团为代表的我国近代很多民族企业具有社会企业的性质。虽然他们没有使用“社会企业”这一概念，但却以在地化推进乡村社区建设的方式来化解过高的企业投资风险，减少和农民之间的交易成本，并直接参与了在地化的社区建设，体现了经济与社会达到双赢的社会企业的

① 张季直先生事业史编纂处．大生纺织公司年鉴(1895—1947)[M]．南京：江苏人民出版社，1998:5.

内涵特征[①]。并且因其植根于中国的传统文化与本土社会经济环境之中，所以有着更为深厚的社会土壤与现实启示。

张謇作为中国最早的在地型的社会企业家，其兴办实业的初衷，就是通过"就地所宜"的实业带动本地区的发展。可见，张謇的社会企业从创办之初就没有"经济脱嵌社会"，没有把"利润最大化"作为企业的目标。而企业的"就地"性，是大生集团得以形成根植于本土的内生发展力量和资源优化配置模式的根本。

与在地化的企业经营同时发展的，是在地化的社会建设和治理。当以社区综合发展的整体视角去看待时，企业经营和"社会企业""村落主义"就不是分割开的两个部分。作为中国首屈一指的社会企业家，张謇在创办实业之初，就不是抱着企业经营利润积累到一定程度之后，再履行一定的"企业社会责任"、为地方做一点公益慈善这样的发展逻辑，而是从一开始就将企业发展作为社区综合建设中"实业—教育—慈善"这三位一体的组成部分来思考，然后将本土的土地资源、产业资源、人力资源、市场资源等各项资源的使用、开发、提质、发展放在一起进行系统化的整体思考，从而有了企业的资本属性与社会属性相结合的"在地化综合社区建设"，这就是张謇推进"实业救国"进程中所念念不忘的"村落主义"。这种理念之下的现代企业，也就是我们今天所讲的"社会企业"。

张謇的经济思想、教育思想、政治思想，在清末民初的礼崩乐坏大潮之中都不是主流。但其结合实践做出的思考不仅对当代具有深远的启发意义，在当年他推动相关实践的时候，就已经为各种探索救国救民的仁人志士提供了重要的启示。就在张謇先生去世的1926年，晏阳初、梁漱溟、黄炎培等人的乡村建设与平民教育探索开始陆续展开，卢作孚的民生公司和重庆地区乡村建设开始推进……可见，人同此心、心同此理——张謇的在地化综合社区建设思想在这些人的实践与理论中得到了不同程度的继承与发扬。

① 温铁军．告别百年激进[M]．北京：东方出版社，2016：222．

第二节　卢作孚民生公司与嘉陵江三峡乡村建设①

【案例导读】本节主要介绍20世纪20至40年代，重庆的卢作孚运营社会企业民生公司的资本积累模式，以及其在北碚地区开展社会改革建设中的双向互动。与张謇不同的是，卢作孚是一个小学毕业的普通地方精英，他实践的地区是军阀混战的内陆穷困山区。同时，卢作孚运营社会企业的时代晚于张謇，他曾参观南通并拜访张謇，他的实践更多面临现代化、市场化对乡村的冲击和挑战。在这样的条件下，卢作孚创办社会企业、推动社会改革，并将社会企业与乡村社区建设有机结合的历史经验，具有历史的接续性和独特的启发性。

与中国早期以实业救国为己任的社会企业家们一脉相承，爱国企业家卢作孚于1925年10月创办了民生公司，并确定"服务社会，便利人群，开发产业"的公司宗旨。民生公司从一条小船起家，经过艰难的经营，统一了川江航运，结束了由洋人控制中国内河航运的历史。1938年，抗战危急关头，卢作孚带领民生公司以高度的社会责任感和极大的勇气与智慧完成了著名的宜昌大撤退，牺牲员工116人，冒着日军的炮火和飞机轰炸，抢运战时物资和人员到四川，从而保存了中国民族工业的命脉。

经营实业并不是卢作孚的目的，他更注重的是通过实业建设来改造社会。1927年，他和胞弟卢子英等同仁一道，在重庆北碚开展乡村建设实践，在极短的时间里，把北碚从一个穷僻杂乱的小乡场建设成被誉为"现代中国缩影"的模范实验区。作为"实业建设"的民生公司和作为"社会建设"的北碚，是卢作孚同一建设理念下的两个部分。正是通过社会企业和乡村建设的良性互动与并行推进，同时促进了在地企业与本地社会的"双赢"与协调发展。

① 本节选自：杜洁，张兰英，温铁军．社会企业与社会治理的本土化——以卢作孚的民生公司和北碚建设为例[J]．探索，2017(03):138-143．收入本书时有删节修改。

二者相辅相成，集中且系统地体现了卢作孚的社会改革思想，以及中国早期社会企业家的担当与创新。

一、社会企业的物质建设

卢作孚在其乡村建设实践中指出："经济问题是人们物质生活的需要和供给的问题，包含着怎么样生产，怎么样交换，怎么样消费，怎么样分配几个问题。"[①]在这个意义上，他认为各项建设工作需要"以经济建设为中心"，而这个"经济"不仅指经营利润的增加，更指为满足人们生活改善而所需的"物质建设"。也即，无论是企业，还是社区，推动整体性建设工作的核心工作都是物质建设——对公司来说，需要进行商业运作以获取利润；对社区来说，需要产业建设以带动经济发展。

民生公司在创立初衷上，就是一个以服务国家和社会为己任的企业，其经营投资都同时考虑了产业开发与社会服务的双重目的。要进行"整个的生产运动。……其一是将同类的生产事业统一为一个，或为全部的联合。……其二(将)连带的生产事业统一为一个或谋全部的联络。……民生公司最后的意义绝不是帮助本身，而是帮助社会"[②]。可见，民生公司的宗旨体现的是社会企业的性质：不是投资人追求"利益最大化"，而更主要的是社会建设。

本着这样的初衷，民生公司在发展过程中进行了一系列的投资，既包括同业的整合，也包括关联产业的开拓。一方面，这有效地降低了竞争风险和运营成本，并在战争环境下为企业运营提供了相对稳定的供需环境；另一方面，其又不同于一般的企业投资，因其与北碚地区的产业建设与社会发展直接相关。位于北碚及周边地区的嘉陵江三峡乡村建设实验区，在一开始就和民生公司的成长相辅相成。1925年，民生公司创立，卢作孚出任总经理，当时

① 张守广，项锦熙．卢作孚全集(第一卷)[M]．北京：人民日报出版社，2016:154.

② 张守广，项锦熙．卢作孚全集(第一卷)[M]．北京：人民日报出版社，2016:437-438.

公司开辟的第一条航线，就是穿过整个峡区的嘉陵江三峡航线[①]。1927年，卢作孚被任命为北碚峡防局局长，并开始主持嘉陵江三峡地区的乡村建设运动。卢作孚先生身兼二职，使得民生公司与嘉陵江三峡乡村建设从一开始就有着密不可分的关系。

卢作孚1934年有过这样的归纳："我们（在北碚）积极的乡村运动开始了：第一是吸引新的经济事业。这里富有煤矿，产煤都在山间，运输不便，促成煤业有关的人们组织（修建）北川铁路。……我们又进一步联络北川铁路沿线的五个煤厂组织一个天府煤矿公司，准备改用机器采煤。……（还有）我们直接经营的三峡染织厂，集资经营的北碚农村银行。……可以说他们是几个现代的模型，是想将这一大幅地方变成一个现代的生产陈列馆，以上一些事业便首先陈列在中间。而将来的如水泥厂、发电厂、炼焦厂……是正在预备着要经营的，都将他们装置在乡村人们的理想里。"[②]

通过发掘和整合地方资源，民生公司直接或间接参与了北碚的经济产业，并进一步吸引外界投资，共同促成了多门类的产业集群（包括交通、能源、金融），进而为北碚作为"生产的区域"夯实基础。

与此同时，民生公司作为白手起家的企业，在当时恶劣的经济环境下，随时面临着内外竞争、资本缺乏等重重危机。在这样的情况下，企业的发展就更需要与本地乡土社会结合，通过建设地方社会，一方面获得和平红利，另一方面降低获得能源与人力资源的成本。通过北碚产业发展的路径可以看到，这些投资为民生公司的经营降低了生产成本和经营风险，提供了充足的煤炭能源供给。其中，天府煤矿产煤为民生公司提供了三分之一的燃料[③]。而北碚所进行的包括社会治安、社会秩序、教育文化、基础条件建设等综合性建设与良性秩序则为民生公司的航运和航道安全提供了十分重要的保障。

① 刘重来．卢作孚与民国乡村建设研究[M]．北京：人民出版社，2007:405.

② 凌耀伦，熊甫．卢作孚文集（增订本）[M]．北京：北京大学出版社，1999:279.

③ 凌耀伦，熊甫．卢作孚文集（增订本）[M]．北京：北京大学出版社，1999:409.

进一步说,白手起家的民生公司在创立初期并不宽裕。1927年底,公司仅有“民生轮”“民用轮”两艘小船、股本10万元(仅收足99225元)和职工75人[①]。即使在这种情况下,其仍然冒着巨大的风险投资了北川铁路、天府煤矿等产业。民生公司之所以选择能源和交通进行优先投资,既体现其并非“救济”意义上的扶贫济困,而是“授人以渔”,更是希望以此对本地产业建设形成带动和示范作用。这恰好是卢作孚“生产的陈列馆”“现代的模型”之目标与理念:整体性产业建设所实现的,不仅仅是经济的发展,更是真正的社会建设。

二、社会组织建设

卢作孚将“社会组织”放在社会建设的重要位置,特别是“现代”意义上的“社会组织”是对社会关系进行革新的重要环节。这一理念始终贯彻在民生公司的企业管理和北碚的社区管理实践之中,他认为这种“社会组织”革新的核心观念在于“现代化集团生活”。

西方学者在21世纪才提出企业组织对公共事务的作用。早在20世纪的中国,1932年7月,卢作孚就提出通过公司的组织形式来营造现代的社会关系之理念。他说:“创造出一种社会的关系……民生公司是一个世界,是许多世界创造出来的一个世界,是有社会的相互信赖的关系的一个世界。……我们努力于交通事业,是要以交通事业帮助一般社会的。”[②]随后,他在民生公司的企业内部刊物《新世界》上明确提出“集团生活”[③]的理论和要求。具体来说,他认为“社会生活的核心是集团生活”,集团生活有三个因素:“第一是整个生活之相互依赖,而不是仅仅生活之某点所需;第二是集团间之悬为标准相互争夺或相互比赛;第三是因维持前两项的集团关系,有强有力的规定人

① 张守广.卢作孚年谱长编[M].北京:中国社会科学出版社,2014:132.

② 凌耀伦,熊甫.卢作孚文集(增订本)[M].北京:北京大学出版社,1999:173.

③ 凌耀伦,熊甫.卢作孚文集(增订本)[M].北京:北京大学出版社,1999:187-188.

们行动的道德条件。”[①]

这些理念都并非空谈，在民生公司的日常组织中随处体现着卢作孚对建设“现代集团生活”的努力。他尝试通过将公司建设成一个全体成员共同生活、共同工作的新式集团，以取代传统的亲族关系[②]。为实现此目标，在工作上，民生公司采用现代企业制度进行管理，采用招考制度选拔人才，并鼓励员工成立各种形式的社团组织，各种社团组织嵌套于公司的正式组织之中；在生活上，民生公司为员工提供了优厚的福利，包括免费膳食、集体宿舍及各种补贴[③]。比如民生公司在重庆南岸为员工建设了被誉为“新的集团生活的组织和所在”的“民生新村”（包括小学、托儿所、卫生室、印刷厂、防空洞、消费合作社等），同时，民生公司还有固定的周会、演讲，以及其他丰富的业余文化生活，公司职工还经常自编自演戏剧。

通过完善的组织建设与比其他企业相对优厚的福利，民生公司形成了一个稳定且极具向心力的工作团队，或者说是一个生活共同体。在战争年代，这样的工作与生活环境是非常具有吸引力的，其也在动荡社会中为地方创造了稳定和良好的就业机会。

与此同时，卢作孚关于“现代集团生活”的组织革新理念也在建设北碚的过程中贯彻始终。首先，在舆论上下功夫，卢作孚在就任峡防局局长的次年就创办了《嘉陵江报》，目的就在于使北碚的民众“都逐渐能够认识现代是一个什么样的世界”[④]。而由民生公司在北碚投资开办的“三峡染织厂”，逢节假日，厂区就会面向全体居民开放，并专门组织民众前来参观，“把办公、上课、

① 凌耀伦，熊甫．卢作孚文集（增订本）[M]．北京：北京大学出版社，1999：257．

② 杨彦哲．集团生活与现代化——民生公司与北碚乡村建设模式[J]．国家航海，2015（03）：83-96．

③ 杨可．民生公司的现代集团生活建设——一个社会学的视角[J]．开放时代，2013（04）：85-104．

④ 凌耀伦，熊甫．卢作孚文集（增订本）[M]．北京：北京大学出版社，1999：254．

研究的地方以至于寝室、厨房、厕所,都让他们参观完”[①],希望以此对北碚居民产生耳濡目染的影响。其次,在青年人中组建学生义勇队,采用军事化的方式进行训练,并将其投入到北碚社区的治安维持与公共建设之中。此举通过青年人的带动,焕发了新的社会风气和面貌,同时以较低的社会组织成本实现了社区公共管理。再次,在北碚兴办大量公共文化设施,通过丰富农民的公共生活以拓展其公共视野。例如,通过职业教育、民众学校、短期培训等,给不同层次的民众提供多元化的教育机会;建设公共运动场并举办农民运动会,弘扬进取品格与团队精神;建设面向民众免费开放的图书馆、平民公园和温泉公园等设施,让峡区民众有机会接触到现代公共生活,在潜移默化中逐渐影响民众的生活方式和社会关系。

综上可见,卢作孚试图通过企业这种新的社会组织形式,在不同的社群中建设一种“现代的集团生活”,从而形成新的社会组织与社会关系。他的这一努力,在民生公司和北碚都得到了一定程度的推行。一方面,民生公司的创新性管理经验,直接影响着北碚的产业发展,并对北碚民众产生了积极的教育效果。另一方面,北碚民众社区公共意识的增强,有利于在地化低成本良性治理的完成,同时也为民生公司及相关企业提供了高素质的人力资源储备。

三、人的训练

作为一名成功的社会企业家,卢作孚的眼光非常长远。在他看来,创办公司也好,建设实验区也好,其根本目标在于训练能够适应理想新社会的人。他认为:“我们必须知道人的新的行动没有训练完成之前,新社会是不容许产生的。……今天中国什么都不缺乏,只缺乏人,只缺乏有训练的人,所以根本

① 刘重来.卢作孚社会改革实践与中国现代化研究[M].香港:香港天马出版有限公司,2004:66-67.

在先解决人的问题，解决人的训练问题。”[①]这种人的训练，不仅包括技术层面的训导培训，也包括生活习惯和思维方式方面的教育和熏陶。

民生公司一直非常重视员工的教育，在创立初期就强调“从人才中求经济”[②]。1928年初即已采用考试制度选拔人才，逐步形成“低级人才过考，高级人才过找”的人员选拔方式。凡考入民生公司的人，都要经过军事和业务训练，考试合格方可派遣到工作岗位。工作过程中，针对员工的文化水平，公司还组织扫盲、读书活动、具有教育意义的文娱活动等，持续不断地为员工提供各种培训和学习机会。民生公司的教育形式多样，既有集体的授课讲座，也有“能者为师”的个人指导，还有外出委培的专题学习[③]。同时，总公司设有图书馆，分公司和轮船上则设有“固定文库”或“巡回文库”[④]，共同构建良好的学习环境。

与此同时，北碚的地方教育工作也系统全面地展开。学生队、峡区实用小学、民众学校、兼善学校、平民图书馆、短期培训班……多种教育文化设施逐渐设立，同时还有更为灵活广泛的民众教育[⑤]。

特别值得介绍的是北碚学生队（少年义勇队）的建立。卢作孚在担任北碚峡防局局长伊始，就发现依靠旧的团练组织方式不足以建设新的社会秩序，故尝试采用新的措施培养既要有牺牲精神，又要能够带动民众、推动社会建设的新生力量。据卢子英之女卢国模回忆，“从1927年起，卢作孚亲自主持，采取公开招考的办法，在辖区内招收了500余名16至25岁的文化青年，组建起学生一队、二队，警察学生队以及少年义勇队一、二、三期”[⑥]。学生队和少年义勇队由毕业于黄埔军校的卢子英亲自担任队长，他强调“成人重于

① 凌耀伦，熊甫．卢作孚文集（增订本）[M]．北京：北京大学出版社，1999：239-241．

② 马昌铭．民生职工教育简介[J]．企业管理，1983(09)：32-33．

③ 马昌铭．民生职工教育简介[J]．企业管理，1983(09)：32-33．

④ 马昌铭．民生职工教育简介[J]．企业管理，1983(09)：32-33．

⑤ 凌耀伦，熊甫．卢作孚文集（增订本）[M]．北京：北京大学出版社，1999：186．

⑥ 卢国模．八十年前的北碚少年义勇队[J]．红岩春秋，2010(2)：64-66．

成事,人才重于资财”[①]。学生队和少年义勇队采用军事化的管理方式对青年们进行体质、组织、能力、思想等多方面的训练,并率领他们参加峡区各项公共建设。毕业后,队员们很多成为北碚地方事业或民生公司的骨干人才。可以说,在资金匮乏、资源短缺、匪乱横行的社会背景下,学生队和少年义勇队的组建,为重振社会风气、维护社会稳定、发展社区建设做出了重要贡献。

此外,北碚还根据在地企业的需要开办了各种专业培训班,比如为民生公司的业务需要而专门开设“水手班、茶房班、理货员班及护航员班等,前后培训了1000余人”[②]。1938年,在民生公司的参与下,由卢子英发起成立了北碚“文化基金委员会”(简称“文基会”)[③]。文基会的资金来源于各界捐赠以及部分地方公营创收企业,重点用于文化、地方事业的开支,支持了北碚的科学、医疗、文化事业和地方建设。这也为抗战时期北碚成为大后方的文化重镇打下重要的基础。

正是这些宽泛和基础性的文化教育工作,为民生公司及其投资的北川铁路公司、天府煤矿、三峡染织厂等在地企业提供了一大批训练有素且理念认同的高素质人才,降低了企业的人力建设成本,提供了动荡岁月十分稀缺的“和平红利”。同时,企业的平稳发展,也为本地居民提供了稳定的就业机会与各项建设的物质基础。

四、近代本土社会企业的运营逻辑

卢作孚先生曾说“中国的根本办法是建国不是救亡。是需要建设成功一个现代的国家,使其有不亡的保障”[④]。这是他关注的最根本的社会问题。卢作孚通过民生公司的社会企业推动基层社会建设,相辅相成地实践了以实业

---

① 卢国模.八十年前的北碚少年义勇队[J].红岩春秋,2010(2):64-66.

② 卢国模.八十年前的北碚少年义勇队[J].红岩春秋,2010(2):64-66.

③ 卢国模.北碚乡村建设的重要支柱——记北碚文化基金会[J].纵横,2009(11):60-64.

④ 凌耀伦,熊甫.卢作孚文集(增订本)[M].北京:北京大学出版社,1999:272.

建设解决社会问题的综合性探索。

总而言之，无论是张謇先生创办的大生集团，还是卢作孚先生创办的民生公司，这些社会企业的社会经济理性具有高于一般追求利润最大化的经济理性的层次。它们都以推进本地乡村社会建设的方式来化解过高的企业投资风险，降低和农民之间的交易成本，并直接参与在地化的社会改革。因此，对其经验的研究，具有更为深厚的社会土壤、现实启示和创新意义。这些不同特质，恰是中国领先该领域研究，形成中国企业家"经验自信"的重要内涵。

这些近代中国社会企业运营的重要经验，在于其与本地乡村的结合。它们采用与中国乡土社会有机结合的资本积累方式，以社会化服务开发本地资源使其资本化，以多业态产业融合的方式在地方进行组合投资和产业升级。

它们的社会服务与社会建设方式不是简单的对外公益捐款，而是将企业集团作为地方社会经济建设的重要一环而内嵌于当地社会。其不仅在经营一个企业，更是在地化地经营一个社区。例如，大生集团企业利润的一部分用于支持南通的近代城市社会建设和教育事业，这不仅仅是经济反哺社会，同时也是对企业自身的建设。因为企业不能脱离社会而存在。企业利润用于社会服务，虽然会增加一些经济支出，但也有效地降低了经营成本，并带来了社会效益，从而形成以乡土社会本地资源为基础的双赢可持续循环（如图2-1所示）。

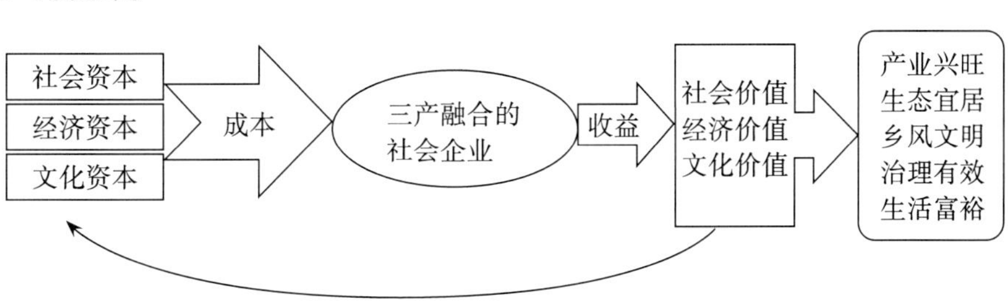

图2-1　社会企业反哺乡土的可持续循环机制

这个意义上的成本收益分析、经验教训分析有助于深入理解中国社会企业家的经营模式和内在逻辑。这种以本土化的工业化发展，探索带动社会整体发展的道路,可以优化配置本地资源、动员广泛社会参与、多业态融合互补,并将资本收益最大化地留在本地。所以,其能够在战乱频仍的社会条件下,仍然维持了局部地区的稳定和一定程度的发展,成为中国工业化起步和现代化建设中的重要经验组成部分。

在当今全球化竞争和金融危机加剧的条件下,对面临融资困难、发展瓶颈的中国民营企业来说,借生态文明与乡村振兴战略转型之机,投资乡土社会发展在地型社会企业也可以是一个重要的思路与经验。

第三章

新型农村集体经济的社会企业运营案例

2015年，中共中央、国务院印发的《关于加大改革创新力度加快农业现代化建设的若干意见》要求："推进农村集体产权制度改革。探索农村集体所有制有效实现形式，创新农村集体经济运行机制。"多年来，经过"三变"改革的逐步推进，党的二十大报告进一步提出，"巩固和完善农村基本经营制度，发展新型农村集体经济"。新型农村集体经济能够在党的领导下、以集体所有制为基础、以本村社区和农民福祉为根本，在推动产业发展的同时完善基层治理与社会建设。其具有典型的"社会—经济"双目标，是具有中国特色的、扎根乡土社会的创新社会企业组织。本章以四川省战旗村、陕西省袁家村以及陕西省留坝县的县级统筹村社集体经济建设三个不同类型的实践探索为案例，介绍乡村基层在党的领导下通过推进新型农村集体经济建设而形成的本土社会企业经验。

第一节 四川战旗村集体经济企业的社会企业运营①

【案例导读】2018年2月,习近平总书记来到率先推行农村集体产权制度改革的唐昌镇战旗村考察。通过对战旗村的党建活动、集体经济、产业发展、文旅融合工作的调研,他称赞"战旗飘飘,名副其实",并叮嘱当地在党组织的带领下,扎扎实实把乡村振兴战略实施好。本节以四川省战旗村为例,分析该村以集体经济为依托、以农村集体所有制为制度基础的发展模式,这是探索乡村社会企业实现经济与社会双目标的重要方向。

一、发轫开端:集体化时期经济与社会的嵌合

战旗村位于四川省成都市郫都区唐昌镇西部,在郫都区、都江堰市和彭州市三区、市交界地,地处横山脚下、柏条河畔,距离成都市区40公里。20世纪50年代,战旗村原名集凤大队,从属于金星大队。1965年在兴修水利、改土改田活动中成为一面旗帜,更名战旗大队。此后,在学习大寨的活动中,成为一个先进集体,改为"战旗村"。

战旗村大力改良土地,发展副业,一些缺乏劳动力的困难户也在集体的扶持下,通过赊贷的方式,开展了肥猪养殖,增加了收入。集体为贫困户垫付生产性资本助其养猪,这在一定程度上缓解了社区内部的贫富分化,实现了社会效益和经济效益的双赢。

有趣的是,这种强调村社成员权,具有社区平均主义的集体资源配置决策行为,并不是战旗村的特例。正如梁漱溟先生所说的传统中国的"通财之义",村社组织通常以村社集体利益为重,出于对经济、社会发展的可持续性的考虑,格外重视内部相对弱势的群体的发展需求,并且结合自身的条件来

① 本节选自:董筱丹.一个村庄的奋斗:1965—2020[M].北京:北京大学出版社,2021:377-400.收入本书时有删节修改。

做出相应安排。这在传统乡土中国被梁漱溟称为“伦理本位”，在现代村社则被学者们称为“村社理性”。

不难看出，计划经济背景下的集体化时期不仅具有经济和社会的双重目标，而且还有政治目标。基于组织性质来看，社队组织既是政治组织，又是经济、社会组织。在政治、经济目标的指导下，社队组织要负责农、副业的生产发展，与此同时，因其具有政治、社会属性，必然要关心社队成员的生活服务等问题。而社队作为一个具有“三重目标”的复合组织，为国家的政治目标服务时，其经济属性和社会属性是分开的。其经济属性不再是经济资源如何在村社内配置的问题，而是从国家宏观角度来为国家工业化提供原始积累。这不仅意味着在农、副业生产中的高强度劳作和低劳动报酬，还意味着战旗村全体人员不计劳力成本的劳动力投入，“工分倒不见得有多高，因为当时我们工作多，工作多就把工分贬低了”①。而其社会属性则体现在为社队成员生产生活提供保障。副业方面，战旗村通过掌握养猪权，除抑制市场价格波动及帮助养猪户承担市场风险外，还用赊贷等方式扶持贫下中农养猪，缩小社区内的贫富差距。在农业生产方面，集体化时期采取的这种集体统一经营的方式，为村社全体成员支付着彼此差别并不算太大的工分；在大队范围内以平均主义为导向的分配方式，保证了在当时服务于国家宏观工业化发展的前提下，能够维持村民的基本生存需要，是社队组织决策极具伦理性的体现。从整个国家层面来看，集体化时期的社队组织优先保障了村社成员的生存，并实现了有限资源条件下的积累，有其可取之处。而战旗村更为特别的一点，在于在大量剩余被提取后，并未因集体的平均主义而失去效率，社员们干劲十足，使战旗村实现了发展，在集体化时期成为一颗耀眼的“明星”。

综上所述，和新中国成立前以血缘、地缘为核心的传统小农村社制相比，社队组织虽与其表现形式不同，但是殊途同归。社队在服务于国家工业化的同时，也包揽了成员的生产、生活问题。在生产方面，更注重平等和生存所需

---

① 资料来源：2019年6月12日研究团队对李世炳的访谈记录。

的基本保障,并通过工分制在社队范围内建立了以平均主义为主的分配方式。在高积累、低消费的情况下,社队组织为国家工业化原始积累做出了极大的贡献。抛开社队这一组织的政治性质来看,集体化时期的社队组织俨然是一个在地化社会企业,在无法向外索要资源,甚至还要为国家工业化发展提供农业积累的严峻条件下,社队组织通过根植于本地的乡土社会来运作,动员社员们在战旗村这块土地上进行内部化的低成本开发,在为国家工业化发展提供原始积累的前提下,保障了社队成员的生存所需。

二、有实无名:市场的强劲扩张及村社内部化市场关系

从20世纪70年代开始,战旗村依靠社队企业积累的社会资本及农业剩余,开始组织队员们进行工业转型,其开办的曲线窑帮助战旗村实现了工业化的起步。可以说,从20世纪70年代到90年代,战旗村的集体企业虽受到市场经济强劲扩张的影响,但其社会企业属性一直留存。

(一)村社依靠内部积累培育了战旗村的工业

在农副业生产取得显著成效之后,战旗村人开始对工业动起了心思,起因是参观完大寨的村党支部书记李世炳决定通过修建新村来改变村民的居住条件。考虑到砖料需要,坚信"自力更生"的战旗村人决定放弃1969年建成的小土窑,新建一个产量更高、质量更好的曲线窑。曲线窑的建成,解决了修建新村用砖料的需求,也因售卖青砖积累了更多收入,因此其也可被视作战旗村工业化起飞的重要节点。

1979年,曲线窑被替代升级为轮窑,战旗村成立了第一家社队企业——先锋机砖厂。因为砖料销售走俏,机砖厂也成为战旗村之后很多集体企业发展的孵化器,其盈余为之后的企业提供了启动资金,而之后的企业又以已有企业的盈余来获得原始积累。比如战旗村的第二个集体企业——先锋酿造厂的建立就得益于机砖厂的盈余,此外,用蜂窝煤厂的盈余投建了先锋豆瓣

厂,而面粉厂建设及机器更换的资金就是通过战旗村已有的机砖厂和酿造厂获得的。

截至1987年,战旗村共有机砖厂、豆瓣厂、预制构件厂、商贸公司、凤冠酒厂、树脂厂、果园、铸造厂、农机厂、联合铸造厂10家企业,机砖厂的用工数一骑绝尘,并且有62名基干民兵。截至1992年,战旗村有先锋酿造厂、会富豆瓣厂、复合肥料厂、树脂厂、面粉厂等十几家村集体企业。

从农业到工业的跨越,使得战旗村实现了集体收益的大幅度跃升,提高了村社内部成员的生产生活水平。

首先是就业方面,一定程度上释放了战旗村内部的剩余劳动力,缓解了农副业劳动力内卷化的现象。在建立曲线窑的同时,战旗村也坚持土法上马,先后办起了8家企业:农机、农副业产品加工、机砖、建筑、弹花、理发、屠场、缝纫。1979年,亦工亦农的社员有110人。

其次,机砖厂的收入在随后几年成为战旗村主要的工业收入,连带着其他企业积累的经济利润,帮助战旗村提升了机械化水平:1979年战旗村的企业产值达到了17.5万元,其中机砖厂为9.2万元。企业产值占农副工总产值(60.5万元)的29%,人均产值为121元[①]。

最后,战旗村人的物质生活水平也得到了提高。李世炳在访谈中曾说:"群众的文化生活就是幼儿园,乡里没有的时候我们就办起来了。我们当时的幼儿园办得比较不错。小学也办起来了,群众看病的医疗点也有。当时得到上级部门支持,派医生来坐诊,给大家看病。还有屠宰场、供应点,群众购买的生活用品,包括剃头,都是免费的,和大家讲了,不要钱,记工分。"[②]

工业发展带来的经济收益返还到了大队内部的社会文化建设上,成员们的生活质量得到了极大提高。20世纪70年代末,战旗村的小学、礼堂、办公

① 高速度发展农业途径,走农副工综合发展的道路——先锋公社战旗大队:1979年7月22日[B].郫县社会企业局卷宗.成都:四川省郫都区档案馆藏(档案号046-001-0031-003):23-29.

② 资料来源:2019年6月25日研究团队对李世炳的访谈记录。

室、医疗站、代销店等一应俱全,一部分农户还住上了集体为他们修建的新房。战旗村时任书记李世立在接受采访时表示,1980年我国农村居民人均可支配收入为468元,城市居民人均可支配收入为439元,战旗村远远高出全国平均水平。①

(二)集体企业在产业化竞争中由盛转衰

随着改革开放的持续深入,20世纪80年代农村的改革也势不可挡。1981年,战旗村针对是否愿意家庭承包统计了农户的意见,仅有3户同意单干,剩下500户不同意。其缘由在于同意单干的3户家里劳动力多,认为自己单干效益会更好。1981年,村集体跟县委书记杨析综打报告,推迟家庭承包一年。但改革已是大势所趋,1982年,战旗村开始实施统分结合的双层经营制度。土地虽名义上仍然是集体的,但使用权分到各家各户之后,以土地为基础的工分制就取消了,这使企业无法通过工分来综合核算农工业收益,并调动集体所有成员的积极性,只能通过工资对在厂职工进行激励。

但战旗村的农户、集体及集体企业三者之间的联动却并未减少。村办工厂的工业生产总值成为战旗村经济结构的主体,在实现自身经济发展目标的同时,村办工厂在村集体的指导下,进一步促进全村工作全面发展,实现社会目标。战旗村在20世纪80年代仍然通过先锋机砖厂不断孵化集体企业,通过集体化时期的企业积累,为承包制时代的企业提供帮助,延续着村社对集体企业的哺育,而集体企业也延续着对村社的反哺,将企业收益返还社区。

以1989年为例,"村上60%的劳动力成了亦工亦农的新型农民,村'两委'成员在群众信任的推举下,锻炼成为懂生产技术、会现代管理的村工厂承包领导人"②。村集体掌握了集体企业的领导权,集体企业也为村民提供了大量就业机会。此外,"村党支部将各企业的上交费用,原则上大部分用于还贷

① 资料来源:2019年6月25日研究团队对李世炳的访谈记录。

② 战旗村坚持走发展集体企业的道路:1989年12月26日[B].成都:四川省郫都区档案馆藏(档案号152-001-0272-007):1.

和发展再生产,所剩部分主要用于全村的工作开展和给社员提供福利"[①]。在工作开展方面,村上从企业上交费里抽出近万元用于水利建设、购买杂交稻种、粮食任务入库奖励、支持社员喂猪等,通过以工补农的方式促进村民的农业生产发展。在社员福利方面,重阳节慰问老人、照顾困难户、年终社员每人20元分红,以及村、社干部和幼儿园3个老师的工资等各种公用费用、开支全部来自企业上交费。企业收益对村社的反哺,改善了村民们的生产、生活,村民生活安定,文化活动丰富,也使村社内部社会治安秩序稳定,没有封建迷信和赌博活动。

进入20世纪90年代,社会主义市场经济的强劲扩张使整个国家的政策环境都是朝向沿海地区、朝向出口创汇的,不管是贷款额度还是财政方面的优惠政策,村办集体企业面临的都不再是以前的优惠环境。

20世纪90年代中期,处于产业化竞争阶段的战旗村由于市场经济和企业自身体制等多方面原因,先后有5家集体企业倒闭。1994年,战旗村被作为郫县乡镇企业改制试点进行企业改制,但改制过程相对温和。战旗村将规模较大的机砖厂、豆瓣厂、酿造厂、面粉厂和复合肥料厂合并并进行改制,其股份由村集体(50%)、经营者和职工(20%)、企业法人(30%)占有。可以看到,战旗村通过集体占股50%、经营者和职工占股20%的方式认可了全体村民的贡献,并把握了集体的话语权。集体经济的存在为村集体的话语权提供了基础,使村集体各项工作能在村社内部顺利开展。

表3-1和表3-2分别为1996年和1997年郫县村级经济实力排名。

① 战旗村坚持走发展集体企业的道路:1989年12月26日[B].成都:四川省郫都区档案馆藏(档案号152-001-0272-007):3.

表3-1 1996年郫县村级经济实力位次表

实力位次	单位	人均纯收入(元)	村可支配收入(万元)	总产值(万元)	工业产值(万元)	农业产值(万元)	综合得分	1995年的位次	位次升降(绝对值)
1	合作镇 顺江村	2,492.00	50.00	18,168.00	17,698.00	470.00	334.53	1	0
2	唐昌镇 战旗村	2,421.00	45.00	7,373.00	6,996.00	377.00	292.66	2	0
3	郫筒镇 鹃城村	3,366.00	40.00	13,494.00	13,077.00	417.00	288.68	3	0
4	犀浦镇 犀池村	2,906.00	36.50	3,872.00	3,703.00	169.00	253.60	5	1
5	犀浦镇 国宁村	3,214.00	31.80	1,558.00	1,244.00	314.00	231.40	6	1

表3-2 1997年郫县村级经济实力位次表

实力位次	单位	人均纯收入(元)	村可支配收入(万元)	总产值(万元)	村企产值(万元)	农业产值(万元)	综合得分	1996年的位次	位次升降(绝对值)
1	合作镇 顺江村	3,205.00	65.00	9,698.10	9,144.00	554.10	375.17	1	0
2	唐昌镇 战旗村	3,304.00	50.00	6,985.20	6,592.00	393.20	310.14	2	0
3	郫筒镇 鹃城村	3,732.00	42.10	13,260.20	12,945.00	315.20	292.80	3	0
4	犀浦镇 犀池村	4,185.00	44.06	3,386.90	3,203.00	183.90	282.71	4	0
5	犀浦镇 国宁村	4,423.00	38.00	1,264.90	958.00	306.90	255.17	5	0

资料来源:《一九九六年度郫县村级经济实力位次表》《一九九七年郫县村级经济实力位次表》,四川省郫都区档案馆藏,档案号149-001-0538-0086。

在1997年唐昌镇党委办公室提供的先进事迹资料中,战旗村在3个先进村落中集体经济实力显著①。集体经济是营造村社有效社会治理的经济基础,战旗村党支部从大力发展集体企业入手,通过机砖厂实现了滚雪球式的企业发展,先后办起十几家企业,集体经济不断壮大,而战旗村集体经济的增强又带动了全村各项工作的顺利开展。

① 唐昌镇战旗村先进事迹:1997年11月5日[B].成都:四川省郫都区档案馆藏(档案号149-001-0490-010):1.

1.生产方面,通过以工补农、以工促农的方式,对农业生产进行帮扶。

首先是以工补农,由村上抽出部分资金支持农业,每年抽出2万元来补助修沟渠、大春杂交稻育秧,聘请省、市、县农技专家、教授来村教授农技知识和技术,推广农业新品种、新技术。1994年,战旗村用4,000多元买回几千株漳州柚树苗送给农户种植,建立了近百亩的以漳州柚为主的林果花草基地。1994—1996年,共补贴2.1万元给农户购买联合收割机,改变了农民的收割条件。1996年投资5.3万元,修建村中心区三面光斗渠近1公里。1999年为了推广抛秧技术,村上又出资2,000元购买了育秧发芽机和播秧盘。

其次是以工促农,为农产品寻找出路,推动农业产业结构调整。1990年,集体企业之一的先锋酿造厂引进榨菜种子分给农户栽种,企业以保护价收购,农民得到了实惠,种植榨菜的积极性很高。1999年,先锋酿造厂与420户农户签订了以每公斤0.3元的保护价收购榨菜的合同,全村种植榨菜面积达到了1,200亩,占全村耕地面积的2/3。早榨菜市场价较高,每公斤在1元左右,每亩可产1,000—1,250公斤,一般每亩收入在1,000元以上,仅此一项,全村农民可增收80万元左右。①

2.生活方面,村集体经济发挥社会属性,对村庄社区进行建设。

1996年,战旗村集体投资45万元,新建了全县一流的村办公大楼和党团活动室,完善了村级组织活动的阵地。1997年,村集体又出资6万元,配合政府完成了唐宝路拓宽、铺柏油面工程,使战旗村交通更为便捷。②

可以看到,集体企业虽因市场化经济的深入而受到股份制改革的冲击,由集体占有的企业经营收益减少,但企业仍由村集体掌握话语权,并通过壮大村集体经济的方式形成了村级有效自治的经济基础,使集体企业的收益仍延续着20世纪80年代以来的社会属性,反哺村社。

① 唐昌镇战旗村先进事迹:1997年11月5日[B].成都:四川省郫都区档案馆藏(档案号149-001-0490-010):2.

② 唐昌镇战旗村先进事迹:1997年11月5日[B].成都:四川省郫都区档案馆藏(档案号149-001-0490-010):1.

(三)21世纪私有化改制对集体企业社会属性的影响

从21世纪开始,由于融资环境和市场环境的变化,乡镇企业的发展举步维艰,开始出现私有化改制。2002年,战旗村领导班子换届,李世立被任命为村党支部书记,高德敏被推选为村民委员会主任。为了杜绝集体企业私有化可能带来的集体资产流失等问题,新一届领导班子在2003年对村内的乡镇企业开始了新一轮的改制。与"能私不股"的私有化改制不同,有着强集体意识的村集体试图通过改制收回企业固定资产的所有权,并通过拍卖流动资产的方式将集体企业进行租赁,村集体每年以收取租赁者固定租金的方式获得集体收益。这是战旗村集体在应对恶化的外部经营环境时的独特选择,折射出了战旗村的强集体意识,也是战旗村以集体利益为重的社会属性的体现。

21世纪之前的乡镇企业,因发展受益于村社,故劳动用工会优先考虑村内劳动力,以强化集体企业与村民的利益联系,极具社会属性。但21世纪改制之后,经营者失去了村社与成员之间的关系约束,按照企业利益最大化的原则,就会优先选择年轻劳动力,以提高效益。企业的社会属性也因为企业经营者的改变而被弱化。例如,租赁了村内复合肥料厂的重庆老板,将招工的优先条件从"本村人"变为了"年轻的劳动力"。虽然企业仍然为村集体经济创收,但企业上交集体的收益比股份制改制后更为有限,集体企业辉煌不再,集体虽保留着所有权,但实际上已最大限度地退出了企业经营。所以,在市场的强劲扩张中,集体企业这一时代的产物逐渐没落,其社会企业意义也渐渐衰弱。

(四)乡村集体企业的社会企业属性

集体企业取之于村社,通过社员齐心协力、低成本地使用村社内部资源,实现原始积累,并通过村社理性将外部性问题内部化,弱化了企业发展过程中产生的矛盾,是极具中国特色的工业化道路。不难看出,在资金匮乏的情况下,先锋机砖厂仍然实现了原始积累,并稳定运营至2003年,在这期间还为之后的集体企业提供了原始积累，贡献极大。战旗村的工业企业得益于先锋机砖厂，而先锋机砖厂这一母体的壮大则主要归功于村社内部的哺育。对于三大基本生产要素（土地、资金、劳动力），先锋机砖厂在村社内部全体人员的努力下低成本地使用着，并在村社理性机制的作用下，弱化了这个过程中产生的矛盾，帮助战旗村实现了工业起飞，实现了经济发展的目标。

20世纪70年代到90年代，虽然乡镇企业曾一度受到企业改制的影响，但企业的收益一直是促进、壮大村集体经济的重要力量，对战旗村内生产生活水平的提高起到了极大作用，实现了企业在村社内的社会发展目标。综上，战旗村的乡镇企业就是社会企业。随着社会主义市场经济的扩张，乡镇企业辉煌不再，但战旗村人又把目标瞄向了新的领域。

三、名实相符：重振村集体经济

2002年，战旗村领导班子换届，面对外部环境的变化，如何让“战旗”再度飘扬成了新一届领导班子的心头难事。一方面，集体企业辉煌不再；另一方面，工农业收入差距的增大使村民们对土地的依赖性逐渐降低。据战旗村当时的村党支部书记李世立回忆：“2000年左右，战旗村务工人数增多，全村1,600多人，400多人打工，其中大多数都在村内的企业上班。”[①]战旗村的村民们觉得种地不如务工划算，普遍存在把土地给别人种的情况。此外，每年向分散的农户收取农业税也花费了村干部大量的时间和精力……面对21世纪以来的这些变化，新一届领导班子也思考着如何让战旗村走出一条路来。

近年来，我国农村地区的农民合作社逐渐成为壮大村集体经济、创新农村社会治理机制的重要抓手。随着服务内容的不断拓展，其在专业合作的基础上又出现了股份合作、信用合作及专业合作社、联合社等类型。其中，以村集体经济为经济基础，以“农村集体所有”为制度基础，结合股份制和合作制的社区型股份合作社对村级社区治理的贡献尤为明显。下面就以战旗村的

① 资料来源：2020年1月10日研究团队对李世立访谈记录。

"成都市郫都区战旗蔬菜专业合作社"为例,探讨其采用农村社区型股份合作社的方式重新振兴集体经济、发挥社会企业属性的道路。

(一)成都市郫都区战旗蔬菜专业合作社发展概况

在成都市城乡统筹政策的推动下,成都市郫都区唐昌镇战旗村于2006年左右开始探索土地规模流转。为了解决土地撂荒及土地集中后的经营管理问题,村民们决定以土地承包经营权入股,村集体企业(成都市集凤实业总公司)以村集体的名义注入50万元,于2006年成立了战旗农业股份合作社。由于2006年颁布的《中华人民共和国农民专业合作社法》只有针对专业合作社的注册流程,村里于2008年才以郫县战旗金针菇专业合作社的名义注册了合作社。2009年,合作社更名为"郫县唐昌镇战旗蔬菜专业合作社";2017年,更名为"成都市郫都区战旗蔬菜专业合作社"。2018年,合作社经由中国慈善交流展示会认证为社会企业,并被评定为"好社企",同年被列入成都市观察社会企业名录。

在2007年左右,除合作社集中农户的土地进行经营外,还有一些种植大户与村内的农户签订协议流转土地种植。但从2009年开始,全村90%以上的农用地都逐渐集中到了合作社,之前承包者和村民签的流转协议都逐渐改为和村委会签订。当时合作社还不完善,而且大家觉得村委会比较有信誉度,所以流转协议实际上是和村委会签的[①]。可以看出,合作社在初始发育的时候是村委会为其背书的,其与大农户带头开办的专业合作社并不一样。战旗蔬菜专业合作社作为全体村民的合作社,实质上是用专业合作社的名头来行使全体村民的综合合作社的职能。2011年,合作社集中的土地规模已趋于稳定,除去村内几家自身依靠规模种植蔬果为业的农户,全村所有的农用地都交由合作社进行经营管理。

合作社将村内的农用地资源集中起来后,通过争取上级政策资金扶持来完善土地的相关配套设施建设,提高了土地的级差地租,可以将土地以更高

① 资料来源:2019年10月2日研究团队对战旗蔬菜专业合作社会计方磊访谈记录。

的价格流转给种植专业大户种植。而合作社选择的合作对象除了农业种植外，还有附加值较高的蔬菜、苗木业种植。高附加值的经济作物栽培，相当于又一次提高了土地的级差地租，能够在一定程度上使战旗村获得更多的地租收益。比如2007年3月，成都榕珍菌业有限公司在战旗村现代农业园区落户，发展食用菌生产及相关产业。该项目建成后不仅让战旗村获得了地租收益，而且吸纳了村内及周边的大量剩余劳动力，在增加村民务工收入的同时，也留住了青年人，减少了留守老人、留守儿童等社会现象的出现，还推动了村内土地规模流转，对促进土地规模经营起到了积极作用。据战旗村时任村主任杨勇介绍，2019年村内80%的劳动力都是在本村就业，剩下的20%在附近的郫都区、成都市区等地就业。以前村集体招商引资时主要考虑解决就业问题，但在2015年之后，村内就业就不再是问题了[①]。

在2009年唐昌镇关于村（社区）集体经济收入的统计（见表3-3）中，战旗村以1,280万元的“累计集体经济收入”和56万元的“年集体可支配收入”名列全镇23个村（社区）的第一名。其他村（社区）的“累计集体经济收入”最高的是100万元，最低的是0元；“年集体可支配收入”最高的是10万元，最低的是0元，[②]可见战旗村的村集体经济实力突出。战旗村在2010年的工作总结中提到，“截至2010年12月，合作社共有农户495户，社员1,551人，集中土地1,820亩。其中，流转给种植大户土地1,420亩，合作社直接经营土地320亩……全年村级集体收入295.37万元，其中合作社收入235.37万元，集体企业租赁收入60万元”[③]。

① 资料来源：2019年10月5日杨勇访谈记录。

② 《村（社区）集体经济收入统计表》（2009年6月），档案号149-2009-99。

③ 《战旗村2010年工作总结及明年工作思路》（2010年12月），档案号149-2010-175。

表3-3　唐昌镇村(社区)集体经济收入统计表

单位:万元

村(社区)	累计集体经济收入	年集体可支配收入	村(社区)	累计集体经济收入	年集体可支配收入
金星村	45	6.1	横山村	60	3.2
先锋村	40	1.8	竹林村	60	1.8
建丰村	80	3	鸣凤村	100	10
平乐村	40	4.2	青春村	2	1.08
星罗村	15	3.5	留驾村	40	1.5
柏木村	10	2.5	金沙村	50	2
西北村	80	5	平康村	50	0.8
火花村	20	1.2	东街社区	10	0.35
大云村	20	1.8	西街社区	0	0
战旗村	1,280	56	南街社区	0	0
蔬菜社区	20	0.5	北街社区	0	0
新胜街道社区	1	0			

资料来源:四川省郫都区档案馆藏,档案号149-2009-99,《村(社区)集体经济收入统计表》,2009年。

2011年之后,合作社通过招商引资,与大行宏业合作,投资建设了“妈妈农庄”项目,建成了200亩的设施观光农业园和3万平方米的休闲会所、乡村酒店等第一、第三互动产业项目。其中,“战旗·第五季”薰衣草花田景区在2013年成功申报了国家3A级景区,当年便接待游客近40万人次,其带来的人流效应更是吸引了蓝彩虹生态农业有限公司、成都裕祥农业科技有限公司等企业入驻战旗村,在带动村内集体经济壮大和人口就业增收方面起到了非常重要的作用。

(二)合作社的现状

合作社的社员都是本村人,是一户一个代表。一方面,合作社将土地集中,通过自主经营及对外发包来实现农业产业化经营,壮大了村集体经济,促进了村内公共服务水平和公共事业的发展。从2009年开始，村集体每年为村民发放“老人金”（60—70岁的老人每月补助50元，70—80岁的老人每月补助100元，80—100岁的老人每月补助150元，100岁以上的老人每月补助300元[①]）及购买基础医疗保险，这极大地提高了村集体在村社内决策的公信力和集体凝聚力。村集体收入可观的战旗村在文化卫生、社区治理事业上的工作也颇有成效，建有战旗幼儿园、老年协会、卫生站、便民服务中心、乡村购物超市等，更好地满足了村民们日常生活的需求。另一方面，农户也可以获得稳定、多样的收入，实现收入水平的提升。一是土地流转租金，农户入股的土地每年可获保底土地租金1,200元/亩。二是在坚持“多积累，少分红”的前提下，将高出保底租金的土地增值部分的50%用于持股农户再分红，实现农户第二次分利，余下的50%用于扩大合作社生产经营。三是合作社在出租土地时，会优先选择与能解决更多村民就业问题的企业合作，村民可进入园区成为农业工人，获得稳定的务工收入，从而改善村内劳动力外流的现象。

据战旗村2组组长罗晓军介绍[②]：2019年罗晓军65岁，家里共5口人，儿子、儿媳及孙子一家人都在郫都区居住。他在“妈妈农庄”负责花木的绿化工作，每月工资2,000元，自己和老伴每人每月有村上发放的“老人金”50元，村里也为每个人购买了基础医疗保险（如果农户想自己购买更高档次的医疗保险，村集体会将每年购买基础医疗保险的开支变换为现金发放给村民，2019年基础医疗保险金额为220元）。此外，罗组长入股到合作社的土地，除了可以获得每年的保底租金1,200元/亩之外，每年最后一个季度还会获得分红，2018年村里每人分到了350元。

据合作社会计方磊介绍，由于农业生产受自然因素影响很大，具有季节性和长周期性的特点，加上农产品价格受市场波动的影响很大，合作社每年的营收情况无法像工业生产那样固定。除去农户每年固定获得的保底租金，

① 资料来源：2019年10月4日杨洪清访谈记录。

② 资料来源：2019年10月4日罗晓军访谈记录。

合作社给予村民的分红有时需要村集体平衡各处的利益后进行补贴,如从“集体企业租赁收入”中调拨部分资金,保证村民每年拿到手的分红只能比往年多而不能比往年少。这与集体化时期战旗村为社里的养猪户提供价格稳定的猪仔有着异曲同工之处。

(三)成都市郫都区战旗蔬菜专业合作社的社会企业属性

在2018年中国慈善交流展示会社会企业申报中,成都市郫都区唐昌镇战旗蔬菜专业合作社作为工商登记的农业专业合作社,入选了中国慈善交流展示会2018年社会企业名单,获评“好社企”①,并入选成都市2018年观察社会企业名录。

不难看出,对战旗村内部而言,该合作社的社会属性是很明显的。合作社在发展过程中,由村委会为其背书,实质是全员合作社,通过促进村集体经济的壮大,使村集体有经济基础回应村民的物质文化生活需求,提高村内公共服务水平,促进公共事业的发展。即使合作社因农业生产的特点无法保证固定的营收,但仍承诺村民每年的分红不会比前一年少,帮助农户承担市场风险,通过以工补农的方式,让农户吃下“定心丸”。合作社也会优先选择能够提供更多就业岗位的企业进行合作,从而保证了更多村民的在地化就业,进而减少了留守儿童、留守老人的数量。村集体经济的实力壮大后,村里还为每个村民购买了基础医疗保险,为老人发放“老人金”,提供和完善各种公共产品,修建便民服务中心、文化大院等。

对外而言,合作社仍属于一个营利组织。自成立以来,合作社通过争取上级政策资金扶持,完善相关配套设施建设以提高土地的级差地租,主要是

① 2018年9月20日,在深圳举行的“第六届中国公益慈善项目交流展示会”上发布2018年中国慈展会社会企业认证结果。共有110家企业通过认证,包括金牌社企15家,好社企38家,社会企业57家。此次社会企业认证由深圳市中国慈展会发展中心、北京大学公民社会研究中心、中国人民大学尤努斯社会事业与微型金融研究中心、億方公益基金会、国际公益学院、中国公益研究院等6家主办单位共同发起,由深圳市社创星社会企业发展促进中心负责执行。

自主经营土地，流转土地给农旅公司、村内外的种植大户，以及进行第一、第二、第三产业开发和蔬菜、苗木种植，再一次实现级差地租跃升。战旗村在2011年完成集中居住后，进行了集体成员资格界定及土地确权，对全村土地统一进行重新分配，具有成员权的农户获得了名义上同样多的土地数量，实际上土地边界已经被打破，土地全部集中到了村集体手中，解决了分散的、边界清楚的农村资源对接外部主体和大市场困难的问题，相较单家独户的小面积流转，合作社谈判能力强，土地租金比较可观，应对市场风险的能力更强。

总体来说，战旗蔬菜专业合作社具有天然的社会属性。首先，土地资产作为具有保障性的生产要素，其被统筹经营，收入自然要体现社会、经济的双重效益，并且在大部分乡村衰而未亡的状况下，更看重其社会效益。其次，基于社区型股份合作社的产权基础，在村委会的监管下，合作社对村集体的农用地资产进行集中管理，并被授权能够对资产进行处理、调整，于是合作社就产生了公共性的权利，承担了村集体统筹农用地资源和动员组织农户的职能。它通过集中整合村内资源性资产对接市场创收，其收益必然要返还给村社，去回应政府和市场既无暇解决也解决不了的农户生产、生活需求，而村集体收入也能加强集体与村民的联系。最后，战旗村一以贯之的村集体意识相较城市社区，在熟人社会的血缘和地缘的影响下，能够更低成本地推行社会企业式的市场活动，以解决农民就业、养老及文化生活等问题，形成低成本的社会治理，且社会属性更加坚固，甚至是社会属性优先于经济属性。而且，以农村土地集体所有制为基础的村集体经济，使农村可以不像城市社区型社会企业那样受到使用国有资源的限制，从而让乡村社会治理更具活力。这是植根于中国本土的经验，是我国独有的农村经济组织模式，值得我们深入探索和研究。

由于我国尚未出台法律规范社区型股份合作社的发展，其法律定位仍不明确。早年间的社区型股份合作社都是按照专业合作社来登记的，现在则是在各地的农业农村委员会进行注册登记，依各地方法规进行规范调整，标准不统一。社区型股份合作社无法像一般企业那样进行工商登记的原因也在于,作为社区经济组织,其在村委会的监管下,以村集体经济组织为依托,靠村集体资产营收,所以其行政色彩相对一般企业来说会浓一些。合作社的法定代表人一般是村党支部书记,理事会成员也由村"两委"成员兼任。而且合作社在经营农业这类弱质性产业、服务农民这类弱势群体时,需要政策资源的帮扶,在享受某些政策福利的同时,可能也会因此而受到限制。但也正因为如此,相较其他投资主体成立的企业而言,社区型股份合作社服务的福利属性是显而易见的,也更接近社会企业的本质。

可以说,社区型股份合作社的社会属性与经济属性是明显且突出的,其发展壮大对于农村社区治理具有重要意义。但当前社区型股份合作社的发展还存在一些问题,比如,其业务内容及服务于社区福利的方式仍然比较单一,法律定位仍不明确,行政色彩相对较浓等。总的来看,社区型股份合作社目前仍处在探索阶段,其优势和问题都是明显的。但是作为根植于中国本土的乡村社会企业,值得我们深入研究后探索出一条具有中国特色的农村社区治理道路。

四、展望:农村社区的新发展阶段

2015年,战旗村借集体建设用地公开挂牌入市交易这一契机,对村内所有的非农用地资产、固定资产、集体资源及其他资源资产等进行了清产核资,成立了战旗资产管理公司。该资产管理公司除对村集体内部的非农用地资产进行管理外,还负责"乡村十八坊"、成都集凤商务服务有限公司[①]、成都集凤投资管理有限公司等企业的管理运营。合作社和资产管理公司共同对村内资产进行经营管理,以盘活村内资源,发展村集体经济。

截至2019年,战旗村的合作社与资产管理公司还在发展中,处在统筹村

① 成都集凤商务服务有限公司于2013年12月25日注册成立,由郫县唐昌镇战旗资产管理有限公司以90%的股权占比控股。

集体经济组织中村民的土地、房屋等闲散资产以形成组织化的资产平台的初级阶段，服务于社区福利的方式相对来说比较单一，主要还是通过改善村内公共设施服务的方式来提高农户的生活质量。

但是合作社及资产管理公司未来的前景远不止于此，二者在通过村社的资源性资产创收的同时，可尝试拓展业务范围，着力解决农民生产生活中的供销服务、互助养老、教育医疗、金融合作及农民创业发展的资金帮扶等问题，这能极大地推动农村社区发展，提高农村的物质文化生活水平。

在探索中国式现代化的进程中，必须根植于本土经验，才能有效解决我国乡村发展面临的社会建设问题。我国农村最重要的制度基础就是农村集体土地制度，而在村委会的监管下，以土地制度为基础的村庄新型集体经济是一种本土的乡村社会企业，是乡村社区治理的重要突破口。

第二节　陕西袁家村：集体经济的创新与共享①

【案例导读】陕西省礼泉县袁家村在村“两委”的领导下，在资源稀缺的条件下，依托集体经济建设，发展具有关中特色的乡村旅游，并以股份合作的方式组织农民合作，带动农民共同富裕，构建了包含多种社会企业类型的“袁家村模式”。

2007年以来，陕西省礼泉县袁家村以乡村旅游为突破口，打造农民创业平台，解决产业发展和农民增收问题；以股份合作为切入点，创办农民合作社，解决收入分配和共同富裕问题。通过一系列创新实践，成功探索出一条破解“三农”难题、实现乡村振兴的新路径。袁家村创新发展的思路和经验，

① 本文作者：宰建伟、关晶，中国乡村振兴袁家村课题组。本文原题目为“创新与共享：袁家村的乡村振兴之路——关于袁家村模式的调查和思考”，作于2022年6月。收入本书时有少量删节修改。

即“袁家村模式”得到了社会各界的广泛关注和充分肯定,在全省乃至全国范围内产生了越来越大的影响。前来参观、考察和学习者络绎不绝,据不完全统计,自2018年以来,每年有多达29个省份的各级党政领导和部门2000多批次到访,开发区、特色小镇、田园综合体、旅游景区、文旅企业、高校和科研机构,以及乡镇村组考察团更是不计其数,成为中国农村近几十年罕见的独特现象。

乡村振兴的“袁家村模式”为贯彻落实《中共中央 国务院关于实施乡村振兴战略的意见》,提供了一个鲜活的样本和范例,对其他地区的乡村建设、发展和振兴具有重要的启发和借鉴意义。“中国乡村振兴袁家村课题组”[①]同步对袁家村进行了长期深入的观察、调研和思考,尤其是深入农户,面对面直接和干部群众交流,获得很多第一手生动鲜活的材料,并基于事实和发展过程对袁家村的成功路径进行了系统梳理。

“袁家村模式”是袁家村人在党的领导下,把农民有效组织起来,发展集体经济,自主创新,有效解决“三农”问题,实现乡村振兴的思路和经验总结。

一、以党支部为核心,以农民为主体

袁家村原本是个只有62户、286人的小村子,地处关中平原,渭河之北,干旱贫瘠,资源匮乏。历史上是个“点灯没油、耕地没牛、干活选不出头”的“烂杆村”。20世纪70年代,老书记郭裕禄同志带领村民艰苦奋斗,打井找水,积肥改土,粮棉产量跃居全省前列,甩掉了贫困帽子。20世纪80年代,袁家村抓住改革开放机遇,大力发展村办企业,改善村民生活,壮大集体经济,民富村强,成为陕西省著名的“富裕村”“小康村”。郭裕禄同志是袁家村社会主义新农村建设的开拓者和奠基人,是陕西省和全国农业战线上的一面旗

① 袁家村为了对自身发展进行理论研究和经验总结,早在2010年,就组建了“袁家村发展战略和总体规划课题组”,2015年又成立了“中国新农村建设袁家村课题组”,2017年更名为“中国乡村振兴袁家村课题组”。

帜，中共十一大、十二大和十四大代表，荣获全国劳动模范、全国优秀党务工作者等称号，多次受到党和国家领导人的接见和赞扬，其不甘落后、敢为人先、自力更生、开拓进取的精神成为袁家村人的宝贵精神财富，为袁家村的二次创业、转型发展提供了强大的精神动力和力量源泉。

20世纪90年代后期，随着国家产业政策调整，淘汰落后产能，高耗能、高污染的村办小企业陆续破产倒闭。2000年以后，集体经济萎缩，村民收入下降，青壮年外出打工，老弱妇女留守，袁家村逐渐沦为一个空心村。袁家村还有希望吗？村民出路在哪里？这个问题再次拷问着不甘沉沦的袁家村人。

2007年，在西安创业成功的优秀青年企业家郭占武响应礼泉县委和县政府的号召，毅然返乡，决心带领乡亲们走出困境。这一年新选出的党支部义无反顾地担负起二次创业、振兴袁家村的光荣使命。支部一班人有理想、敢担当、事业心强、责任心重，对群众感情深，对自己要求严。支部书记郭占武同志思路清晰、目标明确、心胸宽广、干事执着。上任之初他代表党支部和村干部向全村村民郑重承诺和表态，要千方百计谋发展，带领乡亲们奔小康，绝不让一家一户掉队，并要求全体干部不谋私利，以身作则，全心全意为群众服务，以实际行动取信于群众。十多年来，党支部始终是全村的核心，时时刻刻发挥着战斗堡垒作用。方向支部定，大事支部决；支部是群众的主心骨，支部是干部的指挥部。支部有思路，支部有能力，支部有威信，支部有感情。袁家村党支部把为群众办事、为群众谋利作为一切工作的出发点和落脚点。凡举一事、出一谋，必看群众是不是答应，群众是不是受益，群众是不是满意。坚持这个标准，什么事该干、什么事不该干就有了答案。从开办农家乐、建造民俗体验地到兴办作坊、成立合作社，从招商引资到进城出省，都是支部先拿主意，交由群众讨论，征求意见到户，思想工作到人。因为认识一致，思想统一，“人心齐，泰山移”，才能举全村之力，求快速发展之效。

“三农”问题的核心是农民，如何确立农民的主体地位关乎乡村振兴的成败。自20纪70年代末在农村推行家庭联产承包责任制以来，伴随着市场经济的冲击、城市化进程和人口流动的加快等,农民的“去组织化”和边缘化情况日趋严重,已成为乡村建设和乡村振兴中的突出矛盾和严重障碍。袁家村在发展之初,党支部书记郭占武同志就明确提出自主发展的路径。他们没有等、靠、要,也不迷信、不幻想外部力量。坚持村民的主体地位,树立村民的主人翁意识,让村民当家做主,自主发展、自我发展,直接承接党和政府的各项惠农政策。党支部和郭占武同志认为只有把自己村子的产业做好、做强、做大,才有可能形成吸附效应,汇集各种资源和各类人才。袁家村在坚持自力更生的同时,积极引进和吸纳外来资本和资源,并且为我所用。目前在袁家村投资的外来资本规模和项目总量都远远超过村自有投资规模和项目总量。

党的二十大报告指出:“基层民主是全过程人民民主的重要体现。”要“健全基层党组织领导的基层群众自治机制”,并“增强城乡社区群众自我管理、自我服务、自我教育、自我监督的实效”。袁家村在乡村治理和村民管理方面的探索取得了重要突破和成就,村民自治、村民财产权益都在发展中得到充分体现和保障。村中事务,无论巨细,都会摆到台面上由所有村民共同商议决定,村民或商户对村庄事务的参与几乎是全方位的,这充分发挥了基层党组织调动农民积极参与村庄事务的功能,集体决议保证了政策与制度在制定与推行过程中的透明化,打消了村民的种种顾虑。另外,村民集体决议给全体村民提供了发表意见的场合和机会,这相当于给村庄的平稳运行安装了“安全阀门”,村中所出现的各种问题与矛盾都会通过民主渠道在公开场合得到纾解。这种由村民自我寻求解决问题的方式,不仅没有给政府添麻烦,而且还有效促进了村民、商户之间的沟通与团结,同时也在一定程度上保证了村政决策的顺利执行。草根民主在袁家村已经成为村庄事务决议的典型特征。今天的袁家村发展迅猛,人员陡增,传统的现场会议形式已无法满足村治理的需要。针对现实状况,袁家村与时俱进,充分利用互联网技术,在管理形式上既有线下的村民大会、股东会、座谈会和协商会等现场会议,同时还有线上的各种大大小小的以微信和QQ组成的“群”,如工作群、实战群、合作社群、村民群、商户群、文创群、培训群、客栈群、进城群、出省群等。“群”已经成为袁家村获取群众意见、民主决策，进行组织管理、传达信息的重要平台。这种便捷高效的线上管理方式不仅有助于村干部传达各种上级精神和村庄事务安排，更充分保证了广大村民和商户能够及时获取信息，同时也为袁家村的各类群体提供了重要的意见表达渠道。

袁家村之所以能呈现出“富而不骄”“富而思进”的社会特征，主要归因于村民自发组织进行的思想道德教育与学习。针对农民收入急剧增长以后有可能出现的心理膨胀、互相攀比问题，村里设立了“道德讲堂”和“明理堂”，在发现不好的苗头以后由村干部对相关村民进行教育，并进行忆苦思甜活动。通过抚今追昔的“自省”与“自醒”，明辨是非的“讲理”和“明理”，让富裕起来的村民再次认识到今天美好生活的来之不易，去除他们的骄傲情绪、攀比心理。通过持续不断的教育和引导，也让袁家村的村民和商户充分认识到彼此都是互相关联、互相依赖、互相影响、互相补充的大家庭中的一员，每家每户都是袁家村这个整体系统中的一分子，如果离开村集体，就一无所成，更不会有让人称羡的成绩，即“整体大于部分之和”。广大村民和商户由此提高了认识，从而更加热爱村集体，更加关心村集体。

二、因地制宜，自主创新

2007年以前的袁家村是个典型的“空心村”，青壮年外出打工，老弱病残守家，萧条破败，没有生气。村子东西一条街，南北两排房，既没有绿水青山的美景，也没有古镇老村的风貌，搞旅游没有任何可资利用的先天资源和独特优势。一些专家学者考察后认为袁家村根本不具备搞旅游的条件，建议另找出路。但是，党支部书记郭占武同志超越陈见，大胆创新，提出以乡村旅游带动产业发展、增加农民收入的新思路。

与一般乡村旅游把自然景观、人文景观或人造景观作为吸引核不同，郭占武从村民的日常生活中挖掘资源，从乡村的传统习俗中挖掘资源，以村民为主体,以村子为载体,把恢复关中民俗、重建乡村生活作为旅游吸引核,打造出具有独特性和唯一性的乡村生活综合体和旅游目的地景区,成功解决了“空心村”如何吸引游客来的问题,并在不断满足市场需求和推进产业化的过程中,逐步解决村民收入分配和共同富裕问题,实现了乡村振兴,最终形成袁家村的超级IP和知名品牌。

从2007年关中印象体验地起步到2010年农家乐火爆,再到2012年成为陕西乡村旅游标杆,袁家村仅用了三至五年时间。这期间,袁家村在没有任何外部专业机构和专业团队的帮助和参与下,在没有政府财政资金投入、银行贷款、社会融资和社会资本进入的情况下,自立项目、自筹资金、自组团队、自己策划、自己规划、自己设计,家家参与、人人上阵,群策群力、苦干巧干,因陋就简、变废为宝,能不花钱就不花钱、能少花钱就少花钱。郭占武带领全村的父老乡亲,“四两拨千斤”,用微不足道的一点启动资金,硬是在一片旧厂区的废墟和荒沟荒地上建成了今天享誉全国的关中印象体验地旅游景区,使关中民俗再现神韵,大放异彩;让乡村生活生机勃勃,魅力无穷。从“异想天开”到“无中生有”,是创新创造了奇迹,创新创造了价值,创新让袁家村走出困境,并焕然一新,充满活力。

创新是袁家村发展的动力,创新是袁家村发展的法宝,创新也是袁家村最大的资源。唯有不断创新,袁家村才能不断发展。郭占武及其创新团队具有强大的创新能力,从发展理念、发展模式到总体规划、街区布局,再到店面风格、产品包装,都以创新为准则。游客流连忘返、陶醉其中的康庄老街和作坊小吃街,既是传统的继承,更是创新的发展。用一条蜿蜒曲折的老街再现乡村生活,汇聚关中美食,传统手艺、真材实料、现做现吃,让游客目击一碗面从食材加工(面、油、醋等作坊)到手工制作(小吃街店铺)的全过程,体验袁家村“农民捍卫食品安全”的真人秀和现场版,就是一大创新。因为气候等自然条件,过去关中人没有在户外喝茶休闲的习惯,袁家村通过打造一个小环境、营造一个小场景,让游客仿佛置身于江南、蜀中,品茗、听戏、按摩、采耳、歇息，深受游客的青睐，周末、节假日一座难求。各个独具特色、风格迥异的民宿客栈，个性鲜明、推陈出新的文创工作室，洋溢着农家气息的作坊店铺，无不体现创新者的奇思妙想和匠心精工。将那些失去劳动力的老人安排在景区下棋玩牌，再做些力所能及的卫生保洁，不仅为景区增添了生活气息和民俗趣味，成为游客围观拍照的亮点，也增加了村民的收入。创新，创出新业态；创新，创出新亮点；创新，让袁家村的乡村旅游和创意文化新意迭出、魅力无穷。

（一）自主创新打造IP

郭占武及其创新团队不贪大求全，毕其功于一役，而是从实际出发，量力而行，循序渐进，把乡村旅游作为袁家村发展的突破口，全面向服务业转型。郭占武认为依托西安这个大都市和周边城市群，满足广大市民对乡村生活的向往以及对休闲度假的需求，打造“乡村生活综合体”具有广阔的市场前景，并提出分步实施、逐步推进的发展思路和战略，在全国率先奏响节奏分明、曲调流畅的美丽乡村和特色小镇建设的三部曲。

1.关中民俗乡村生活。

从2007年至2012年，以留住乡愁为主题，恢复关中民俗，重建乡村生活。以传统老建筑、老作坊、老物件、民间戏曲等物质文化和非物质文化遗产所代表的关中民俗文化为内涵，以当地农民参与经营和乡村生活一体化为特征，建设关中印象体验地村景一体、全体村民参与的体验式旅游景区，满足都市居民和游客寻找乡愁、体验民俗，感受独特乡村生活的需求。游客可以长时间、多角度、全方位、零距离体验村民生活的真实性和独特魅力。袁家村实现了完整意义上的乡村旅游，即包括乡村、村庄和村民三要素在内的乡村旅游，一举突破了传统教科书的定义和范式，这是旅游业的一次重大创新。以村民为主体、由村民参与的乡村旅游直接解决了村民的就业和收入问题，也显现出独特的个性和优势。袁家村由此逐步恢复了生机和活力。

2.创意文化休闲度假。

经过几年的发展和充实,袁家村以关中民俗为主题的乡村旅游愈加彰显其独特魅力,客流量持续攀升,村民收入不断增加,为业态的提升和扩展提供了必要的基础。2012年后,以艺术长廊、书屋客栈、咖啡酒吧、创意工坊等新业态和以文创青年、时尚达人参与投资经营的新业态为特征,增加和丰富了景区的经营项目和服务功能,进一步满足都市居民休闲度假和文化消费的需求,并吸纳周边更多农民就业和参与,逐步实现了"阳光下的袁家村"向"月光下的袁家村"的转变,即由一日游向两日游、多日游和休闲度假游转变。都市人下乡投资和创业不仅丰富了袁家村的业态和内容,更提升了袁家村乡村旅游的品质和层次,袁家村逐步多元化,率先跳出了全国乡村旅游普遍存在的起步于农家乐止步于农家乐的"怪圈"和困境,显示出强大的发展后劲和宏大的格局。

3.特色小镇幸福家园。

2014年后,袁家村成为全国乡村旅游的标杆和典型,品牌效应日益显现,也产生了强大的吸附力,成为投资创业的热土。更多资本和人才的进入,带来了更多要素和资源,全面扩大、充实和提升了袁家村关中印象体验地社区和景区,形成了基础设施完备、服务功能齐全、各类人才聚集、三产融合发展的特征。既有田园风光,又享时尚生活;既有现代气息,又有乡愁民俗,产业特而强、功能聚而合、形态小而美、机制新而活,宜业宜居、开放多元的特色小镇和幸福家园,充分满足了人们对高品质生活的向往和追求。袁家村初步实现了"农民职业让人羡慕、乡村生活让人向往"的美好愿望。

十年磨一剑。袁家村创新发展成绩斐然、硕果累累。原来的袁家村是东西一条街,南北两排房,工厂废墟多,环境脏乱差。今天的袁家村关中印象体验地景区规模宏大,特色鲜明,设施完善,功能齐全。农家庭院、民宿客栈、康庄老街、小吃街、作坊街、回民街、祠堂街、书院街、酒吧咖啡街、大剧院、宝宁寺、观音殿、魁星阁、敬天楼、秦琼祠、财神庙、土地庙、烟霞草堂、惟德书屋、关中戏楼、民国建筑等应有尽有，美不胜收。袁家村获得了国家4A旅游景区、中国十大美丽乡村、全国乡村旅游示范村、中国十佳小康村、中国最有魅力休闲乡村、国家特色景观旅游名村、全国一村一品示范村、中国乡村旅游创客示范基地等殊荣。小小村子汇聚千余创客，吸纳三千多人就业，带动周边数万农民增收，2018年接待游客达600万人次以上，旅游总收入逾5亿元，村民人均纯收入10万元以上，村民财产性收入更是成倍增长。“空心村”变身为“网红村”、中国最美乡村、文旅特色小镇，这不能不说是一个奇迹。

（二）转型升级进城出省

近年来国内乡村旅游的大潮方兴未艾，袁家村在全国成为行业的领头羊和风向标以后，各地竞相模仿、复制和克隆所谓的袁家村商业模式，一时间乱象丛生。郭占武没有满足于一枝独秀的现状，而是居安思危，先行一步，从2012年即开始筹划转型升级，由乡村旅游逐步向乡村度假转型，并且陆续引进和打造出一批以左右客、生活客栈、田间、里居、沐舍、秋田、竹风堂、香舍、澜庭、豫园、关中原宿、三分地、向往、绒花阁、旅迹、桐咖啡等品牌为代表的高端休闲度假产品。袁家村从最初的康庄老街和农家乐发展为现在多种业态集聚的态势，可以视为由1.0版、2.0版向3.0版、4.0版升级的过程。

改革开放40多年来，在广大农村以村为单位发展产业还没有离开自己家乡走进城市的先例。袁家村人再次表现出敢为人先的创新勇气和能力。于2015年提出实施“进城出省”的走出去战略，以全新的理念、创新的模式，由农村进军城市，把袁家村品牌和模式带入西安高端商业综合体，把农民创业平台延伸到大都市；有计划、有步骤地组织农民进城，让农民零投资当老板，无风险做生意，让农民有尊严、有安全感和归属感，从而改变了农民进城自发分散和揽活打工的方式和性质。

郭占武还把袁家村生活方式搬到城市市民的家门口，不仅满足了广大市民对食品安全和健康餐饮的需求，还不断升级迭代，以“关中小吃+农副产品专柜+农贸市场+微型作坊+戏台秦腔+茶楼品茗等”的新业态，让城市市民在家门口也能体验乡村生活方式:休闲放松、消除紧张焦虑,提升生活品质。曲江银泰城的袁家村体验店一开张就异常火爆,“农民捍卫食品安全”的承诺和誓言感人至深,袁家村人的诚信赢得广大消费者的信任和青睐,由村民入股的600万元投资仅9个月就全部收回。陆续开业的赛格国际、奥莱砂之船、胡家庙万和、咸阳正兴、东方亿象城、大都汇、万国会奥特莱斯等18家连锁店都表现出很强的盈利能力,也受到资本市场的追捧。这个成熟完整的商业板块对接资本市场,是袁家村人的创新发展,也是供给侧结构性改革的一个典型案例,值得进一步深入研究和总结。

2016年,郭占武抓住国家推动特色小镇和美丽乡村建设的机遇,经过全面实地考察和深入调查研究,决定实施袁家村“出省”战略。郭占武创新团队整合人才、资本和市场资源,凭借独特的发展思路、创新能力和成功经验,依托大都市和中心城市,与当地政府和企业合作,强强联合,优势互补,打造具有当地地域民俗文化和历史特色的体验景区,输出袁家村品牌和商业模式,展示出良好的市场前景。袁家村出省项目的合作方有地方政府、上市公司、大型国企、知名民企等,合作形式多种多样。青海平安驿、河南同盟古镇、海南沙美印象、河北邯郸赵都古镇、宿迁印象·袁家村等都是袁家村“出省”的成功案例。

(三)自我总结输出智力

袁家村的创新发展和成功经验受到全国各地的关注和重视。前来考察学习者络绎不绝。但是走马观花看不出门道,道听途说取不到真经,蜻蜓点水抓不住要领,纸上谈兵落不到实处。为了讲明白袁家村模式,让外界弄懂袁家村模式,让更多的乡村和企业从袁家村的成功经验和挫折教训中受益,郭占武以推广袁家村模式为契机,创办“袁家村乡村振兴培训中心”,并陆续开办了“袁家村乡村旅游培训学校”“袁家村‘三农’工作村干部培训学校”和“袁家村乡村振兴研习社”。

“袁家村模式”培训班以研究成果为依据,以解决问题为导向,以现场实战为特色，以实操落地为目的，重大问题追根溯源，发展过程复盘再现，模式讲解具体直观，答疑解惑明确清晰。通过面对面、接地气的专家授课、干部传经、村民座谈和现场观摩、答疑解惑、交流互动等现场教学、实战教学形式，学员全面了解和掌握了袁家村模式的基本内容。培训有理论、有实践，学员听得懂、学得会。并通过培训，与寻求合作的政府、企业等机构进行商务对接和洽谈；对符合条件的乡村，特别是贫困地区的村镇结对帮扶、共同发展。

袁家村的培训是创新培训、现场培训和实战培训。与其他商业机构所组织的培训不同，袁家村完全依靠自身力量构建课程体系，培养师资团队。由“袁家村人”讲“袁家村模式”。通过培训，使学员全面了解和掌握以下内容：

(1)袁家村把农民组织起来的方法、步骤和形式；

(2)袁家村发展乡村旅游、打造乡村生活综合体的做法和经验；

(3)袁家村特色小镇、美丽乡村建设的思路和经验；

(4)袁家村资源变资产、资金变股金、村民变股民的做法和经验；

(5)袁家村三产融合发展的特点和经验；

(6)袁家村进城出省走出去的战略布局；

(7)袁家村的农民股份合作制和集体经济；

(8)袁家村的民俗文化和创意文化；

(9)袁家村的建筑风格和街区规划；

(10)袁家村的业态、业态升级和新业态规划；

(11)袁家村的招商、选商和商户培养；

(12)袁家村的运营和管理体系及其特色；

(13)袁家村的食品安全和保障体系；

(14)袁家村的农民教育和村规民约；

(15)袁家村的政府关系和周边环境；

(16)袁家村的党建和党支部、村委会工作；

(17)袁家村实施乡村振兴和百年袁家愿景的中长期规划等。

在以往的培训中,参加培训的学员来自全国25个省市(区),既有市、县、乡镇领导干部和村党支部书记、村长骨干,也有高校、开发区、特色小镇和文旅企业的负责人和企业家。回访调查显示,有95%的学员对培训的内容和形式非常满意,有98%的学员认为完全达到了培训目的,有超过一半的学员希望再深入研修。

鉴于袁家村模式及其培训产生的公信力和影响力,国家乡村旅游人才培训基地聘请郭占武为专家委员会委员、宰建伟为产业导师,将袁家村作为其实训点,中国社会科学院把袁家村作为乡村旅游研究基地,甘肃省政府特聘郭占武和宰建伟为旅游智库专家,并将袁家村作为甘肃省乡村旅游培训基地。宰建伟还受聘为中国慈善联合会"乡村振兴领头雁计划"公益培训项目特聘讲师、中国乡建院乡村复兴讲坛特聘讲师、山东省乡村振兴研究院战略顾问、山东省社会组织帮扶青年创业行动顾问、清大文产专家委员会顾问、壹方城汗马研习社创新导师及全国多家农业和文旅企业的专家顾问。郭占武和宰建伟应邀在全国各地由政府、高校、智库和企业等机构举办的各种峰会、论坛和培训演讲授课两百余次,在业界产生了广泛影响。

袁家村的培训白手起家,在没有外部资源、外部师资的情况下,创新发展,自力更生,通过内部培训,自我总结,自我提升,自我完善,郭占武创新团队主要成员、村干部、村民和商户代表纷纷走上讲台,成为专题讲师或案例讲解员。袁家村人对自己的发展思路和经验进行概括总结,逐步系统化、理论化,初步形成了较为完备的教材教案和课程体系,通过政府、高校、企业和智库的高层论坛演讲,以及借助各种形式的报告会、讲座和培训向全国各地推介袁家村模式。同时还在《甘肃日报》《西安日报》等报刊和网络媒体发表多篇关于乡村旅游、乡村振兴等内容的学术论文和研究报告。

从而,袁家村具备了乡村旅游、特色小镇和美丽乡村建设的策划、规划和设计能力,可以向外界提供咨询顾问、系统策划和规划设计等服务业务,通过这些形式更有效地向外输出智力成果。袁家村改变了以往典型乡村总是被动地由别人总结成功经验的通例,这在中国农村也是一个创举。郭占武还通过发起“乡村振兴百村联盟”行动,携手全国各地在实施乡村振兴战略中坚持以支部为核心、以农民为主体,创新发展,成就突出的乡村共同搭建第一个中国农民自己的交流分享平台。未来的袁家村将为中国的乡村振兴事业做出更大的贡献。

(四)一个品牌两个产业

经过十年发展和积累,未来支撑袁家村做大做强、可持续发展的一个品牌和两大产业已逐步形成,清晰可见:

袁家村品牌是以农业、农村和农民为内涵的“农”字号品牌,其产业与农业、农村和农民紧密相连、息息相关。以发展“三农”为目的、以服务“三农”为使命,是解决“三农”问题、实现乡村振兴的探索者、创新者和引领者。

着力打造以民俗文化和创意文化为核心的地域化、个性化和系列化文化旅游产品产业链;逐步覆盖全国中心城市的袁家村品牌地域民俗体验景区,使袁家村品牌价值不断放大和提升。

着力打造以食品安全和健康餐饮为核心的农副产品的种植养殖、加工包装和营销产业链;逐步推向全国市场的袁家村品牌农副产品和健康餐饮体验店,使袁家村的市场价值不断得到放大和提升。

袁家村品牌旗下的两大产业,是袁家村未来发展的主导产业。设想用三到五年时间,借助资本市场和整合优势产能,结合线上线下,开拓市场,在全国旅游市场和农副产品市场占有一席之地并初具规模,为进一步发展创造条件和奠定基础。

郭占武提出的“袁家村品牌+创新团队+资本+互联网”的新思路、新模式将为袁家村的发展提供更为广阔的空间和前景。

(五)逆向发展三产融合

郭占武通过打造以关中民俗和乡村生活为特色的关中印象体验地景区,

从品牌、主题、创意、风格到业态、招商、运营、管理、制度等形成一个村景一体、三产融合、相容共生、互补兼顾、层次递进、环环相扣的完备商业体系和成熟商业模式。这是自主创新和创新积累的结果，也是农村供给侧结构性改革和发展特色产业的成功案例。

经过十年发展，袁家村从乡村旅游起步，市场规模逐步扩大，经济效益不断提升，第三产业越做越大、越做越强，直接带动第二产业的发展；由手工作坊到加工工厂再到连锁加工企业，第二产业跟随第三产业走；第二产业的发展不断增加对优质农副产品原材料的需求。遍布各地的种植养殖基地和订单农业，使第一产业规模也不断扩大。这样，就实现了由三产带二产促一产，三产融合发展的格局和良性循环，从而开创了一个乡村产业“逆向发展”的新模式。

目前销售在袁家村、加工在袁家村而种植养殖在外地的产品比比皆是。部分农副产品的市场、加工和种植养殖基地都已走出袁家村。以面粉和油泼辣子为例，销售、加工在袁家村，种植基地则在渭南和兴平。酸奶的加工也由最初的一个家庭手工作坊发展到村民合作社作坊，再到通过国家食品安全认证(QS)的先进流水线。袁家村还以“旅游+”“互联网+”的方式，推动农副产品的线上线下销售，不断培育发展新动能和发展后劲，使产业持续发展，使农民持续增收，真正做到了产业兴旺和乡村繁荣。

三、把农民组织起来，走共同富裕道路

袁家村发展的出发点和目的是增加农民收入，改善农村环境，提升农民生活质量，壮大集体经济，实现共同富裕和可持续发展，不断提升农民的获得感、幸福感和安全感。十二年来，袁家村大胆创新、勇于探索，系统总结出一整套把农民组织起来的步骤、方法和形式，激发了农民的主体性。其具体做法如下：

(一)创建农民创业平台

袁家村创新团队首先根据市场调研,设计业态、遴选项目、挑选商户,逐步把村民培养成创业主体和经营主体,村民在自己村自己家当老板,而非打工者。于是,以袁家村关中印象体验地为载体,通过袁家村农民学校对村民进行教育和培训,使村民初步具有服务意识和经营能力,然后提供优惠政策和基本条件,让村民分期分批低成本或无成本进入创业平台。

王创造是最早响应党支部号召开办农家乐的村民。在此之前,他务农打工,从未做过生意。从他家的房屋改造、装修设计到饭菜质量、卫生服务,村集体全程予以指导和帮助。他的农家乐开办不久就红火起来,“王家土鸡”生意越来越好,从最初的一年挣十几万元到后来年收入五六十万元。2016年王创造又投资200多万元,把农家乐改造、升级成集吃、住为一体的精品客栈。

村民郭全武、张淑玲夫妻原来一个开大车跑运输,一个在水泥厂打工,收入都不高。2007年,在村集体的指导和帮助下,率先开起了农家乐,三五年时间,经营规模扩大了几倍,年收入最高时达百万元。他们家每次改造扩建,郭占武都指导设计并亲临现场指挥施工。

王创造和郭全武两家的成功起了极大的示范作用和带动作用,其他村民正是从最早“吃螃蟹”的这两家看到了希望,才纷纷办起了农家乐。村民袁显锋、周宏亮夫妻原来在县城做生意,赔本欠债,日子难过。看到袁家村旅游红红火火,就从县城回到袁家村,在自己家开办农家乐和客栈,短短两年时间就还清了几十万元外债,收入持续增长,日子越过越红火。村民王全胜的农家乐经过两次改造,达到民宿的水平,由于环境好、有特色,加上服务热情周到,很受游客青睐,餐饮和住宿都很红火。他家的装修和改造,郭占武都认真审查设计方案,提出具体意见和要求。村民王军川、郑曼在郭占武的引导下,花钱请来专业民宿设计师,并投入三百多万元对自家的农家乐进行彻底改造装修,使原来的20号农家乐脱胎换骨,变身为“向往”品牌民宿,成为袁家村农家乐升级的领跑者和新标杆。

小吃街更是袁家村的核心商业区,其设计凝聚了村集体的智慧与心血。商户吕伟是个下岗工人,原来在县城夜市摆个小摊位,收入微薄,生活困难。他抱着试试看的想法来到袁家村,郭占武在了解他家的情况后,不仅免费给他提供经营门面,还亲自为他选项目、设计店面,后来又为他加盖了专门用来熬汤的灶房。老吕夫妻非常珍惜袁家村给予的机会和指导,勤奋努力,诚信经营,"粉汤羊血"生意越做越好,年营业收入高达五百多万元。"馓子店"的杜教民是邻村的果农,妻子有残疾,家庭负担重,前些年苹果价格下跌,收入连年下降,入不敷出,生活困难。在袁家村开店创业后,生意一年比一年好,经营收入加上合作社入股分红,年收入都在三十万元以上。家里不仅盖起了新房子,还给娃买了房和车,娶了媳妇,过上了幸福生活。杜教民说,从来没想到还有这样做生意的,在袁家村开店做生意,不仅不要房租,村里还把店面布置好,原料准备好,连冬天取暖的炉子和煤都置办齐,郭书记鼓励他把店开起来,还嘘寒问暖,关心他家的生活。"油圪圪"店主袁运建的家在渭北旱腰带上,靠天吃饭,收入来源主要靠打工,生活艰难。2013年在小吃街开店后,生意越来越好,收入也从最初的几万元达到几十万元,不仅供两个娃娃上大学,还买了房买了车。

小吃街的商户绝大多数都是袁家村周边的淳朴农民,既没有经营能力,也没有服务经验。袁家村对他们进行细致的培训,教会了他们如何开店当老板、如何做生意挣钱。小吃街上百个店面,每个店的设计施工,从灶台怎么盘、桌椅如何摆到操作流程、食材来源都是由村集体统一监督指导,袁家村今天的业态丰富、生意兴隆都来之不易。

(二)培育优势项目并逐步产业化

袁家村根据优胜劣汰的市场法则,对所有项目和商户进行动态管理。在发展中不断淘汰无效供给,及时补充适应市场需要的新项目。经过市场选择,发现和确定优势项目,并加以扶持和培育。同时,进一步考察市场前景,评估风险和效益。最终确定具有良好市场前景，又可以扩大再生产、进行产业化运作的优势项目。

袁家村的油泼辣子，最早是由郭占武创意设计和恢复的一个关中民俗情景。在康庄老街的一面土坡下，一头老黄牛、一个石磨盘、一个农家妇女，碾好的辣子用烧开的菜籽油一泼，满街飘香，既是美食，又是乡愁，大受游客青睐，供不应求。郭占武判断该产品具有很大的市场潜力，果断决策筹组合作社，建起作坊，增加油泼辣子的生产能力，使之逐步产业化。小小一瓶油泼辣子，从一开始的年营业额不足10万元，到2018年营业收入已高达800多万元。

酸奶是袁家村销量最大的明星产品，最早是郭占武指导的一户村民在自己家用小作坊生产。由于现做现卖，奶新鲜，味道好，游客在品尝后都要买几瓶带走。但小作坊满足不了快速增长的袁家村旅游市场，郭占武在对酸奶市场进行深入调研和准确判断的基础上，和专业的乳品厂家合作，先是建起大作坊，后又建起生产车间，最终实现了流水线作业，产能和产量不断增加，2018年袁家村酸奶的销售额超过了3000万元。

手工粉条、菜籽油、老豆腐、醪糟、醋等项目都是先由一家一户经营，经过郭占武的精心培育和扶持，几年间由小到大、由弱到强，逐步发展壮大起来的。形成了前期风险一家承担，后期发展大家参与，最终收益村民共享的独特产业发展路径。

（三）增资扩股，成立农民合作社

在此基础上，对优势项目增资扩股，成立农民合作社。加入合作社的原则是：全民参与、入股自愿，钱少先入、钱多少入，照顾小户、限制大户，风险共担、收益共享。各个项目互相参股，形成你中有我、我中有你的发展格局。通过调节收入分配和再分配，避免两极分化，实现利益均衡，达到共同富裕。

十年间袁家村翻天覆地的变化，不仅引发了村民利益关系的巨大变化，同时也激起村民心理的剧烈波动,在发展过程中曾出现过很多始料不及、意想不到的问题和情况。村民与村民之间、商户与商户之间、本地村民和外来商户之间、投资人和村集体之间、袁家村和邻村之间,各种关系错综复杂,利益冲突此起彼伏。可谓处处陷阱、步步惊心。在跌宕起伏、变幻不定的利益大潮中,稍有不慎或一步走错,袁家村这支刚刚起航的小船随时都有倾覆沉没的危险,难逃乡村旅游"其兴也勃焉,其亡也忽焉"的发展"怪圈"和宿命。

在这些关键时刻,袁家村党组织以极大的智慧和耐心,牢牢把控发展方向,极具创造性地设计出一整套符合乡村实际和农民特点的股份合作制度,形成一个股权清晰、分配明确、你中有我、我中有你的利益共同体。同时,通过适时、适度调节收入分配,逐步平衡了村民及商户的利益关系,化解掉各种矛盾和纠纷。带头人郭占武同志始终坚持公开、公正和公平的原则,不论亲疏一视同仁,本村外村统筹安排,既确保了袁家村的整体利益和长远利益,又兼顾到每家每户的个人利益和眼前利益。这些富有远见的利益调整和制度安排,确保了袁家村在共同富裕的正确道路上能够平稳前行。

袁家村探索发展集体经济的新途径,尤其值得注意和重视。袁家村在发展之初,属于村集体所有的资源只有20世纪八九十年代村办企业留下的一些集体建设用地。郭占武从实际出发,从村民利益出发,将资源变资产,即把属于村集体的建设用地盘活,变为资产,按比例直接分配到每户村民名下,即对应每户村民的可记名、可量化、可分配的股权,村民对自己持有的股权享有分红收益。随着村经济的发展和公共事业的需要,对全村土地统筹利用、集约化经营已成为必要。在所有权、承包权不变的基础上,村民自愿将土地经营权流转给村集体,用于经济合作组织,并获得相应的股权,变为股东。

截至2022年,袁家村共有20多家经济合作组织,都是在村集体的引导下,由农民自发、自愿,以土地经营权和现金入股的形式成立的。加入合作社的农民既有袁家村本村的,也有周边其他村的,还有部分来袁家村发展的外地人,在入股合作方面已经打破了村的界限。对于外来投资和经营项目,凡占用袁家村集体资源的，这部分集体资源就作为股份（一般为20%）进入项目，所得股份分红收益作为村集体收入，除用于必要的公共事业支出外，全部、直接分配给每户村民。村民同时还享有自己的土地经营权流转，加入合作社获得的股份红利。实现资源变资产、资金变股金、村民变股民的“三变”。

“三变”后的袁家村集体经济，不是抽象的、模糊的、概念化的，更不是实际控制人或受托人任意支配的，而是装在每户村民腰包里的集体经济。村民看得见、摸得着，拿得到、可支配。袁家村的村民从集体经济的发展中得到实实在在的利益，所以村民关心集体经济、热爱集体经济，对入股合作社、发展集体经济抱有极大的热情和积极性。袁家村以农民合作为基本特征的集体经济充满活力，并不断发展壮大。资产属集体，收益给村民，是袁家村发展集体经济的一次重大创新，从根本上打破了对于农村集体经济的传统观念，克服了长期以来困扰和制约农村集体经济发展的体制和机制障碍，在理论上和实践上的意义都不可低估。

在发展集体经济、实现共同富裕的道路上，袁家村始终坚持“一家富不算富，大家富才是富；一村富不算富，十村富才是富”。为了帮助周边村的贫困户脱贫致富，袁家村党支部以“一村带十村”，打造农民创业平台等举措助力脱贫攻坚，积极谋划精准扶贫。具体有四种方式：

（1）公司带动扶贫。从实际出发，袁家村依托关中民俗文化有限公司，与陕西信合对接，对有意愿及征信正常的周边100户贫困群众进行扶贫贷款，将500万元贷款以股份的形式在袁家村股份合作公司入股，进行保底分红，使更多的贫困群众享受到袁家村发展的红利。

（2）投资入股扶贫。在众多的合作社中，选择了培育比较成功的、业态发展较好的合作社，对贫困户进行让股，分股到各公司，实现分红增收脱贫。

（3）创业平台扶贫。因户施策、因人施策，瞄准贫困户，为没有技能的贫困群众提供合适的致富门路。除主街区外，每年在村内主要路段或人员密集区为贫困户免费提供固定摊位50个，使其从事力所能及的小本经营，出售自家或当地农副产品,使这些贫困户摆脱了“等、靠、要”的现象以及“有体力、无能力”的农村社会现实。

(4)就业岗位扶贫。对有一技之长的贫困群众优先提供符合其特长的就业岗位,在政策上降低门槛,免费进行培训,定期帮扶指导,将扶贫与扶志、扶智相结合,变“输血”为“造血”。使贫困农民有合适的岗位,有固定的收入,摘掉了“贫困帽”,真正实现“脱真贫、真脱贫”。

袁家村秉承“实事求是、因人制宜、分类指导”十二字精准扶贫工作方针,真正实现了“扶贫对象精准、项目安排精准、资金使用精准、措施到户精准、脱贫成效精准”,有效推动了整个烟霞镇乃至礼泉县扶贫工作的开展。袁家村这种以共同富裕为目标的发展理念,充分契合了党和国家的农村政策方针,并在拓宽农民增收渠道、消除贫困、缩小城乡居民收入差距等方面成为陕西省乃至全国乡村振兴的一个典型和一面红旗。

四、政策引导,政府帮扶

党和政府高度重视袁家村人自主创新,解决“三农”问题,实现乡村振兴,建设社会主义新农村的实践和探索。中央和省市领导同志多次到袁家村视察和调研,予以指导和鼓励。中共陕西省委2016年1号文件明确提出“袁家村模式”并予以推广。礼泉县委和县政府坚定不移地贯彻落实党中央的农村工作政策,充分尊重、积极引导袁家村人民群众的创新实践,营造有利于袁家村创新发展的大环境,并在政策、配套、培训和服务等各方面给予大力支持和帮扶。袁家村的探索始终是在党的领导和关怀下进行的,始终坚持正确的政治方向和实事求是的精神。

礼泉县委、县政府为推动县域经济社会发展和“三农”问题的破解,制定和出台了一系列政策、方案和决定,这为袁家村的创新试验营造了有利的大环境和良好的氛围,也为袁家村的发展明确了方向,提供了政策保障和支持。早在2007年袁家村乡村旅游起步之初,礼泉县委、县政府就高度重视,着力培育，并把袁家村作为试点，探索乡村旅游发展的新路径。在基础设施、公共服务和配套等方面，礼泉县都会向袁家村倾斜。县财政每年列支200万元专项资金对包括袁家村在内的农家乐进行扶持，在工商、卫生、消防等手续审批上实行简化，在收费上予以减免。在政策支持上，从2012年到2014年，对袁家村连续三年实施以奖代补政策，每年50万元；在项目建设上，每年重点镇土地建设指标优先考虑袁家村关中印象体验地建设项目；将敬老院、中学、供水站等规划建设在袁家村附近；并投资6,000万元，新修旅游路、秦琼路、古御道、敬德路等多条旅游道路等基础设施；开通西安、咸阳、礼泉至袁家村旅游专线和公交专线；2017年县财政又拿出专项资金，全面整治、美化旅游路沿线和袁家村周边村容村貌和道路景观；为袁家村的乡村旅游提供必要的基础设施和配套等坚实的硬件支撑。

郭占武常说，袁家村能有今天的好局面，群众能过上好日子，应该感谢县委、县政府的帮助和支持。礼泉县委、县政府的一系列举措，为袁家村的快速发展并成为全国乡村旅游的“领头羊”提供了强有力的支撑和保障。袁家村创新发展乡村旅游和探索解决“三农”问题的历程，同时也是礼泉县委、县政府借助资源优势和公信力，实施主导服务推动、政策扶持保障、转变工作职能的改革过程。袁家村的成功不仅是全体村民艰苦奋斗的结果，更充分体现了礼泉县委、县政府贯彻落实中央关于深入推进农业供给侧结构性改革加快培育农业农村发展新动能，为实现县域经济社会追赶超越发展，建设富强、生态、人文、幸福新礼泉的坚定信心和实干精神。

五、袁家村的基本经验和意义

改革开放40多年来，特别是最近10余年，中国农村发生了巨大而又深刻的变化，“三农”问题再次成为中国经济社会发展的突出问题。袁家村人勇于探索，敢于创新，不断刷新美丽乡村建设的新纪录，谱写出乡村振兴的壮丽篇章。在解决“三农”问题的探索中，乃至在中国乡村建设史上，袁家村创造了多个第一。

第一个创建农民创业平台,让农民真正成为经营主体,并用股份合作的方式调节收入分配,实现全体村民的共同富裕;

第一个不依赖先天独有资源和外来资本,而是完全通过自主创新打造出乡村旅游、三产融合发展的商业模式;

第一个不依赖专业人士和专业机构,自主发展乡村旅游,颠覆和改写传统教科书对乡村旅游的定义和范式;

第一个有组织、有计划、有步骤地带领农民进城创业,把农民培养成老板和合伙人,从而改变了长期以来农民进城分散、自发和揽活打工的方式和性质;

第一个以村为单位,用自己的品牌和模式与地方政府和大型企业对等合作,共同开发市场,实现全国布局,跨省发展;

第一个通过自我研究,总结自身发展经验,定义袁家村模式,并对外输出智力成果,独立开展培训、咨询、策划和设计业务。

对袁家村模式的思考和研究,也就是回顾和总结袁家村10多年的创业历程、发展思路和基本经验,概括起来最重要的有以下几点:

(1)以支部为核心,以村民为主体;

(2)以创新谋发展,以共享促和谐;

(3)调节收入分配,实现共同富裕;

(4)以乡村旅游为突破口,构建以关中民俗为核心的乡村生活综合体,逐步形成特色鲜明的旅游目的地和消费市场;

(5)打造农民创业平台,把村民培养为创业主体、经营主体和受益主体,让村民当老板和股东,家家有生意,人人能挣钱;

(6)发展富民乡村产业,以旅游创品牌,以品牌拓市场,由乡村到城市,从省内到全国,以三产带二产促一产,实现三产融合发展;

(7)创办新型农民股份合作社,吸纳更多村民参与,壮大集体经济,通过二次分配缩小收入差距，实现全体村民共建共享的幸福生活；

(8)构建城乡融合发展平台，汇聚更多人才和资源要素，做大做强产业和市场，实现乡村的高质量发展和可持续发展；

(9)循序渐进，逐步升级，由小到大、由少到多、由弱到强，由一元到多元，由中低端到中高端；

(10)注重精神文明建设和思想教育，弘扬优良传统和淳厚的乡风民俗，构建广大群众赞成、拥护和参与的新型乡村社区治理体系。

六、袁家村模式的核心经验

多年来，到袁家村来考察、调研和学习的人很多，大家都在谈“袁家村模式”，但实际上，每个人对“袁家村模式”的理解可能都不一样。很多人把“袁家村模式”理解为“小吃街模式”，更有甚者认为在农村、在荒郊野地搞一条小吃街就能够把乡村旅游做起来，进而带动农民致富和乡村发展，实现乡村振兴，这个理解是错误的。“袁家村模式”的本质是什么？只能从袁家村的发展过程和事实中找答案，而不能从结果和表象中去臆想和推测，更不能道听途说，人云亦云。

宰建伟认为“袁家村模式”是袁家村党支部和村干部发动、组织和带领广大群众，自力更生，艰苦奋斗，因地制宜，创新解决“三农”问题，坚持三产融合发展、壮大集体经济和走共同富裕的道路，探索和践行乡村振兴的思路和经验总结。最主要的是以党支部为核心，以村民为主体，把农民组织起来，发展富民乡村产业，实现共同富裕。特别是打造一个农民创业平台，把村民培养成创业主体、经营主体和受益主体，让村民成为自家生意的老板和合作社的股东，家家有生意，人人能挣钱。这才是袁家村的独门绝技和制胜法宝。

袁家村的探索和实践证明：要坚持党的领导，贯彻落实习近平总书记对“三农”工作的重要指示和党在中国特色社会主义新时代实施乡村振兴战略的一系列方针政策；党支部要发挥战斗堡垒作用，书记起到带头人作用，村干部成为懂农业、爱农村、爱农民的“三农”工作队;要坚持农民的主体地位,充分尊重农民意愿,切实发挥农民在乡村振兴中的主体作用,调动农民的积极性、主动性、创造性,把农民发动起来、组织起来、团结起来。广大农民不仅有能力自主创新,创造巨大的财富,也有智慧、有办法公平合理分配财富,达到共建共享、共同富裕的目的,做到生态宜居、产业兴旺、乡风文明、治理有效和生活富裕,从而实现乡村振兴的伟大中国梦。

第三节　陕西留坝与隐居乡里:村集体和文旅企业的共生社区①

【案例导读】本案例介绍了山区乡村通过新型集体经济建设,对接创新业态的乡村文旅企业的经验。陕西留坝原为国家级贫困县,通过村级扶贫互助社(简称“扶贫社”)改革新型集体经济,形成了对接优质外部企业的组织基础,构建了反哺农村、带领农民共同富裕的发展机制。同时,山区优质的生态资源也吸引了关注生态文旅业态创新的企业,双方的合作经营构建起“四位一体”共赢共享的生态共生社区。

一、陕西留坝的村集体建设

党的十八大以来,习近平总书记多次强调生态文明的重要性,“绿水青山就是金山银山”。深刻领悟习近平总书记“绿水青山就是金山银山”的理念和“生态资本深化”的改革方针,会更好地理解党的十九届四中全会强调的农村的自然生态空间资源所蕴藏的巨大价值潜力。陕西省留坝县曾为国家级贫

① 本节案例资料来源:董筱丹、中国人民大学课题组的《促进脱贫攻坚与乡村振兴有效衔接机制研究——陕西省留坝县调研报告》,陈长春的《乡村产业振兴核心在运营》。

困县，但存有大量优质生态资源，生态环境极佳，生态承载力很强，具备生态资本深化的生态条件。留坝县以村两委领导下的扶贫社为组织载体，上接政府投入，下接乡村自然资源，通过资产确权、风险上提、资金互助、项目代建等创新方式，形成了可以充实农村新型集体经济的基础组织架构和制度框架，从而构建起有效对接外部开发和深化激活本地自然资源的组织基础。

（一）留坝县基本情况

陕西省汉中市留坝县地处秦岭南麓腹地，汉中市北部。历史上即为南北通衢，素有“秦汉咽喉”之称。留坝之名，始见于明《一统志》，本名刘坝，相传留侯张良辟谷于境内紫柏山，因有留侯祠而得名留坝。清乾隆二十九年（1764年）设留坝厅，1913年，改留坝厅为留坝县。留坝县东西长46.4公里，南北宽67.2公里，县域面积1,970平方公里。距西安市367公里，距汉中市85公里。最高海拔2,610米，最低海拔585米，平均海拔1,547米。留坝县属亚热带北缘山区暖温带湿润季风气候，系长江流域汉江支流。年平均日照1,804.4小时，年降雨量为886.3毫米，平均气温11.5℃，无霜期为214天。境内山岭陡峭，垂直高差大，地貌复杂，气候多变，独特的地理位置和气候特征，孕育了丰富的自然资源，素有“天然氧吧”“绿色宝库”之美誉。

2020年10月9日，留坝被生态环境部授予第四批国家生态文明建设示范市县称号。该县属于国家限制开发重点生态功能区、国家南水北调中线工程重要水源地之一，是曾经的国定贫困县、秦巴山区集中连片特困地区。2016年以前，该县有贫困村39个、建档立卡贫困人口3,723户、10,889人，贫困发生率曾高达30.81%。留坝县天然中药材和植物品类繁多，可供药用的动、植物药材有1,320多种。盛产杜仲、金银花、灵芝、九节菖蒲等稀有名贵药材，尤其是西洋参、天麻、猪苓等中药材品质极佳。盛产木耳、羊肚菌等21属300余种极具开发利用价值的“山珍”菌类资源。留坝县林地面积181,673.71公顷（272.5万亩），森林覆盖率91.23%，林木覆盖率92.97%，人均林地4公顷。树种以红桦、栎类、山杨、冷杉为主，大部分为天然林。盛产板栗、核桃、猕猴桃、五味子等林副产品。现有马道、火烧店、桑园、庙台子4个国有林场和9个天然林管护站，负责留坝县森林的管护和营造。留坝县现有天然牧草场2，312.32公顷，占总面积的1.2%，主要分布在县城西北。

留坝县境内野生动物达410余种，其中常栖飞禽类270多种，被列为国家一、二类保护动物的有大熊猫、羚牛、金丝猴、朱鹮、毛冠鹿、金钱豹、羚羊、熊、红腹角雉等。境内鸟类资源丰富，常栖鸟类270种，占陕西省鸟类总数（391种）的69%。留坝县河流属汉江流域，是“南水北调”中线工程的重要水源地。境内有大、小河流223条，总长1，622.54千米，总径流量12亿立方米。径流量1亿立方米以上的河流有5条，流域面积50平方公里以上的河流17条，100平方公里以上的8条，河流断面水质保持在Ⅱ类以上。

（二）留坝县的乡村新型集体经济建设机制

1.构建“重资产—轻风险”的村级集体经济组织。

留坝县于2016年8月开始试点推行扶贫社。2017年6月，汉中市委在留坝召开现场会，在全市推广扶贫社经验。扶贫社作为一项成功的扶贫创新机制，是在政府扶持下、依托村党支部整合原有的扶贫互助资金协会和相关农村专业合作社的集体经济组织。实践表明，构建“资产重化—风险轻化”的村级集体经济组织，作为承接国家战略性减贫投资的载体，相当于给乡村社区植入了一颗“人工心脏”，有效增强了农户和集体两级主体的内生动力。

国家层面对村级集体经济组织的定性是在2016年12月份中共中央发布的37号文件《中共中央 国务院关于稳步推进农村集体产权制度改革的意见》，它首次明确农村集体经济组织是集体资产的管理主体，是特殊的经济组织。留坝县2016年8月创立之初的村级扶贫互助合作社在时间上要先于相关政策的出台，所以在性质上尚属于在工商局依照《中华人民共和国农民专业合作社法》所登记的合作组织。在具体的股份占比方面，村集体以集体所有的资源占股15%，全体村民占股70%，县扶投占比15%。（如图3-1）

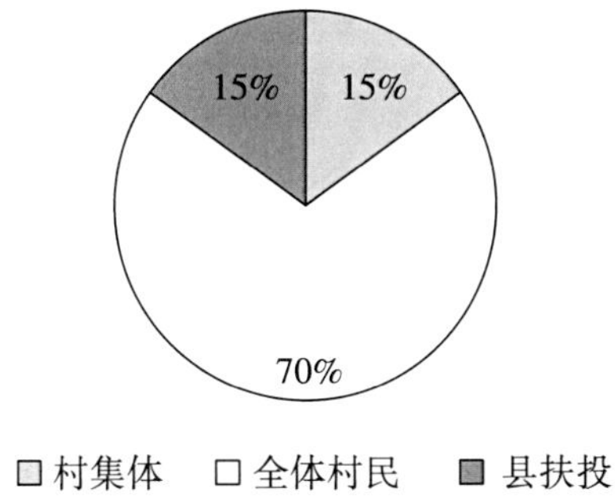

图3-1　村级扶贫互助合作社股权占比情况

村级扶贫互助合作社下设经济建设服务队、公益服务队以及扶贫互助资金协会，如图3-2。

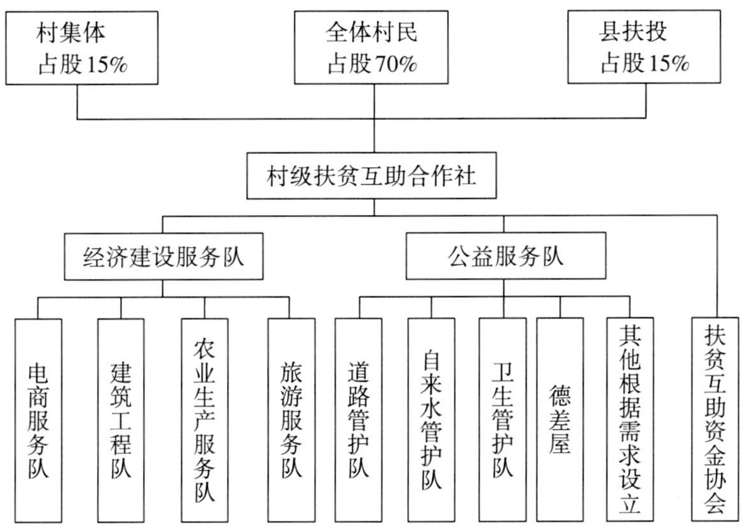

图3-2　村级扶贫互助合作社组织架构图

县一级政府借助县扶投公司与村集体合作成立市场化主体的扶贫社，通过整合各项财政资金，在扶贫社创立之初为每个扶贫社注入60万元，其中30万元为“扶贫互助资金协会”的资本金，提高从合作银行贷款的额度，主要用于会员发展产业所需要的贷款；另外30万元是贷款额度，主要用作扶贫社生产经营活动的流动资金，提高扶贫社可支配的现金流，以便向村民提供更好的生产经营服务和公共服务，主要包括：卫生保洁服务、自来水道路管护服务、农村红白喜事服务、小型基础设施建设、电子商务经营、产业抱团发展等。这些生产经营活动覆盖了农村主要的现金流领域，也就意味着，通过扶贫社的组织创新和制度创新，把农村中主要现金流中的收益部分——通常被农村各类小微工商业者占有——转变为扶贫社的经营收益，从而带动贫困户既务工投劳，也入股分红，双管齐下促进贫困户增收脱贫。

该阶段的扶贫互助社的资金是个闭环，没有外部资金进入，可称为1.0版的村集体经济载体。

国家加大对贫困县的扶贫投资之后，村社这一层有了更多的投资来源。2019年的“三变”改革中，留坝县顺势做出调整，由县属国有企业的县扶贫产业投资开发有限公司与在农业农村局登记的村级股份经济合作社（简称“村股份社”）合作，在市监局登记新的市场法人——村级扶贫互助合作社（即2.0版的村集体经济组织，以下称为“新扶贫社”）。新扶贫社的股权占比中，村股份社占股80%，县扶投占股20%，如图3-3。

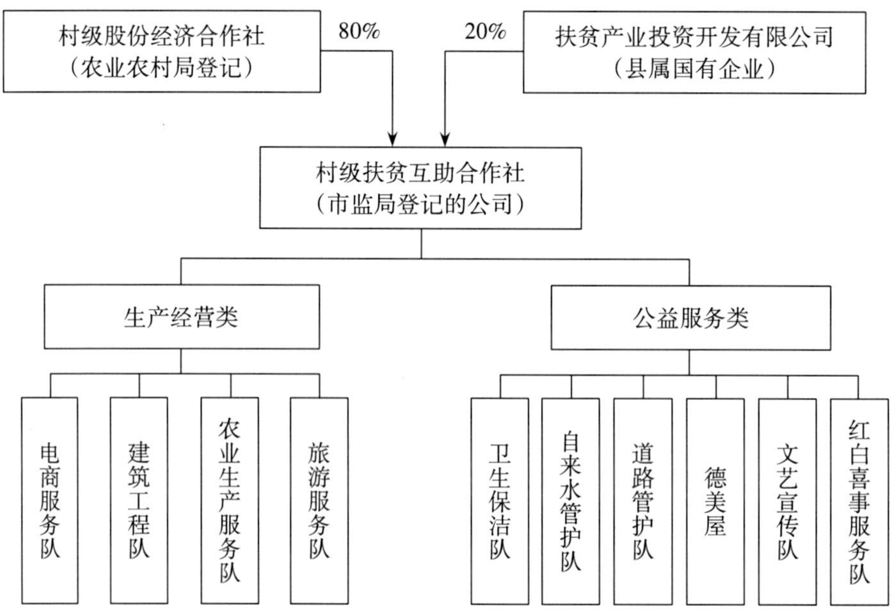

图3-3　留坝县村级扶贫互助合作社（新）组织架构图

在从1.0到2.0版的新扶贫社过渡过程中，留坝县委、县政府考虑到村庄实际情况，规定各村的经营性净资产归村股份社所有，县一级政府通过融资负债建设的基础设施、有关日常管理费用支出的农村生活生产设施的产权归属新扶贫社，因建设而形成的债务和大修费用由县属国有企业县扶投公司承担。政府持有无直接经营收益甚至需要支付债务和大修费用的重资产，村集体得以轻装上阵，在与村民以及外部市场主体进行谈判时才能获得一定的谈判地位。

而在村集体与村民层面，村集体持有的经营性资产是厂房、生产设备等固定设施，体现出“重资产持仓”的特征。村民对这些设施的使用只需按件付较少的使用费。这种“资产—风险”配置结构有很强的益贫性。在一般市场经济条件下，风险与收益呈正相关，比如，一个产业中的重资产环节往往由于资金沉淀性强而形成产业的进入壁垒和垄断收益，但也可能由于资产专用性高而面临交易不利的风险。而一般的小农由于预算约束限制和风险厌恶取向，没有足够的资金和意愿承担能够产生超额收益的重资产领域，通常只能作为被“他雇”以维持简单再生产的劳动力参与到产业中，也就没有机会形成资本积累。但在留坝的创新探索中，随着政府向村庄注资并把发展本地特色产业所需的厂房、生产设备等经营性净资产确权给村集体，村集体承担了重资产持仓的角色，提供“重化”产业公共服务，农户只需要支付少许使用费就可以获准使用，就相当于把过去因不可分割而只能一次性预先支付的资金投资变成了单次产品生产当中的生产费用。当村集体为小生产者提供重资产使用权时，就意味着村集体（背后是政府）承担了产业价值链中因重投资而产生的高风险，而村民相对来讲就获得了一笔“无风险资产收益”，他们参与该项产业发展的意愿大大增强。因此，这样的“资产—风险”配置结构就衍生出很强的益贫性和空间正义的内涵。这是留坝县相关产业短期内高速增长和村民收入大幅提升的内在机制。

从内在逻辑上来看，当政府把生产经营性净资产确权给村集体，村集体势必要替政府承担产业发展和带动农民致富的责任。在脱贫攻坚同乡村振兴有效衔接时,地方政府主导双层制度创新,在地方政府—村集体、村集体—村民之间,都形成“前重后轻”的资产配置结构。相对于村集体而言,政府投资的道路、水利等属于重资产;相对于农户个体的投资能力而言,村集体所有的厂房、机器设备等属于重资产。

这种安排的创新意义在于:任何产业发展都需要一整套的基础设施和资产装备,城市可以通过大量的社会化投资和政府的亲资本服务来促进产业集群,但农村本来就属于资本的荒漠,如何解决初始投资问题?留坝的做法是经过两级资产分离、两级风险上提,让农户能够轻资产上阵,只进行数量小、回收快的流动资金投入而不必承担过多的资本沉淀风险,这样就形成了激励相容机制,激励更多的农户加入到本地的特色产业当中。

同时,以新扶贫社为组织载体的村集体,以脱贫攻坚为工作抓手,以乡村振兴为发展目标,通过重构新型村集体经济,对内更好地组织起广大小农户,对外更好地对接起大市场的消费和投资需求,避免了与分散小农之间交易成本过大和成本代价过高的情况。

2.降低信贷门槛激发村社小微金融活力。

留坝县各村两委主导下的扶贫互助资金协会,以扶贫社的成立为分界点,可划分为前后两个阶段,简称为资金互助社的1.0和2.0版本。

在扶贫社成立之前,各村已经设有扶贫互助资金协会,具体做法是:

会员发展产业项目如需要资金,直接由协会统一向建立了合作关系的银行申请信贷“批发”,然后再由协会向农户零售发放贷款和回收贷款。同时,扶贫互助资金协会的资金可以起到一个金融杠杆的作用,放大合作银行的贷款,具体表现为:协会以本金作为担保金,合作银行按照不超过担保金总额的5倍发放贷款,协会按照章程再分贷给农户,这样就放大了协会的资金量。为防范风险,农户单笔贷款额度不超过5万元,期限不超过2年。贷款利率方面,合作银行向协会投放的贷款利率要优于同期贷款利率,二者之间的利率差额部分归协会所有，作为协会运转费用。

但1.0版本的协会在实际运行过程中功能有限，很多时候充当的是一个中间人的角色，同时也无法平衡大户占利更多的局面，在落实脱贫攻坚战略中对贫困群体的针对性不显著。

2016年8月，第一批试点村在已有扶贫互助资金协会的基础上成立了扶贫互助合作社，县一级给每个扶贫社注入60万元，其中30万元为“扶贫互助资金协会”的资本金。扶贫社领导下的扶贫互助资金协会升级为2.0版。其资金来源主要为整合上级财政扶贫资金、县级扶贫资金和村民入会资金这三部分。2.0版的扶贫互助资金协会简化了村社内部个人的信贷程序，村民向所在村的扶贫互助资金协会申请入会，进行简单的评议后，就能确认其征信程度，可很快领到帮助他们产业脱贫的资金，额度为3万，贷款时长上限为3年。2.0版的资金互助协会有更强的“内置金融”属性，农户土地承包权就可以抵押贷款。

如果说政府投资和确权的经营性净资产是扶贫社的心脏，那么，充实了资本金的资金互助协会所提供的资金就是村域闲置的生态空间资源得以活化利用的血液。有了心脏和血液，脱贫增收的内生动力随之产生。例如，沙坝村贫困户贾俊明多次向扶贫互助资金协会申请贷款用于发展袋料香菇种植产业，2020年，他家仅香菇种植一项收入就超过6万元。

扶贫互助资金协会的收益归协会全体会员所有。以沙坝村的数据为例，其资金占用费收益的分配计划（2019年）如下：截至2019年12月31日占用费累计收益88，101.6元，具体分配的比例和额度为：10%用于提取公积金，共8，810.16元，用于转入协会本金，保证协会持续发展；20%用于提取公益金，共17，620.32元，转入村财账户，用于村公益事业建设资金；10%用于提取风险准备金，共8，810.16元，作为统筹使用预防呆坏账产生；60%用于支付村协会办公经费、会员产业发展补助、管理人员误工补贴，共52，860.96元。

表3-4 沙坝村扶贫互助资金协会基本信息汇总表

填表时间:2021年5月

内容	累计数	本月数
1.资金总规模(万元)	160	
其中:财政扶贫资金(万元)	96.1	
农户缴纳互助金(万元)	10	
2.入会农户(户)	82	
其中:2017年数据清洗后贫困户(户)	36	
3.农户入会率(%)	61.19	
其中:贫困户入会率(%)	85.71	
4.借款户次(户)	233	14
其中:贫困户借款户次(户)	69	
5.发放借款(万元)	370.4	6
其中:贫困户借款(万元)	87.3	
6.收回借款(户)	218	
收回借款(万元)	292.6	
7.协会银行存款余额(万元)	54.2	
8.资金使用借款率(%)	48.88	
9.贫困户借款占比(%) (贫困户借款金额除以发放借款额)	19.85	
10.扶持发展种植业(户次)	44	2
扶持发展养殖业(户次)	55	2

3.壮大集体经济实力与重构集体经济信用的起点——项目代建制。

项目代建制是留坝县在村级成立扶贫互助合作社后试点推行的一项创新机制,于2016年开始试点之后逐步推行。作为第一步,县委要求各项目主管部门将本年度涉农项目资金的30%分拆成30万元以下的小项目,不通过招投标程序,直接交给扶贫互助合作社代建。各村以外包的形式将工程项目交由扶贫社下设的建筑施工队具体组织实施,发动群众投工投劳参与并支付合理的报酬。推行之初,规定(原则上)本村务工群众不得少于单个项目用工总量的80%,其中建档立卡贫困群众不得少于20%;个体股东中,贫困户股份不低于51%;凡是承包、领办项目的能人、大户,雇佣劳动力中贫困户比例不得低于30%。

为扩大代建制项目资金规模,2018年县一级进一步要求各项目主管部门每年下达给扶贫互助合作社的代建制项目要达到部门本年度涉农项目资金的50%。

在每个代建制项目中,贫困户一般入股1,000—5,000元不等,可通过务工薪酬、入股资金分红以及扶贫社全体社员分红三种渠道分别获得收入。全体社员分红的收入来源为项目管理费。水电路等基建类项目扶贫社提留工程总额的10%为管理费,产业园代建制项目提留工程总额的5%—7%为管理费。管理费的分配是不低于60%用于全体村民分红,其余约40%用于公积金、公益金等运营。以沙坝村为例,仅2018年一年,全村代建制项目就给每个村民分红7万—8万元。

以一个工程总额为30万元的基建类项目资金为例,工程总额的10%作为上交村扶贫社的管理费用,约为3万元;其中全村村民分红不低于60%即工程总额的6%,约为1.8万元。剩余工程总额90%的资金中,一般是原料费占60%、人工费占40%,村里组织实施项目可以压缩人工费(务工人数和工资的压缩),压缩后的盈余(一般两三万元)用于入股贫困户分红。

这种委托代建方式有几个好处:第一,省掉了工程准备环节的不少费用,遏制了“微腐败”的发生;第二,将原来工程老板挣走的利润,变成了村集体的积累和村民的红利;第三,锻炼了一批懂经营会管理的村干部;第四,保证了工程质量,因为每一位参与劳务的村民都是监理员,可以进行全过程监督。

对于村集体经济的建设和发展来说,项目代建制的推行意义重大。以沙坝村为例,在实施项目代建制以前,村党支部书记带领村民集资入股,搞竹鼠养殖、娃娃鱼养殖、香菇种植等产业项目接连失败,每次失败对于村集体和村干部来说都是一个信用的下降。余海兵书记最初为竹鼠项目筹资30多万元仅用了两个月,后来为发展香菇项目集资时,即使向村民承诺更高的风险保障条件,还是难免面临信用困境,用了半年时间才筹资十几万元。对于村集体和村内精英来说,由产业发展失败所导致的信用下降是难以在短时间里恢复的,但项目代建制的推行使得30万元以下的工程项目可由扶贫社进行承包,通过收取基建项目工程总额10%、产业项目工程总额5%—7%的管理费用,村扶贫社获得了一笔不低的集体资金积累,这相当于给了村集体一个很大的信用背书,为其重建信用注了一剂强心针。

综上,村集体通过项目代建制,可以做到:第一,为贫困户和当地农户提供就业岗位;第二,将盈利部分再分配给当地的农户与贫困户,第三,通过收取管理费用生成一块公共财。与传统方式相比,这种创新模式不仅利用市场机制提高了财政扶贫资金的使用效率,同时兼顾扶贫过程中对公平的要求,帮助村集体获得了资金积累的第一桶金。重建集体经济在村民当中的信用以后,生产设施运营和互助资金合作才得以顺利嫁接,反贫困治理的可持续性就得到了保障。

二、“隐居乡里”的留坝共生社区①

栽好梧桐树,引得凤凰来。留坝县乡村新型集体经济的建设完善了良性对接乡村运营企业的机制。下面介绍当地村集体与“隐居乡里”企业合作运营的成功案例。

(一)“隐居乡里”基本介绍

“隐居乡里”成立于2015年,是一家乡村运营企业,聚焦于中国乡村生活方式和县域文旅产业。其以国有经济与村集体经济为主体,挖掘在地乡村资源优势,通过孵化并运营村落品牌实现乡村沉睡资产的盘活,提供一站式乡建解决方案。其前身远方网(2007—2014年)一直致力于乡村旅游策划和营销,也因为这份对乡村的热爱与关注,旗下首个乡村民宿项目“山楂小院”应

① 本节资料主要来源:陈长春．乡村产业振兴核心在运营[J].中国乡村发现,2021(03):43-48.收入本书时,已由作者本人订正修改。

运而生，目前在全国运营的乡村文旅项目有24个，其中包括“山楂小院”“先生的院子”“姥姥家”“黄栌花开”“麻麻花的山坡”“青籽树”“楼房沟精品民宿”“道班宿”“杏花山上”“稻田理想”“卡莎莎乡村度假区”等一系列自主知名品牌，主要分布于北京、河北以及陕西留坝、四川成都、江苏常州等地[①]。7年时间（2015—2022年），运营了24个村庄，成功改造260处闲置农宅，服务于20万以上都市人群，解决了当地劳动力300余人，创造总收入超过3亿元[②]。

在运营民宿的基础上，“隐居乡里”还对部分区域展开了共生社区、民宿聚落群等乡村产业高级阶段发展形式的探索，将“共生模式”的优势发挥到更广范围和更高层次。闲置农宅的“共生发展”模式由隐居乡里CEO陈长春先生提出[③]。该模式强调培养乡村本地运营人才，建立乡村利益共同体。首先，以合作社的形式，把村里资产聚集到村集体手里，让村集体做主体，这样才能代表村内老百姓的利益。其次是运营商的加入，然后还有融合很多扶贫机构、政府、银行、投资商的投入。共同体以村集体为核心，而根本在于以农民为主体[④]。

（二）留坝“楼房沟精品民宿”项目的运营

村集体与“隐居乡里”在留坝县运营的项目之一名为“楼房沟精品民宿”。村集体与企业合作建立共生社区，构建三产融合的生态乡创体系，推动了全域的旅游升级。

“楼房沟精品民宿”位于陕西汉中留坝县小留坝村，是“隐居乡里”的第十个乡村改造项目，也是其在陕西的第一个在地共生项目，共有9个由老宅改建而成的民宿院落。其中，2个大院子每个有3间卧室，7个小院子每个有2

① 参见隐居乡里官网。

② 参见隐居乡里微信公众号。

③ 陈长春．山楂小院——闲置农宅的共生发展模式[C]//罗德胤．在路上：乡村复兴论坛文集（五）·沁源卷．北京：中国建材工业出版社，2019：131-139，213-214．

④ 陈长春．山楂小院——闲置农宅的共生发展模式[C]//罗德胤．在路上：乡村复兴论坛文集（五）·沁源卷．北京：中国建材工业出版社，2019：131-139，213-214．

间卧室,共20个客房,可容纳40位成年客人。目前,已经形成以楼房沟民宿为载体的原乡产业集群。具体路径是以“楼房沟精品民宿”为切入口,形成三产融合的乡创体系。

同时,“隐居乡里”还策划了一系列旅游文创项目,包括如“爸爸去哪儿”“秦岭红叶节”“留坝冰雪季”等旅游活动。2020年,即使在疫情影响下,留坝红叶节的游客数量仍是上一年的2倍以上,有效带动了人流增长。同时还推出了“秦岭年礼”系列文创产品,搭建了秦岭文创非遗活化体系,助推一二三产业融合发展,并进一步打造具有属地IP的原乡产业集群。

(三)村集体与“隐居乡里”的合作方式

在合作模式上,“业主”是村集体、村合作社、扶贫社等有组织化的在地机构。“隐居乡里”作为运营平台,负责产品、培训业务、线上营销和具体的管理,轻资产运营。企业不直接与农户合作,由业主负责重资产投资和维修,其资产所有权归业主所有。

1.项目建设:村集体出面,重资产铺底。

一期项目(已建成)包括:9个院落的软硬装,环境整治和道路修建的投资。由小留坝村集体招投标,陕西丰润公司建设,“隐居乡里”出设计方案,资金全部来源于政府项目投资。形成的资产全部成为村集体的固定资产。

二期项目(基本建成,部分使用)包括:玉双美术馆和12号院(此两个项目为玉双山居合作项目);星空会客厅和7号组团院落(此两个项目为白盒子之家秦岭合作项目);乡村小卖店、多功能培训室、蛋糕烘焙坊(这三个项目是为了增加院落的团建功能,是在现有的院落里打造的)的投资。乡村小卖店原属于矿山收费点,属于财政局的资产,财政局免费供村集体使用。乡村小卖店的功能,某种意义是酒店的前台,提供客人的引导和登记服务,并售卖农特产品和咖啡甜点。

这两期项目中,还代建做了3条路和2座桥的硬件建设。

总体来说，项目硬件建设投资成本包括了当地政府建设项目投资、(江)苏陕协作扶贫基金、县级的涉农整合资金、环境综合整治资金、壮大村集体经济资金、旅游配套资金、项目启动资金，以及村集体收回宅基地、修桥修路等建设资金。这些重资产投入形成的硬件建设，成为承接民宿文旅项目的重要基础，也沉淀为村集体资产。

2.民宿管家。

民宿管家由在地人员构成，负责餐饮、接待、清洁和内部维护。当地的政府在秩序、环卫、保障和应急上提供帮助。政府、管家和业主三方的鼎力支持和通力合作才能确保一个项目顺利落地和运营。项目运营中，民宿管家需要直接对隐居乡里负责，此外管家又是业主这个组织的成员，需要对业主负责，而且管家还获得了政府支持下的培训。管家起到纽带、制衡和决定服务质量的关键作用。

每个独院(一个院子有2至3个卧室)会配备当地管家为客人进行保姆式服务。管家都是来自当地的村民，经过培训后上岗。据此，隐居乡里根据培训业务的需求，成立北方民宿学院[①]，北方民宿又与留坝合作成立青山乡建公司，青山乡建公司负责留坝在地的培训。北方民宿学院的培训分为三个层次：第一层是针对民宿管家的培训，历时一个月，包括餐饮和接待的标准等；第二层是针对项目经理的培训，历时半年，先是学习理论(运营、餐饮标准和卫生标准)，再去各个项目点学习，最后两个月实操运营项目；第三层是针对乡村干部的培训，基本上是和政府合作。其中，针对民宿管家的培训是隐居乡里最具特色的业务，民宿管家培训核心的三大要点是庭院卫生标准、礼仪标准、端茶做饭。截至2020年，北方民宿学院共培训了300多个民宿管家，她们现在可以灵活地穿梭在生活和工作之中。

---

① 北方民宿学院落成于2017年11月，作为北京地区第一座民宿学院，以“振兴乡村、乡村度假”为服务主线，联合隐居乡里、设计师联盟、佳乡学院、SAMRT乡村度假、清华建筑学院、中国乡村复兴论坛、中国乡建院、中国扶贫基金会等机构，举办乡建、乡村度假等相关课程的培训，为当今乡建市场做人才培养与输出。

民宿管家在工资上,实行“底薪+提成”的制度,客人会对民宿管家进行满意度测评,客人只要满意离开,而且没有投诉,提成就会正常发放。民宿管家除了自身价值的提升,还产生了较多的积极影响。就个人家庭而言,厨艺提升,服务意识上升,有利于家庭的和谐和幸福感的上升。就村庄而言,民宿管家都是当地人,可以起到双向管理的作用,便于村庄对民宿运营的监督。

(四)留坝“楼房沟精品民宿”项目的运营效果

从发展效果来看,“隐居乡里”的楼房沟民宿项目的带动效果明显。楼房沟2020年民宿收入为230万元,农产品销售收入达到20万元,较2019年收入增长350%,当年村集体分红为68万元。从留坝红叶节的传播数据看,与“秦岭秘境,红叶盛宴”等话题相关的微博访问量从2019年的2,899万次增长到2020年3.3亿次,增长率达到1038.3%。10月份的全县游客人数从2019年的20.1万人增长到2020年的48.3万人,同期增长率达140%。值得一提的是,新开发的猕猴桃汽水和香菇酱成为网红产品,同时形成了秦岭风物在地加工体系,以秦岭小农产业链激活农产品加工业发展。

通过培训管家、搭建平台,原乡产业集群在留坝连点成线、连线成面,促成了全域旅游大步前进的良好局面。可以说,“隐居乡里”依托“互联网+在地化”的运营模式,通过精心打造乡村旅游度假产品,通过陪伴式指导乡村发展,推动了项目地区的乡村文旅全产业全地域升级发展。运营商通过与村集体经济合作,有效带动全体村民的参与度与积极性的成功经验,在“共生模式”的乡村治理现代化发展过程中,越来越凸显出极大的优势。

三、共生社区的共赢共享:村集体与隐居乡里的良性合作

留坝与“隐居乡里”合作模式的核心竞争力,就是具有社会企业内涵的在地化服务和共生模式。他们与当地村民共同分成,共享民宿发展收益,形成共赢共享的共生社区。

在留坝与“隐居乡里”的成功合作中，摸索出一套乡村的利益共同体模型，即以村集体为主体，把人带到乡村去，把能带来流量的人带到乡村，把流量本身带到乡村。由运营商负责产品设计、人员培训、市场营销和管理及整个管理体系的搭建。在村集体层面，每个村子成立一个合作社，合作社把农民房子收到村集体，村集体和政府一起去找各种资金，把这些闲置资产变成优质资产，然后再委托给运营商来运营。同时，运营商提供农民职业培训，提升服务质量，政府提供硬件设施建设和安保工作，这样形成了很强的“四位一体”的乡村利益共同体和循环机制。

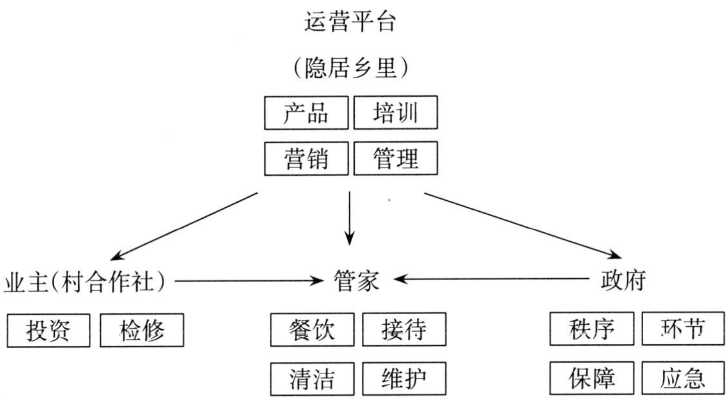

图3-4　村集体与“隐居乡里”的四位一体合作模式

这样的“共生社区”合作机制与循环机制，帮助外来运营商规避了一般乡村投资项目中的沟通成本问题、建造成本问题等，降低了运营成本与风险。据悉，目前“隐居乡里”的成本基本上是一个比较合理的三四三比例，即30%的营销管理成本、40%的人工和消耗品成本、30%给村集体的分成收益。

在收益分配方面，村集体与“隐居乡里”合作，形成了对村庄社区的回馈与社会建设。楼房沟民宿项目中，村集体按照三七比例分得三成收益。除此之外，“隐居乡里”的在地运营成本中一半是花在当地乡村的，除电费外，都转化为乡村获得的间接收益。主要分为两类：

(1)直接务工:全职,15个管家和2个万能工(水电维护、开车等机动业务)。

(2)间接务工:80个村民提供种植和养殖的服务,供应民宿的日常消耗。

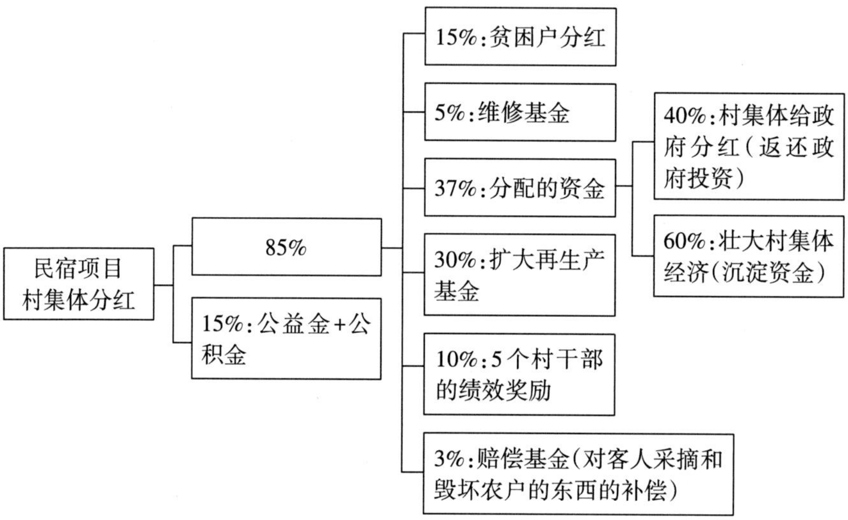

图3-5　小留坝村针对楼房沟民宿项目盈利的分配图示

总而言之,从社会企业的运营角度可以看到,在整个民宿发展过程中,有政府重资产投入,村集体才能轻资产参与市场的竞争,村集体得到了政府的背书后和外部运营商谈判时才有较大的谈判空间。在市场风险高的商业运营中,农民单家独户进入产业的能力较差,只有等政府注资后,把资产确权给村集体,村集体承担重资产持仓的角色,从而在整个产业收益分配的链条中会具有较强的益贫性,具有社会企业的属性。同时,财权决定治权,村集体拥有了一定基础的财力,才能更好地促进乡村善治。

同时,"隐居乡里"也是一个极具社会企业色彩的运营商。其运营逻辑是只做轻资产服务,做产品的设计、培训,人员培训、市场营销和现场服务管理。而与当地村集体与合作社、政府、农民管家形成稳定的乡村利益共同体。"隐居乡里"的轻资产运行,可以有较高的收益份额回馈到村里。其主张使用当地人作为民宿管家,于乡村的人力资源开发大有裨益。并且民宿是非标产品,“隐居乡里”把非标产品做出了一整套标准化管理体系,同时将每个村落本身所具备的非标内容糅合在一起,形成了“共生社区”的理念。“共生社区”价值体系的确立,形成了不大拆大建的基础,重新发现和挖掘了乡村的美学价值。

第四章

农民专业合作社的社会企业运营

党的二十大报告指出，“发展新型农业经营主体和社会化服务”。自2017年《中华人民共和国农民专业合作社法》(以下简称“《合作社法》”)颁布实施以来，农民专业合作社(以下简称“合作社”)注册数量从最初的2万家发展到现在的200万家左右，增长了近100倍，入社农户占全国近半数。合作社已经成为重要的新型农业经营主体和现代农业建设的中坚力量。

作为新兴农业经营主体的合作社，不同于集体化时期的合作社，它并非政治组织，而是由入社农户自愿结成的经营性组织。其因专业种植养殖等产业经营具有经济属性，同时，又由于社员共营、服务社员，而具有扎根乡村社区的社会属性。从而形成植根于乡村的本土化创新社会企业类型。很多合作社还通过建立合作社联合社的方式，开展综合性的产业经营与社会服务，并通过多元互补而增强稳定性、降低成本与风险。本章从社会企业的视角，通过对河南、山西、安徽的多个合作社案例，以及内蒙古树林召镇以镇级统筹方式推动的“一村四社”合作社案例的介绍，呈现当前合作社形式的本土化社会企业特色。

第一节 作为本土化社会企业的农民合作社[①]

【案例导读】本节从社会企业视角，对农民合作社做了正本清源的考察，同时简要介绍了五个中原地区农民专业合作社的案例[②]。当前的农民合作社不仅是一种社会企业，而且是中国亟须发展的一种典型的本土化社会企业。在实施乡村振兴战略的背景下，以社会企业为视角来认识和培育农民合作社，具有理论与现实的双重价值。

为了深入分析农民合作社的现状和问题，需要从经验出发、从国情和中国特色出发，以新的视角、新的方法看农民合作经济组织在中国的本土发展规律和特色。本篇从社会企业的经济性、内部治理和社会功能三方面出发，对当前部分农民合作社的特征进行介绍与分析。

一、相对务实的农民合作社，具有系统而非单一产业链的经济特点

从日常农业经营活动做起、踏实发展的农民合作社，就是相对务实的农民合作社。其务实之处体现在与社会企业的第一个特点一致，即运用商业经济手段进行市场性运作以获得可持续经济发展，这是合作社作为互助型经济组织的经济属性所决定的。以相对务实的农民合作社的本土经验为例，其之所以具有可持续的经济活动收益，在于具有作为市场主体的商业身份，而且具备系统多元而非单一产业链的经济特点。

---

① 本篇选自：何慧丽，杨光耀．农民合作社：一种典型的本土化社会企业[J]．中国农业大学学报(社会科学版)，2019，36(03)：127-136．收入本书时有适量删节修改。

② 本篇涉及的农民专业合作社案例包括：河南省兰考县谷雨农民专业合作社联合社、河南省兰考县胡寨哥哥农牧专业合作社、河南省灵宝市弘元农业专业合作社联合社、山西省永济市蒲韩种植专业合作联合社、安徽省阜阳市颍州区南塘村兴农合作社。

(一)从政策法规上来看,农民合作社具有极强的产业经济属性

合作社作为“互助性经济组织”,首先表现在它有一般企业所具有的市场特征,这也是合作社的中心任务。2018年7月新修改的《合作社法》规定:“国家保障农民专业合作社享有与其他市场主体平等的法律地位”“农民专业合作社可以依法向公司等企业投资”。从法律层面强调合作社是一个重要的市场主体,体现了合作社与一般企业的基本共性。其次,明确指出成员可以用土地经营权等财产作价出资。“农民专业合作社成员可以用土地经营权、林权等可以用货币估价并可以依法转让的非货币财产出资。”再次,农民专业合作社以其成员为主要服务对象,可以开展多种经济业务,包括“农业生产资料的购买、使用,农产品的生产、销售、加工、运输、贮藏及其他相关服务,农村民间工艺及制品、休闲农业和乡村旅游资源的开发经营等,与农业生产经营有关的技术、信息、设施建设运营等服务”。

中国农民合作社,从法规上、政策引导上以至于注册管理上都聚焦于合作社的经济职能,而且是具备高专业性的经济职能,体现了合作社以专业产品面向商业市场的经济特点,这值得肯定。同时值得注意的是,由于合作社概念肇始于西方,其在引进吸收时相对忽略了合作的国情土壤——多样化小农现实,单纯的经济理性取向认知必然在政策实践中诱致诸多空壳合作社现象。依据多样化的合作社发展现实,对合作社概念的本土化理论创新也是新版《合作社法》进行修订补充的一个重要指向。

(二)从实践经验上来看,系统多元的合作社更能在市场交易和竞争中可持续发展

作为小农产业组织的合作社,若只具有单一专业的经济性,比如只经营粮业、养猪业、养鸡业、蔬菜业、果业、手工业等某一品种,而不是遵循农村多样性产业的特点发展有主有副的多元有机结合的产业,那么,这只是用专业性、规模化、标准化的工业思维来运作合作社。这种合作社在涉农产业大都

产能过剩且单一产品盈利空间狭窄的恶性竞争境况下，其后果只能是专业合作社的小农户成员被资本大农所整合，所“吞吃”，因为其产前、产中及产后所需要的服务强烈依附于资本大农，而大农则借此依赖关系大量汲取小农生产剩余，因为二者的经济地位极不对等。处在激烈竞争的市场环境中，只经营单一种类业务的专业合作社因没有形成系统性的业务生态网，在市场中难以应对严酷的外部环境而缺乏可持续性。

新版《合作社法》汲取了现实中的大量教训，也越来越向多元的综合的方向改进，表现为对成员出资的多元、开展业务的多元的规定，以及对农民专业合作社联合社在更广泛的业务空间和更大的地域范围内发展的规定①。笔者将之称为强调合作社系统多元的产业链特点，所谓的系统多元，是针对专业合作社的结构性缺失的补救和充实。因农户的需求是多元的，而多数小农户经济仍然是兼业化形态，合作社与社员需求存在多种经济服务关系，合作社若在日常运作中踏实生长，就一定是多元化业态有机并存。实践中呈现出种养加传统业务与农资农机、土地托管业务的一体化合作社，文创旅新型合作社，畜粮果产业与资金互助业务的综合性合作社和产消城乡互助生态型合作社等多种综合性样态，这些多元业务并存的合作社呈现延长产业链、系统产业链、产业内部自平衡的总体发展特点。而且，综合性合作社、联合社多呈现了合作社之间互补性、系统性产业联合的特点。

下面以发展了20年的河南省兰考县谷雨农民专业合作社联合社（以下简称“谷雨联合社”）为例。

谷雨联合社联合了兰考县20余家专业合作社，辐射到9个乡镇、94个村，总资产2,600万元，服务社员18,800户，每年为社员增收300余万元。谷雨联合社经历了最初在2004年由知识分子参与指导的一个南马庄村村级经济发展综合合作社，再到2008年“开枝散叶”般的四乡四村的跨村跨乡合作，再到2013年县级农业专业合作社联合社——谷雨联合社的实践，以及2017年

① 孔祥智．合作社的2018[J]．中国农民合作社，2019(01):49．

以来多种社会力量参与的城乡消费合作实践的、长期的复杂发展历程。谷雨联合社开展的经济业务有联购分销、农机服务、农资服务、资金互助、城乡消费合作等业务。

在开展业务过程中总结的经济业务经验有:(1)农资、生活用品统购统销最易开展、风险最低;(2)资金互助形成合作社"公共财",使合作提档升级;(3)"农业进城,市民下乡",三产化农业最为长久。早期当南马庄合作社只有大米生产及其加工为单一产品对接农超和企业时,面临门槛高、划不来,甚至差点受骗的情况,后来的谷雨联合社发展到几十种业务和产品形成内部经济良性循环的支持机制,实力逐渐壮大后,一些超市和大企业纷纷以降低条件为基础与谷雨联合社进行谈判合作,从而以全产业链合作社内部化方式解决了"大农吃小农"问题[①]。

(三)就发展内涵而言,农民合作社的综合变化日益表现出社会企业趋势

农业经营的有效组织形式就是合作社,日韩都是先孵化小农的合作社——综合农协[②],从里面再生长出企业;中国的集体化时期都是先推动"三级所有,队为基础"的村社合作,再从里面产生乡镇企业。而此前我国一些地区推动大农来整合小农、鼓励大资本下乡与合作社争利的发展模式,在当前大部分合作社社员都是以"半工半耕"的经济业态来维持生计性收入的状况下[③],这是有问题的。

随着供给侧结构性改革,特别是田园综合体的发展、一二三产业的融合发展机遇的显现,一些农民合作社通过系统产业链的延伸,已经开始由最初的空壳合作社、"大农吃小农"的不辨真假合作社的数量型,向逐渐能够与大

---

① 根据对谷雨联合社创始人张砚斌的访谈资料整理。

② 陈林.三位一体服务三农:新型合作化的经验与理论[J].马克思主义与现实,2015(01):176-182.

③ 夏柱智,贺雪峰.半工半耕与中国渐进城镇化模式[J].中国社会科学,2017(12):117-137,207-208.

农良性合作、双赢合作的真合作社越来越多的质量型转变。这个经济主体的全产业链发展，成为以“扶正祛邪”方式解决合作社异化问题的内生型动力，使合作社发展成为市场竞争中重要的新型农业经营主体①。

同时具有服务小农情怀和商业经营能力的合作社企业家，是保证合作社赢利并发挥多功能社会效益的，没有合作社企业家就没有成功的合作社②。发展具有系统性经济特点的合作社需要培育综合素质强的社会企业家。

二、相对团结的农民合作社，具有内部治理的计划性特点

前述表明，社会企业的内部需要科学的治理结构，以保证对整合资源有效，进而高效率地达成社会目标。比如，与大多数所有权由股东来决定的传统企业不同，社会企业可能归它的用户或客户、员工、托管人或公共机构所有，在生产关系上遵循社会所有制原则。这一原则的科学性，决定了与其既定的社会、环境和可持续发展目标追求的一致性。一般而言，相对具有凝聚力的、团结力的农民合作社，为追求“以服务成员为宗旨，谋求全体成员的共同利益”的基本目标，会在股权所有结构、社员组成、二次返利的原则规定上具有突出的计划性而非市场性的本质规定，即具有与其基本目标相符的内部治理科学性。

（一）在合作社成员数量比例要求上，保证农民成员占绝大多数

保证农民成员在合作社中占绝大多数，是国家以法律形式做出的一项重要规定。《合作社法》规定，合作社作为农产品的生产经营者或者农业生产经营服务的提供者、利用者，“农民至少应当占成员总数的百分之八十。成员总数二十人以下的，可以有一个企业、事业单位或者社会组织成员；成员总数超

① 夏英．2017年我国农民合作社发展现状、导向及态势[J]．中国农民合作社，2018(01):10-11.

② 张晓山．大户和龙头企业领办的合作社是当前中国合作社发展的现实选择[J]．中国合作经济，2009(10):45.

过二十人的,企业、事业单位和社会组织成员不得超过成员总数的百分之五"。法律规定成员需5人以上才能注册,实际上当前注册的200万家合作社中,除了空壳合作社之外,每个合作社成员应该更多。由于合作社登记注册时,需要提供每个成员的身份证复印件、全体出资成员签名或盖章的出资清单等相对复杂的实际操作程序,所以,方便起见,一般登记注册的合作社成员,应只是主要成员而并非全部成员,实际上的全部成员是在合作社交入社费、开展业务过程中、与合作社的多项交易活动中逐渐卷入的,所以,虽然全国平均每个合作社登记的成员仅有13人(2008年底),但是更有大量的注册隐性而事实上存在的合作社社员。笔者根据2018年2月底全国农民专业合作社等级数量和入社农户,计算可得农民合作社平均农户组织规模为58户。[①]

(二)在合作社股权构成上,具有多元性和普惠性

合作社股权上的多元性和普惠性,是国家以法律形式做出的另一重要规定。《合作社法》规定:"农民专业合作社成员可以用货币出资,也可以用实物、知识产权、土地经营权、林权等可以用货币估价并可以依法转让的非货币财产,以及章程规定的其他方式作价出资农民合作社。"这项规定作为小农户以多元化方式作价出资入社的法律依据,提高了广大小农入社的积极性和可行性,因而具有普惠性股权特点。合作社股本金还可以来自"成员出资、公积金、国家财政直接补助、他人捐赠以及合法取得的其他资产所形成的财产",而且应把"本社接受国家财政直接补助和他人捐赠形成的财产平均量化到成员",这些规定实际上是对少数人或资本操控合作社的限制性条款,是避免合作社"精英俘获"问题从而形成普惠性保证普通社员主体权益的法律依据。现实中股权的多元性和普惠性得以实现的合作社典型之一,是近些年来由村两委主导领办的合作社。以山东烟台自2017年以来的探索为例:由村党支部代表村集体注册成立农民合作社,村集体以集体资金、资产、资源入股,村

① 全国依法登记的农民专业合作社达204.4万家。

民以劳动力、土地、资金等入股，建立起村集体与群众利益共享、风险共担的集体与群众经济利益共同体①。这种做法的特点是：党建能够引领把握合作社的政治方向。村党支部有权责、有能力杜绝合作社的“精英俘获”现象，有责任承担双层经营制度中村社层面的“统”的功能，以村两委的政治资源优势和集体资产所有者优势发展社区综合合作社。这种村两委主导的村社综合合作社，属于农民为主的多元股权及其相应的指向村社新集体经济的多元利益共同体实践，具有中国本土化的特征。

（三）在合作社治理上，体现了社员的社内民主与交易的责权统一

合作社社员在社内的民主权与交易权相统一，是合作社内部治理最具计划性的重大特点。《合作社法》规定：“农民专业合作社成员大会选举和表决，实行一人一票制，成员各享有一票的基本表决权。”同时，合作社成员要承担以下义务，包括“按照章程规定向本社出资”“按照章程规定与本社进行交易”，且“承担亏损责任”，作为责权相统一的具体体现。出资额或者与本社交易量（额）较大的成员还可以享有附加表决权，但不可超过百分之二十。此外，合作社在弥补亏损、提取公积金后的当年盈余，主要按照成员与农民专业合作社的交易量（额）比例返还，规定“可分配盈余按成员与本社的交易量（额）比例返还的返还总额不得低于可分配盈余的百分之六十”，还规定农民专业合作社应当为每个成员设立记载其出资额、量化的公积金份额以及其与本社交易量的成员账户。由此可见，合作社成员的社内民主和交易的权责是互为因果和相辅相成的，不交易者无民主，有民主权利则要求实施者必有相关联的经济交易为物质条件。

作为系统经济性的农民合作社，其本质功能是解决组织治理的计划性问题。前面三点从合作社的主体是农民群体、股权具有多元普惠性、管理制度与分配规则具有责权统一性等方面，阐述了作为小农产业经济组的合作社的

① 山东省烟台市委组织部，烟台市农业农村局．山东烟台　村党支部领办合作社　抱团发展强村富民[J]．农村工作通讯，2019(06):53-56.

计划性治理结构特点。对外靠市场规则行事,对内靠计划好的所有权、交易权责和分配权责行事,就是所谓的“外圆内方”,也就是社会企业所强调的整合内部资源的社会性、科学性治理结构。没有这样的计划性规定以及对规定的严格执行,就难以成为事实上的合作社,就必然会形成“小农傍大农”“大农吃小农”的负外部性机制,以及形成对外部资源的“精英俘获”乱象。这里的对内计划、对外市场是一体辩证关系,二者均是保障合作社在一定条件下不变质、不异化、不分化,因而可持续发展的设计手段,是形成合作社资源资产的整合凝聚力,从而成为有效的市场主体并最终达到社会性公共目标的核心制度所在。

下面以已发展了20余年的山西省永济市蒲韩种植专业合作联合社的内部治理经验为例说明。

……我们目前给社员提供的服务范围包含蒲州镇、韩阳镇的43个自然村3,865户(其中24个行政村,韩阳镇与蒲州镇各12个行政村)。我们合作社的宗旨就是服务服务再服务,构建为社员协调对接合作社生产、加工、流通、金融、保险等所有涉农业务的服务体系。具体做法有如下这些方面:让合作社具有一定乡村威望的中年妇女作为辅导员,每人负责一个地域范围,要对社员家户的情况极其了解,并通过妇女文艺、老人服务、儿童服务等各种公共服务取信于社员。社员们在资金互助上,生产资料、生活用品等必需品的消费上,在农产品的统一品牌、统一技术服务、统一销售上紧密依靠合作社,这是三笔最大的内部业务。比如,以某小组的20余户人家为例,共有成员85人,其所有成员、所有家户平均一年在生活生产方面的社内交易总额就会达到200多万元,其纯利润就有10余万元。关键是《合作社法》规定60%的利润返还社员,我们对社员承诺会严格遵守;此外,我们还会把农民的需求体现在提升生活的品质上,比如说家里需要餐具,那我们就以定制方式购买高级一点的景德镇瓷器。比如家里有孩子需要教育的,不是需要书桌书柜吗?那我们会返还这些实物。我们要返还就一定是用最好品质的服务来满足社员需求。农资统购不只在于联合社赚钱多少，还在于打击农村的农资假货市场，让社员切实感受到贴心的成员服务。[①]

这里的关键是如何在社员与合作社的多重交易上，以农村的半熟人社会为基础，以德高望重的合作社带头人或骨干力量为治理干事，与社员在日常的生活资料、生产资料等方面长期互动，这种互动包括社会的、经济的、文化的多重互动，从而让社员与合作社形成长期的信任关系。

三、充满活力的农民合作社，具备社会企业追求的系统性社会重建功能

根据一般发展中国家的现代化制度发展经验，在快速城市化、工业化的过程中，农村会出现凋敝、衰落和快速资本化的过程。广大中西部农村地区的“三留守”（留守老人、留守妇女、留守儿童）问题以及与之相关联的老人的社会保障、妇女的权利问题、儿童的成长问题等“总体性衰败”[②]现象，是中国这一发展过程中主要问题的具体呈现。合作社最初作为“弱者的联合”试图主要在经济领域为留守人员谋取福利。但是，那些充满活力的农民合作社，其发展成效不仅是增收、节支、资金互助等经济事项，也确实具备多重的系统性的社会重建功能。主要表现在：

（一）乡土文化重建功能

新时代需要以“孝亲为根、生态为本、合作为纲”的乡土文化重建，这样的重建工作能够增强乡村对于现代社会而言发挥其综合价值的乡土文化自信。有活力的合作社一定是有着合作的文化根基、文化理念以及丰富的文艺表现形式的合作社，现实中的合作社并不必然在一开始就具有明显的经济增效功能，反而在发展初期必然具有在一起交流沟通、学习共享的功能，以及在集体

① 根据对蒲韩种植专业合作社联合社创始人郑冰的访谈资料整理。

② 何慧丽．留守群体　留守学术——兼评叶敬忠等著《阡陌独舞》、《静寞夕阳》、《别样童年》[J]．开放时代，2010(07):151-158.

会议活动中以喜闻乐见的乡土文化先凝聚人气、内化合作理念的功能。所以,实践中运作的合作社,若不想沦为空壳型合作社的下场,一般其起始就属于学习型和文艺型合作社。“文化搭台、经济唱戏”对于合作社发展而言很实用。在全国稍有所成的农民合作社发展中,“合作组织为纲、多元文化为根”[①],合作的文艺形式与合作社经济实体大都是相辅相成、如影随形的。诸如秧歌、腰鼓、盘鼓、地方戏、传统太极等乡土文艺的复兴现象,许多都是在合作社事业发展中涌现出来并具有新时代的文化使命。但凡真干实干的合作社带头人,均会有这样的共识:文艺队建设是合作社“以文化人”的软实力,合作社经济建设是硬实力,硬实力的发展会使得“物质变精神”,软实力的保障会使得“精神变物质”。

(二)留守老人的养老实现功能

如何为留守老人提供不离土、低成本、适宜性的养老服务?这是一个重要问题。有发展能力的合作社,都多少会有公益金的科学提留与合理使用。乡村最大的一件公益事就是为老年社员和社员家属老人服务。

以河南省灵宝市弘元农业专业合作社联合社在此方面的探索为例。

河南省灵宝市弘元农业专业合作社联合社就在小秦岭山脚下多个村庄里发挥了这样的养老动员和服务功能,探索出了村两委指导下“合作社+养老”的多元模式:罗家村分社的上善堂是村庄提供基础设施建设、合作社提供公益金支持、老年人自家少许资金缴纳的三结合模式,侧重于对村社成员家属中行动不便的高龄老人提供日间照料关爱;贝子原村分社侧重以“老有所得”的方式,有劳动能力的村庄老人发挥其农作优势,在合作社的生态农场里从事简单劳动,获取货币收入以改善生计;巴娄村分社的兼善堂,则以组建合作社文艺队定期在一起吹拉弹唱等娱乐形式,以满足老年人的文化精神需求。[②]

① 何慧丽,温铁军.亟待从村庄层面突破小农困境[J].人民论坛,2014(07):66-67.

② 根据对弘元农业专业合作社联合社总干事刘巧珍的访谈资料整理。

（三）针对留守儿童所发挥的社区三亲教育功能

农民合作社，尤其是村两委主导的综合型社区合作社，若是以“服务服务再服务”为宗旨，便迟早在其发展过程中具有教育功能。许多村庄的优秀传统文化、自然生态文化、农业文化亟待乡村青少年甚或幼儿来学习传承，但乡村教育上的“撤点并校”导致在大多数村庄里并没有发挥这种功能的学校，合作社作为为社员提供服务的经济平台，做大做强后便会有发挥社员在村庄里生活生产的优势，能低成本地从事以“亲情、亲乡土、亲自然”为核心理念的乡土教育。这主要是因为合作社是一个非私人的个体户、非纯粹营利公司的社会企业平台，能有效并乐意承接外部与整合内部的各种非经济的文化教育资源，从而促进乡村全面建设。

以河南省兰考县胡寨哥哥农牧专业合作社的经验为例。

河南省兰考县胡寨哥哥农牧专业合作社是一个由村两委主导的综合合作社，合作社在以张孝德老师为代表的高校知识分子的指导下，在华夏三亲启蒙教育中心等非政府组织的捐助、培训支持下，每年提取几万元的合作社公益金用于聘任教师，对社员家的孩子持续开展了多年的“三亲”（亲父母、亲乡亲、亲自然）幼儿教育工作，让孩子从小扎好“孝道、厚德、开慧”的根基，起到了很好的成效。[①]

（四）其他合作效果的多功能化，诸如助益乡村善治、改善乡村生态等

能够多年存活下来的合作社大都具有解决乡村矛盾、助益乡村善治、改善乡村生态的能力。

以发展了10多年的安徽省阜阳市颍州区南塘村兴农合作社为例。

安徽省阜阳市颍州区南塘村兴农合作社的领头人杨云标早年是个维权人物，当他意识到“如其哭着维权，不如笑着乡建”的道理后，就在家乡搞起了以合作组织为纲的全面乡建工作。多年来，他带领以前的维权人物和广大村

① 根据对胡寨哥哥农牧专业合作社理事长王纪伟的访谈资料整理。

民发起合作社，建设合作社，业务领域涉及生产服务、生态种植、酿酒、资金互助、文化合作、乡村文化旅游等。他们坚持为社员二次返还利润，为社区提供公共产品，以文化建设丰富精神生活，克服“私利”意识，培育社员为主体的自组织的物质和文化自信力。老乡们不再以上访告状为营生了，南塘村还成了整个阜阳市颍州区多年来无信访的稳定村，拿了稳定村的奖！此外，合作社还推动了农业的生态发展。合作社带动社员养起了生态发酵床猪，种植了有机小黄姜，生态黑豆、小麦。而且，合作社通过艺术民宿（南塘艺术家部落），将土壤改良后生产的安全产品直接对接周围城市的消费群体，这一做法既可以满足城市消费者对绿色健康农产品的需求，又可以实现农户的增收与农村环境的改善。①

总而言之，从社会企业的视角来总结发展较好的综合性合作社的这些社会功能，完全符合社会企业对实现社会、环境、可持续发展以及提高社会弱势、边缘群体生活质量与社会地位的理想目标。随着社会对这些公共产品和服务需求的增加，合作社的综合化发展趋势更明显，其身上的社会企业特质将更加完备。

农民合作社要得到规范提升，要建立健全的支持其发展的政策体系和管理制度，其价值就在于要发挥合作社的体系经济性、治理结构的计划性及其外溢的正外部效益。而相关的支持性政策体系和管理制度要围绕目前一些农民合作社在这三方面存在的问题来制定。比如，是否可以多出台增强合作社内部三产融合、多产并举的政策举措？多多监管和主导合作社内部的治理的计划性实施，也即真正的对合作社内部治理法规的实践遵从？还有，如何结合中国本土实际大力推广村两委主导的综合性社区合作社，使其成为加强基层治理和新集体经济发展的有力抓手？如何以党政主导为保证，推动合作社的外部资源获取由“精英俘获”到“精英庇护”转化，促使普遍意义上的村两委领办社区合作社并助推“三权促三变”的集体股份经济合作社进程？

① 根据对南塘村兴农合作社理事长杨云标的访谈资料整理。

如上问题解决的着眼点，恐怕得从把农民合作社不只是看作社会主义国家众多经济形态的一个补充或缀品，而是一个大有作为的、亟待发展的典型的基础性社会企业发展来看待，进而采取更积极的应对策略。面对这样的普惠性的社会企业，明晰其手段之经济性、治理之计划性、目标之社会性的本质属性，或许会为合作社打开新的发展天地。农民合作社，作为一种典型的本土化社会企业，循道而行，必有大成。

第二节　内蒙古树林召镇的“一村四社”体系探索①

【案例导读】本节介绍了内蒙古树林召镇的“一村四社”合作社体系建设探索。“一村四社”是指在村庄统一管理基础上，组织农民分别建立资金互助社、土地合作社、房宅合作社、消费合作社，形成不同类型农民合作社的协作体系。本案例的合作社在土地使用、房屋宅基地使用，以及消费等方面进行合作，突破了一般意义上的农业生产合作，具有更丰富多元的创新尝试。

一、简介

树林召镇地处于内蒙古鄂尔多斯市达拉特旗北部、呼包鄂经济圈腹地，是全国重点镇。全镇总面积1,391平方公里，辖23个行政村，276个社(自然村)，户籍人口7.56万人，常住人口10.5万人。有内蒙古自治区著名商标“保善堂”，蔬菜种植基地3万亩；有鄂尔多斯市著名商标“大树湾黄河鱼”养殖水面4,200亩。黄河过境22.5万公里流程浇灌了31.5万亩优质高效农田，是达拉特旗肉、禽、蛋、奶、米及小杂粮主产区，鄂尔多斯“粮库”“鱼米之乡大树湾”“海海漫漫米粮川”之称由此而来。

① 本节选自：张俊娜、林洪慧的《树林召镇调研报告》(2020年9月13日)。收入本书时有适量删节修改。

近年来,树林召镇以产业振兴为总抓手,通过实施"一个体系、两个平台、四个升级",抓产业发展、人居环境整治、文明新风培育、农村社会治理和基层组织建设等工作,扎实推进乡村全面振兴。

二、"一村四社"体系

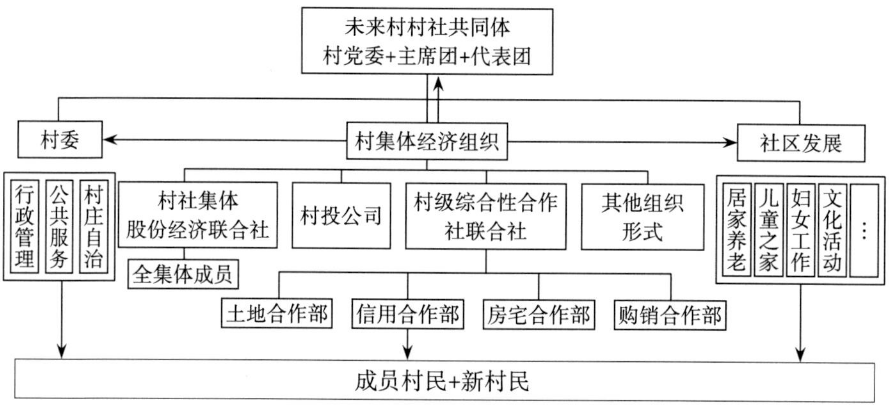

图4-1 "一村四社"体系组织框架图

(一)一村

"一村"指在村委的领导下,统筹进行村庄社会经济建设。其中,村庄行政工作主要包括行政管理职能、公共服务职能和村庄自治管理。同时,村集体经济组织通过系统的内部组织架构,支持经济活动的有序开展,并对"四社"进行统筹管理,共同推进村庄社区发展。

(二)四社

"四社"主要承担村庄经济建设职能,分别为:资金互助社、土地合作社、房宅合作社、消费合作社。下面逐一进行介绍。

1.资金互助社。

(1)简介。

资金互助社是"一村四社"体系的一个重要基础。在政府支持、中国乡建院[①]协作、村两委主导下，树林召镇的内置金融资金互助社分三个阶段进行建设，截至2020年8月，已建成运行7个合作社，中期计划建成13个合作社（占全镇行政村数的57%），远期计划覆盖全镇23个行政村[②]。截至2020年，合作社无一例不良贷款[③]。

（2）具体做法。

村民以资金入股互助社，社员可以根据生产生活需要，在合作社里有偿贷款，限3万—5万元小额贷款。

（3）股金的构成，一般分为五部分。

一是联合社或政府部门的种子资金。在合作社成立之初，镇级联合社或政府部门可以入股的形式，提供一部分启动资金，村民按一定比例配备股金，比如联合社投入50万元，村民按1比3即150万元筹集股金，政府投入部分原则上不分红。

二是乡贤股。要动员村里走出的企业家、小老板、企事业和行政单位人员、德高望重的村民出资入股，但承诺短期（一般3至5年）不分红，产生的收益可以给老人分红。

三是老年股。村内60岁以上的老人可以入老年股，每位老人每股最低1,000元，最高2万元。

四是普通股。村内村民都可以入股，每股1,000元，股份数不限制，但不能超过总股数的20%，避免一股独大后，村集体的话语权旁落。

五是其他合作社以集体入股，比如社一级的共赢土地合作社可以入股。

2. 土地合作社。

（1）简介。

① 中国乡建院（简称“乡建院”）是由著名“三农”问题专家李昌平等从事乡村建设的人士发起成立的机构，该机构由跨领域的专家团队引领，致力于乡村的规划设计与落地实施，为乡村建设提供系统性、整体性解决方案。

② 数据来自2020年8月17日对中国乡建院工作人员田政府的访谈。

③ 数据来自于树林召镇乔镇长的发言稿。

树林召镇所有土地合作社都叫“共赢土地合作社”。共赢土地合作社设在自然村或社组上,2018年成立时,只有4个合作社,整合的土地只有500亩,带有试验性质。经过近三年的发展,截至2020年8月,土地合作社已经发展到57个,集中土地4万多亩,约占全镇土地的13%。

(2)具体做法。

村民以土地入股,然后选择股东当中相对能种地、会种地的农民去经营所有入社土地,并担任理事会成员;其他村民可以外出务工;年老体弱的农民可以在家休闲,一部分有时间、有威望的村民可以组成监事会,全程监督理事会成员的种植过程。

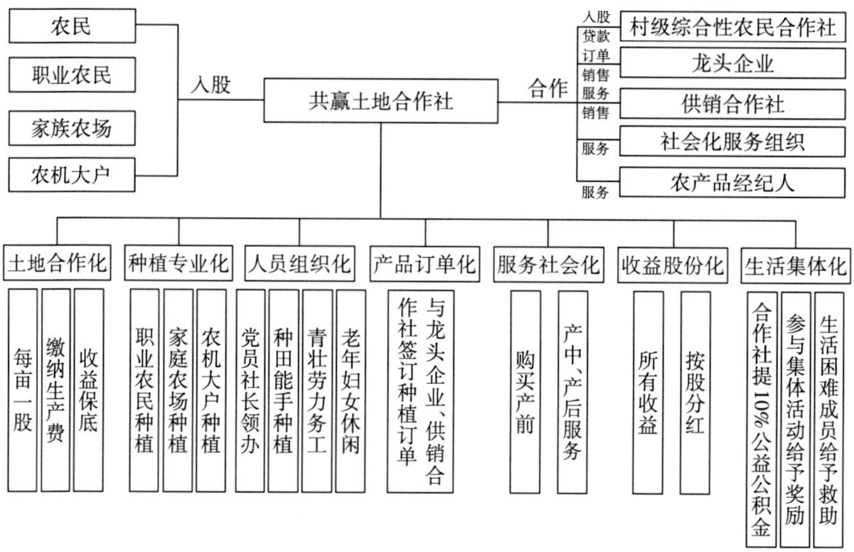

图4-2　树林召镇共赢土地合作社组织框架图

(3)运营收益。

一是保底收益。保底收益一般比村民之间流转土地的费用略高一点,比如新民村土地流转费是300元,那么保底收益就是350元,这是合作社承诺入股社员的。

二是二次分红。在保底收益的基础上,合作社经营得不错,赚了钱,要与入股村民进行二次分红。

分红办法是合作社将所有经营性支出和保底收益剔除后，剩余的资金为净利润。合作社先提取净利润的10%作为公积金，20%分配给种地的农民，其余70%再按股分配给入社的所有村民。

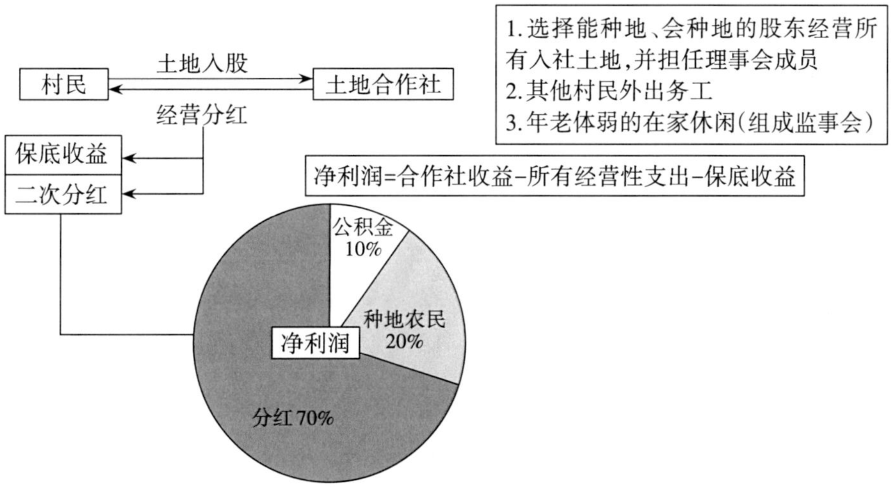

图4-3　共赢土地合作社收益分配机制

案例：天之誉种养殖专业合作社

天之誉种养殖专业合作社是张铁营子村张铁营社的一个合作社，于2019年成立。合作社成立时，集中了79户，192人，有818亩土地。合作社成立后选出了6户农民全部种植玉米。

一年下来，合作社每亩种子的化肥农药成本节约80元，人工农机田间管理收割等费用每亩节约110元，每亩比加入合作社前增收150元。折算节约的成本后，每亩比之前多收了340元。每亩玉米纯收益达到720元。

表4-1　天之誉种养殖专业合作社收益增加及分配情况

种植成本节约	80元/亩
玉米收益增加	150元/亩
产量	1950斤/亩
保底+分红净利润	720元/亩

收益及分配:

6名种地能手提取20%,共计8万余元;合作社提取10%,共计4万余元。每亩地合作社经营要比分散农户经营多收入230元。解放劳动力30余户。

3.房宅合作社。

(1)简介。

树林召镇沿河各村的常住村民大约为全部村民的40%至50%,梁外丘陵地区常住的村民不足30%。所以就有大量的农房闲置,特别是"十个全覆盖"[①]整体改造之后,闲置房屋质量好、数量多。房宅合作社将这部分资源有效地利用起来,把农村沉睡多年的死资产变成活资产,变成可支配的现金。

(2)具体做法。

村民将自己闲置的房屋作价,按一定年限入股合作社。合作社将房屋重新装修,挂到产权交易平台上,面向全国招租。

村民入社时,房屋是第一次定价,村民可以一次性拿到租金。合作社将房屋重新装修或包装并完成交易后,价格要比村民入社时的价格高一些,这是第二次定价。在两次定价过程中,该房屋的溢价部分,要拿出70%再次返还给入社村民,同时,还要拿出10%缴给村里的集体经济组织,让其按成员权分给农民,其余20%留给房屋合作社,主要用于交易过程中测绘等相关费用的开支。

承租人员不受限制。租房时,可以一次性付款,也可以在本村的资金互助社里办理按揭贷款,分期付款。在承包期内,还可以继续转包给他人,政府

① 2014年1月13日内蒙古自治区农牧区工作会议上提出,内蒙古将按照"生产发展、生活宽裕、乡风文明、村容整洁、管理民主"要求,扎实推进新农村新牧区建设。其中,计划利用3年时间实施农村牧区"十个全覆盖"工程,以提高公共服务水平。一是危房改造工程;二是安全饮水工程;三是街巷硬化工程;四是电力村村通和农网改造工程;五是村村通广播电视和通信工程;六是校舍建设及安全改造工程;七是标准化卫生室建设工程;八是文化室建设工程;九是便民连锁超市工程;十是农村牧区常住人口养老、医疗、低保等社会保障工程。

有关部门可以给承包人办理房屋登记和发放证书。

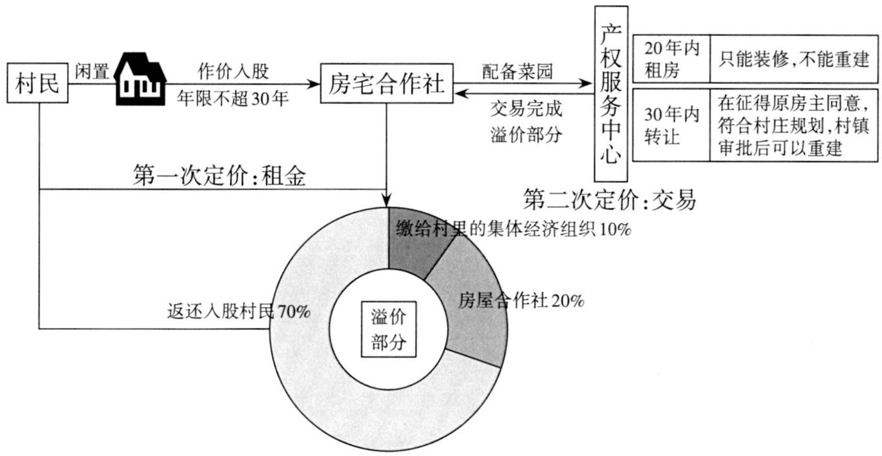

图4-4　房宅合作社运营机制图

案例:半月小院

房宅合作社负责收储村民闲置的房屋,邀请第三方企业“乡村有家”平台进行包装设计,然后通过产权平台对外挂出去,预售给市民。

半月小院位于林原村。屋主的儿子在外面做生意,母亲跟随外出。由于该村民已经不在村内居住,合作社对此房屋进行收储、包装设计,并通过产权平台对外挂出。挂出第二天便有人打电话联系,一对市民夫妇开车来看后决定预订该房。他们的要求就是,希望合作社全部做完室内设计装修,可以拎包入住。

这对市民夫妇支付首付30%的定金后,合作社按要求将房屋装修好(改造金来源于客户的首付定金)。市民在付款的时候可以在合作社办一笔按揭的服务贷款,市民一次性获得了已装修好的房屋30年的使用权。此后按月或者按季度向合作社支付本金和利息。如果不住了,可以出租给合作社去经营。

在这样的模式下,市民不用支付全款购房,只需要付30%就可以,以后只需要给合作社付利息和本金。这样,不会出现市民到村里租房,年年涨房租的现象。

市民认可这种方式有两个原因:一是不会涨价;二是他有30年的使用权,他不住的时候,可以再返租给合作社帮他经营。比如,他一年住两三个月,余下的时间,合作社和“乡村有家”可以把这个房子给旅游公司去对外经营。

4.消费合作社。

(1)简介。

消费合作社是“四社”中经济效益最明显的合作社。消费合作社联合所有村民、村内企业、合作社等,在农业产业链各个环节上,生产资料和农产品的统购统销,从而构建一个小小的本地内循环系统。

(2)具体做法。

服务对象:所有村民、村内企业、合作社等。

服务内容:由消费合作社统购各种生产生活资料。包括:化肥、种子、农机、养殖饲料,以及各种家庭生活用具,如电动车、小汽车以及保险等。

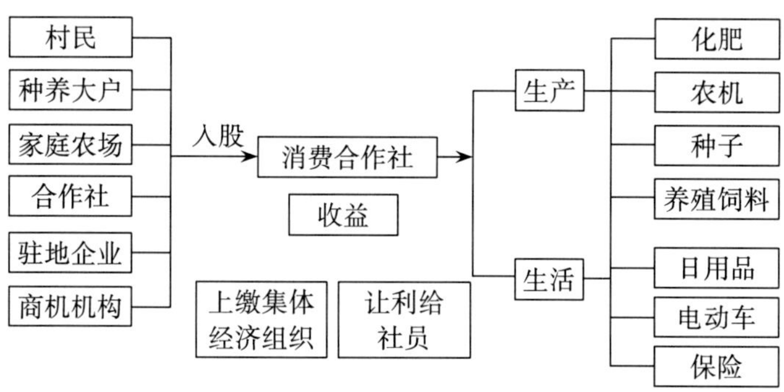

图4-5 消费合作社运营机制图

消费合作社统购案例

案例1:平原村合作社农田化肥统购

平原村消费合作社组织社员进行化肥统购。当地农田后期追肥时,单户购买化肥的价格为1,600元/吨，由合作社统一订购价格为1,560元/吨，每吨便宜40元。平原农田追肥总共需要化肥135吨，集体采购节约了5,400元。

案例2：东海心村合作社统购鱼饲料

东海心村的大树湾养鱼协会需要购买鱼饲料。单户购买鱼饲料的价格为4,100元/吨，由合作社统一订购价格为3,900元/吨，每吨便宜200元。以年出栏鲤鱼11万斤计算，鱼饲料的年需求量约为85吨。集体采购鱼饲料，每年节省了17,000元。

三、镇村“三层四级”联动模式

为整合镇村资源，树林召镇建立了“三层四级”联动机制。“三层”是指领导层、主体层、合作层，“四级”是指户级、社（自然村）级、村级、镇级。下面具体介绍此联动机制。

（一）“三层四级”组织框架

领导层、主体层和合作层“三层”，分别对应的是党政主导、农民主体与社会参与三个社会治理层次。通过联动社会治理，动员多层次社会参与，形成对四级合作社的监管与治理。

“四级”包括户级、社级、村级与镇级。农民合作社采取逐级入股，互助参股，多点合作的方式开展专业生产与合作联合。搭建起镇级综合合作社联合社、镇级村投公司、村（或社）级综合性农民合作社，同时设立镇级“种子公司”以撬动合作社发展。合作社和联合社组建完成后，镇村社三级统筹号召广大农户尽可能多地加入相应的合作社，比如土地合作社、房宅合作社或综合性农民合作社等，农民个人不再加入联合社。

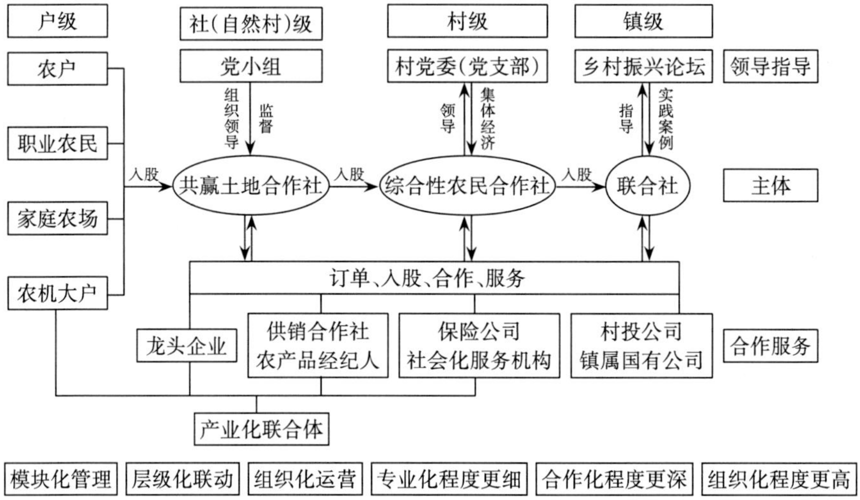

图4-6　树林召镇“三层四级联动”合作化模式图

(二)四级合作社联动机制

1.四级合作社。

镇级综合性合作社联合社成员包括村投公司、各村级综合性农民合作社(正式会员)、一些合作服务机构(非正式会员)、供销合作社、龙头企业、农资经销商和农产品经纪人等。

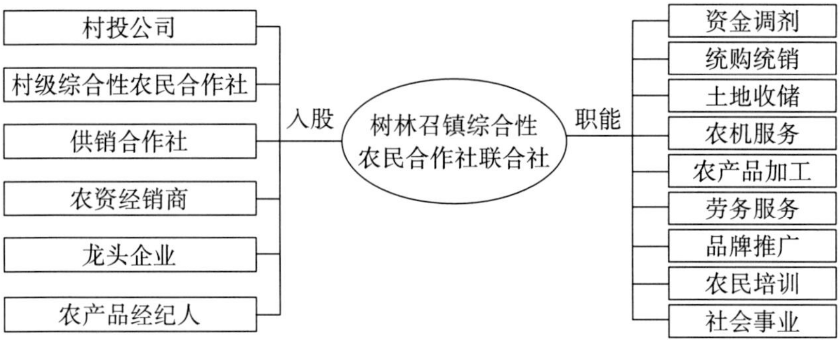

图4-7　树林召镇综合性农民合作社联合社组织框架图

联合社主要职能有资金调剂、统购统销、土地收储、农机服务、劳务服务等。

联合社、村投公司和村级综合性农民合作社都要相互持股。

图4-8　树林召镇联合社首次统购物资分发大会

2.镇级“种子资金”。

为了更好地推动各村建立合作体系，镇政府和第三方平台乡建院共同设立了“种子资金”，用作扶持、撬动树林召镇各村综合性农民合作社（以下简称“村社”）项目。

种子资金分三类：一类是达拉特旗家禾原农业发展有限责任公司（以下简称“家禾原公司”）投入的资金；一类是镇政府投入的资金；一类是村集体投入的资金。

达拉特旗联禾原农业服务专业合作社联合社（以下简称“联合社”）作为家禾原公司种子资金的投放平台，镇政府种子资金由村社或联合社直接承接，村集体的种子资金直接由村集体持股。

家禾原公司设立各村社发展种子资金共100万元，镇政府出资额度未知。各村集体出资根据各村情况。这些资金用于扶持、撬动树林召镇各村社发展和“一村四社”的孵化。

种子资金支持的对象需满足以下五条：

（1）树林召镇域内各村社，经工商注册，具有独立法人资格；

(2)具有组织架构完整、规章制度完善的村社;

(3)处于正常运营阶段的村社;

(4)具有较好自我发展前景的村社;

(5)已经完成自筹资金的村社(2020年6月20日前)。

种子资金支持方式及额度:

(1)支持方式:

家禾原公司种子资金由联合社投放。以入股形式投放在各村社,种子资金股本金归属于家禾原公司,一年内不参与分红,一年后可选择分红亦可选择不分红,分红方式同普通股。

政府种子资金由政府直接拨付给各村社或联合社。以入股形式投放,股本金归属村集体,参与分红(按合作社章程分配)。

集体种子资金由村集体直接持股,股本金归属村集体,参与分红(按合作社章程分配)。

(2)额度:

本次种子资金投放最高额度为每个村社50万元,按照自筹股金1∶3比例配股投放,例如:平原村的老人股+乡贤股+普通股=150万元,则联合社配股50万元种子资金。如老人股、乡贤股、普通股之和未达到150万元,则根据这几种股实际入股数额按1∶3比例投放种子资金。

联合社将种子资金以转账方式拨付到各村社账户,不得提现。将来,各个合作社反入股,入到联合社。拟规定各合作社不低于拿到种子资金的60%入股到联合社,参与分红。

四、镇级资源流转服务平台

在一村四社及联合社体系搭建完成后,为了促进农村生产要素的自由流动和市场化配置,树林召镇开展以乡镇一级为试点的农村产权交易体系建设,推动农村闲置的资源资产入市交易。

(一)产权服务中心

树林召镇农村产权服务中心经达拉特旗编制委员会同意设立为事业单位,成立达拉特旗农禾原产权咨询有限公司,并授权该公司负责具体业务。服务中心位于林原村保善堂社,设交易大厅一处,各村设立交易服务站。交易平台使用全旗通用的苍穹系统以及“乡村壹家”平台,供求信息在达拉特旗本地媒体以及各类新闻、网络媒体发布。

图4-9　苍穹系统:达拉特旗农村牧区综合产权交易平台

服务中心以建成“资源要素整合—流转交易—跟踪服务”为一体的综合性为农服务平台为目标,为全旗农村资源资产流转交易提供试点经验。

服务中心于2020年5月下旬开始筹备,6月底开展了首次模拟交易。7月18日第一批6个交易产品上线,包含了房屋和宅基地使用权、耕地承包经营权和集体经营性建设用地使用权等几个品种。于8月14日完成了第一单交易,这标志着树林召镇产权交易工作正式启动。

交易所已经与测绘单位、评估机构、律师、公证处等单位签订协议,引进第三方服务机构,在各个环节为交易双方开展服务。

1.服务内容。

(1)汇总和发布全镇农村产权流转交易信息;

(2)提供农村产权交易的相关政策咨询;

(3)组织现场或网络竞价交易、出具交易鉴定书;

(4)为产权流转交易提供指导服务;

(5)提供农村产权交易业务培训服务;

(6)召开各类农村产权交易推介会。

2.近期交易品种。

八大资源——耕地、林地、“五荒地”、水域滩涂、草地、宅基地、集体经营性建设用地、水。

九大资产——农业生产设施、小型水利设施、集体经营性资产、农业类知识产权、成员权、林权、采伐权、农业服务类项目、大宗农产品交易。

3.远期交易范围。

(1)集体经营性建设用地使用权;

(2)房屋和宅基地使用权出租、转让;

(3)土地承包经营权;

(4)“五荒地”承包经营权;

(5)农村水域、滩涂养殖权;

(6)小型水利设施所有权、经营权;

(7)林权;

(8)水权;

(9)农村集体经营性资产;

(10)农业集体资产股权;

(11)农业类知识产权;

(12)农村产权抵押融资;

(13)建设用地指标;

(14)耕地占补平衡指标。

4.产权交易流程(通用)。

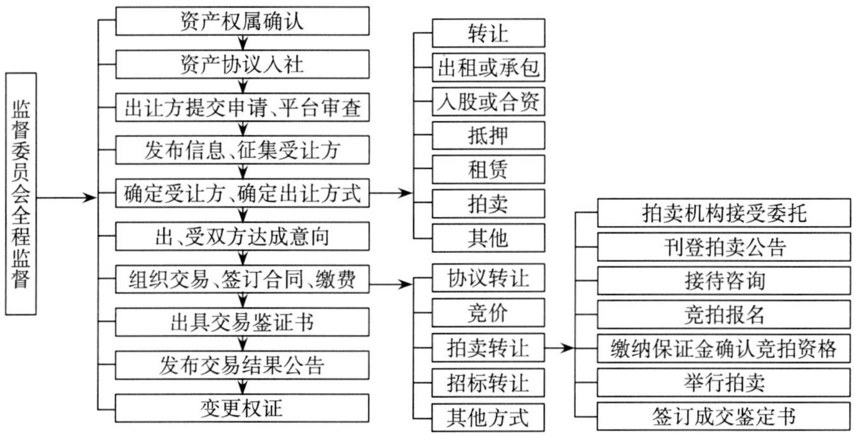

图4-10　通用产权交易流程示意图

(二)“乡村壹家”网络平台

1.运作模式。

树林召镇资源流转交易使用的平台之一“乡村壹家”,是一个面向全国的农村闲置房屋交易平台。依靠稳健的在地合作社体系,提供稳定安全的房源,为客户定制化设计改造宜居的乡居产品,利用互联网平台直接对接消费者。让市民以使用权转让、长租短租方式,在乡村安家。

2.“乡村壹家”的产品与服务。

(1)未来有发展前景的区位;

(2)村庄整体环境提升,符合市民居住要求;

(3)可容纳20户以上城市人共同进村,抱团居住;

(4)土地、房屋价格低于同区位商业房产的50%以上;

(5)村房屋信用合作社签约,经营权、使用权稳定;

(6)房屋可抵押、可回购、可交易、随时变现;

(7)房屋装修、改造、重建,交钥匙工程;

(8)本地管家服务;

(9)房屋可委托经营;

(10)村内基本生活和服务配套。

五、“一村四社、三层四级”合作模式的效果和意义

第一,党对基层乡村的领导力增强。镇村各经营性组织的负责人都要由支部书记兼任,“三资”产生了更大的价值,村集体经济不断发展壮大,村民跟随党组织将会获得更多的收益,支部书记的话有人听了,党在基层的领导力变得更加强大。

第二,体现了习近平新时代中国特色社会主义思想。以家庭联产承包责任制为基础、统分结合的双层经营体制,是我们党的农村政策的重要基石。习近平总书记讲过:不管怎么改,都不能把农村土地集体所有制改垮了,不能把耕地改少了,不能把粮食生产能力改弱了,不能把农民利益损害了。树林召镇村合作组织建设,走的就是集体化、合作化、股份化的路子,统分结合的双层经营体制更加巩固,土地产出更多、更高效,农民收入增加,集体经济壮大,更好地落实了党的农村政策和习近平新时代中国特色社会主义思想。

第三,增加了农民及农民组织的定价权。通过一村四社及联合社体系,实现了土地的适度规模化、合作化,实现了服务的精细化,实现了农业生产和农民组织化程度的提高。从而,农民组织在农产品和各类资源上获得定价权和话语权,实现了小农户与大市场的有效衔接,更充分地保障了农民的利益。

第四,各类资源资产的价值最大化活化升值。一村四社及联合社和产权交易平台配套,实际上是建立了一个集体资源资产的升值体系。通过确权、入股、整合、产业开发等步骤,把各村社内分散的、没有价值的、无法同外部有效交易的资源、资产进行内部定价、合作整理、规划、报建和初级开发,变成能入市交易的产权产品。土地、房宅等资源加入合作社,进行整合、开发和交易的过程,就是资源、资产升值的过程。两个平台把整合后的三资进行交易、开

发和运营，是三资活化的过程。进而，通过多人次交易整合，大大提高了交易的活跃度，使资源、资产不断升值。

第五，持续拓展了农民的发展空间、扩大了增收渠道。各类资源通过合作化，进行大幅度整合和升级，农业农村和农民的生产生活方式出现深度变革。农民可以进入农业生产、加工、旅游、物流、服务、文创等各个环节，大幅度打开了农民发展的空间。农民的收益呈现出多元化趋势，生产性收入、经营性收入、工资性收入、财产性收入都大幅增加，同时拥有股份收益、二级分红收益，形成合理且可持续的收入结构。

第六，壮大了农村集体经济。树林召镇各项制度的顶层设计，特别注重壮大村集体经济。不论是合作社，还是村投公司，都需要将部分收益上缴给村集体经济组织，村集体的收益逐年增加。

第七，进一步完善村级组织机构。当前，村级组织机构只有党支部、村委会、监委会，缺乏集体经济组织发展。这不利于调动各个方面的积极性，亦不利于生产要素的市场化，产生的经济效益相对比较少。合作社体系建立后，新型集体经济组织发展壮大，弥补了集体经济组织的短板。

第三节　安徽省南塘兴农合作社[①]

【案例导读】本案例具体介绍了安徽省阜阳市的一个普通农民合作社的发展历程。南塘兴农合作社是2007年初注册的安徽省第一家农民专业合作社，它见证并经历了从乡村治理问题频发到通过互助合作形成善治发展的历程。

① 本节选自：胡跃高，杨云标．南塘合作社的故事——从维权、文艺活动到综合发展的合作社转型历程[M]//李昌平，傅英斌．中国乡建途径探索——从顶层设计到落地实施．杨莉，译．沈阳：辽宁科学技术出版社，2021:46-61．收入本书时有删节修改。

一、南塘兴农合作社概况

安徽省阜阳市颍州区位于淮河北岸的江淮平原腹地。当地土壤肥沃,气候温润,是我国最大的平原——黄淮海平原的粮食生产大区。阜阳市主要农作物为小麦、玉米、大豆,经济作物有生姜等。近年来大棚蔬菜、花卉生产在当地发展规模加大,产品行销全国市场。历史上的阜阳因地处大江大河下游,灾害多发,经济落后。《阜阳县志》记载,当地灾荒肆虐,洪水、干旱、瘟疫多发,人民生活贫困,荒年四处逃荒要饭。1949年后,伴随着淮河、黄河的治理,生态环境与生产条件逐步改善,发展成了有名的平原高产农业区。

南塘兴农合作社隶属安徽省阜阳市颍州区三合镇三星村,地处三合镇西4千米处。据2016年2月的统计,合作社有社员700余户,分别来自南塘村及周边3个社区。南塘兴农合作社是《中华人民共和国农民专业合作社法》公布实施后,于2007年初注册的安徽省第一家乡村合作社。截至2021年,合作社设有老年协会、妇女文艺队、儿童图书馆、农资统购统销小组、合作社资金互助、兴农合作社便民服务中心、生态种植小组等,是一个正在蓬勃发展的乡村综合服务合作社。

二、南塘兴农合作社发展基本历程

南塘兴农合作社的建立与发展经历了4个阶段。

1.第一阶段,理性维权建立了群众威信。

1998年,南塘村民因村干部作风与农户负担重等问题上访反映情况未果,曾4次进京。当时西北政法大学法律专业大专毕业、正在南塘家中准备律师资格考试的杨云标意外地参与到了其中。那时杨云标25岁,正是敢想敢为的年龄,他应用所学知识,引导大家实事求是地上访反映问题,并成功取得合法解决。2017年在与本文作者回忆当时情景时,杨云标很感慨:“我当时其实算是个理想主义者。”

这一历时两年的事件对于南塘当地的村民也是一堂活的教育课程。总结这一经验，村民获得了反映问题要依据法律的理性认识。2001年3月7日，三合镇7个村约30位村民通过了“三合农民维权协会章程”，共同成立了“维权协会”。此后不久，因农民补贴问题协会组织村民向上反映，问题得以迅速解决。协会理性活动显示出的力量，增加了群众的信赖。

2001年4月，南塘村村委换届选举，参加维权协会工作的唐殿林高票当选为村委会主任，杨云标被选为村会计兼文书。至此演绎了从理性反映问题开始，到取得群众信赖，最后被选举为村级主政领导的完整过程。从合作社集体的发展角度看，协会骨干在行动中获得了村民的基本信赖。

多年之后，有位区领导在谈起当年的情况时曾对杨云标评论说：“你们反映的事实客观存在，而且都是涉及群众利益的事。”这在某种程度上肯定了当年行为的积极意义。今天回头来看，尽管村民反映的问题看起来是普通事，但对南塘群众意义可不一般，而且事件过程与事件本身都十分重要。第一，群众得到了理性锻炼，这也为团结群众、积极合作行动，打下了好的基础；第二，活动赢得了乡镇与区政府对群众意见的重视，建立了良好的新型干群关系；第三，乡村社会正能量上升，为后来的合作社发展积累了基础。

2.第二阶段，初期合作结硕果。

2002年，杨云标应邀参加中国乡村建设论坛交流，会上见到了国内关注乡建工作的部分专家学者，南塘的故事逐渐向社会传播开来。2003年《中国改革》杂志社的刘老石带领大学生支农队28人来到南塘调研。受调研活动启发，南塘以村民骨干为基础成立了“老年协会”“妇女文艺队”。村里老人、妇女积极参加，开展文娱文化活动，老年人、妇女到合作社演唱民歌、戏曲、扭秧歌。村民刘世勤、时永清还把村里的好人好事编到歌曲里进行表扬，或宣传党的好政策，搞民间文艺活动，学习健身操等等，群众豪情满满。

2004年，南塘在老年协会、妇女文艺队基础上，筹备成立了“南塘兴农合作社”，取代原有维权协会。这是一次成功的华丽转身。2006年村级行政区划调整,合作社所在的南塘村与相邻的孙庄、赵王合并建立“三星村”,归属阜阳市颍州区三合镇管辖。

从2004年开始,合作社组织种子、化肥、农药统购统销。合作社派人到生产厂家或高级代理商处议定低价统购农资,再以低于市场的价格销售给社员。这不仅减少了中间流通环节,物美价廉,还降低了社员生产成本与假货风险,受到大家拥护。这项活动成了农资经营部的前身,有关工作一直延续到了今天。合作社春季和秋季统购统销化肥有时多达200多吨,甚是繁忙。

这一阶段发展的重要意义为,根据《中国改革》杂志社刘老石2003年在南塘调研时的指导意见,南塘村民由维权形成的群众组织及时转向合作社发展方向;成立文艺队、老年协会,在当地产生了良好社会影响,合作发展初具规模。

3.第三阶段,持续发展经受磨炼。

2006年10月,国家通过《中华人民共和国农民专业合作社法》。兴农合作社得到消息后立即申请,成为安徽省注册的第一家农业合作社。合作社于2007年成立,当年有80多户社员在原有基础上登记加入,覆盖到3个行政村。成立后的南塘兴农合作社继续在老年协会、文艺队、农资经营部等方面发展。

2005年之后,属于长江经济带东部区域的安徽省,受江浙沪经济与东部地区城市化发展影响,农村经济弱势地位暴露,打工成为村民的必须选择,乡村建设受到较强烈的冲击,成立后的合作社经历了多方面考验。2008年合作社曾与区农委合作成立“沼气工程队”,为社员建设和维护沼气池,到2013年累计建成了300多座沼气池。这项建设工程因主要劳动力进城,养殖业衰落,今天除个别沼气池在沿用外,大部分遭废弃。

合作社性质与维权活动毕竟存在巨大差别。在合作社发展初期,部分社员因“政见不合”、名利关注点不一致等,发生争执,有的选择离开了合作社。老年协会、文艺队与此后合作社发展也经受了考验。实践教育了社员,大家对合作社的发展变得更加珍惜。2017年作者访问时见到10多位合作社的老社员，交谈中深深感受到了大家爱社如家的真情。

2010年，合作社成立高粱小酒坊，自酿高粱酒，"南塘大曲"品牌经营先是以低于市场（比同类白酒价格低一半）价格，供应社内居民，经质量检验合格后开始在市场上流通，逐步获得市场认可，成为合作社发展的重要经济支撑。事实证明这在当时是一个重要的项目抉择。

这一阶段中，合作社经受了来自社会经济发展中的冲击与内部成员不同思想认识斗争的考验，寻求到了符合自己特点的新的生存之路。

4.第四阶段，夯实基础，稳步发展。

2004年合作社初建时，入社人数曾经达到80余户；2007年正式登记时为200多户；2014年时基本合作社社员有415户（2017年4月底统计），加上其他形式的合作户，社员总数发展到700余户，分布在三合镇的28个自然村。近年来吸收部分乡村经济发展中的经营能人入社，进一步增强了合作社的活力，合作社进入稳步发展状态。

2007年，因合作社公共活动需要，由乡村建筑师谢英俊设计，合作社动员社员集资建起了坐北朝南的合作社办公楼，合作社从此有了自己的家。乡亲们至今想起当时的情景都激动不已。从那以后，2013年在东侧由北向南联体续建了4间两层房屋，2015年继续向南延伸出5间建筑，2016年完成了南部戏台与围墙大门的建设。

农资经营方面的工作在持续进行。2016年由中化化肥生产的好苗子复合肥进货价每袋（40公斤）82.8元，售价85元/袋，每袋给负责销售点3元。作者访问南塘时刚好遇到销售点代表大会讨论2017年销售价格，当年同品牌肥料进货价上升为85元，讨论会议定售价为90元/袋。这已是合作社的议事定制，大家的事情大家做主，有关工作长期受到大家的拥护。

2016年开始，合作社联系厦门担当者行动阅读项目，启动"班班有个图书角"的活动，项目给参与活动的每个班提供50本书，学生自己负责管理，间隔一定时间后，班与班间交换阅读。合作社每周都派人到学校组织每班一节课的读书活动，这项活动至今在南塘小学坚持进行。作者与合作社现任图书管理员龚剑华一起参加了一次二年级的读书活动，感知这是深受小朋友欢迎的活动。

三、合作社里的带头人——杨云标

从维权开始到合作社建设，南塘集体的核心骨干始终未变。他们是今天村里德高望重的一群老人家与杨云标。杨云标是最年轻的一位。这样的组合好比是“众星捧月”。“众星”，指一群寿星，平均年龄在70岁；“捧月”，指在合作社的多次选举中，杨云标始终高票当选理事长。这样的组合保证了合作社始终能克服困难，稳步发展。

20多年前，乡村社会几乎被清一色的读书进城谋生活的观念笼罩着。当年25岁的杨云标舍弃常规的城市发展的路径，毅然投入到故乡乡亲们的集体之中，一路走到了今天。伴随着合作社的发展壮大，杨云标不断成长，一路上凝结了他的无私、团结大众，他的担当、智慧、容人、忍耐。这样的工作日积月累，一件件在合作社、在村民中、在阜阳、在国内合作社建设方面树立了一种现实的人格形象。

在初期的维权过程中，杨云标是依靠自己的真诚与法学专业知识参与依法理性维权，最终获得了公正的结果。这一过程中体现了他大众意识强、政治觉悟高、有大局意识、智慧水平高、勇敢担当，并且协调能力与执行能力强的素质。

2002年，杨云标辗转到北京，参加中国乡村建设论坛，介绍南塘经验，引来2003年刘老石带领大学生到南塘调研，然后及时与乡亲们调整思路，走上了合作社道路。这一抉择表明他思维敏锐，有战略眼光，有决断能力，而且善于做乡亲们的思想工作。

从2001年成立维权协会到2011年前后合作社调整，大约10年的时间里，南塘乡村集体历经维权到经济合作的转变，有关工作涉及内部人员结构、思想与行为的调整，也涉及合作社集体与村里受维权影响村民关系的处理，还涉及与乡镇、区县及地市管理部门关系的处理，以及与国内乡建、合作社学界联系等一系列关系的处理。在这一无形、严肃的转型过程中，最终使合作社一步步走向正轨并壮大发展，体现了杨云标对合作社发展道路的坚定认识，而且能够一旦认准了道路就勇于担当、坚忍不拔、忍辱负重，不怕一切困难，利用多种机会，团结乡亲们不断努力向前的理想情操与品德。近20年的操劳，杨云标付出了青春年华，牺牲了个人利益，但也收获了沉稳冷静，收获了更多智慧，收获了社员的信赖和朋友们的尊重。

四、合作社的核心与团队建设

南塘兴农合作社的核心团队是在持续的集体活动与工作中建立的。这里列述部分合作社的核心成员，他们是普通的农民，也是近20年支撑合作社发展的群英。

唐金铎：2017年时86岁，1962年农业银行阜阳支行程集营业所领导，退休后回到南塘村。1998年前后，得知本村有不公正事件之后，坚定支持村民理性维权。2004年合作社成立后，积极参加老年协会，支持文艺活动。有一次宣传活动受到个别人阻挠，他大声问道："我们宣传党的方针政策，为什么不可以？"阻拦者自知理亏而退，保证了文艺演出继续进行。

王秀华：2017年时73岁，原村妇联主任。群众威信高，改革开放后曾带队去浙江组织当地群众集体劳务输出，圆满完成了任务。1997年回到家乡，闻听村里发生超量提留粮食情况，在理性维权中参加了清账工作。2004年后转入老年协会，担任文艺队长，在基本没有经费的情况下，组织起20几人的文艺队，排练了唱、拉、小品、说相声等节目，老年协会还组织了划旱船与秧歌队，达到几百人的规模。文艺队自编自演节目，积极参加当地村庄庙会与其他群众活动，曾去县电视台表演，也去外地进行文化交流与表演。2017年作者访问南塘谈到文艺队工作时，王秀华认为乡村传统文艺与文化活动十分重要,合作社要继续做好传承工作。

时永林:家住时小寨,大家尊称时校长,2017年时83岁,曾担任当地多个村校校长,德高望重,1997年退休。2004年合作社成立后,他负责肥料农资经营管理及合作社组织管理工作。他介绍说,合作社最开始非常困难,只有2400元钱,依靠大家努力,克服困难,然后才慢慢发展起来的。

王思林:中共党员,东王庄人,1998年参加活动,对集体经济忠心耿耿,已去世。他的爱人杨素芬至今仍在坚持参加合作社的建设。

刘世勤:韩庄东坡村人,2003年开始参加合作社建设。他是乡村能人,电焊、修车样样都行,文艺活动中是鼓手,还能随时将国家政策与生活中的趣事编成节目,文艺队的好多小品就出自他手。刘世勤长期担任合作社酒厂会计,立下了汗马功劳。

时永清:退休人员,70多岁。2003年加入活动,曾介绍时校长参加合作社活动。善拉二胡,又能编写剧本,是文艺队的骨干分子。他编写的节目至今有人在传唱。

刘金全:中共党员,后陈庄人,他是退伍军人,2017年时74岁。2004年参加合作社活动,为合作社骨干,是全合作社的理发师。

时永金:时小寨人,2017年时66岁。长期担任时小寨村领导。2004年加入合作社,善拉板胡,曾担任文艺队副团长。长期参与合作社的农资经营与其他管理工作,是优秀的团队成员。

此外还有:张俊贺,原孙庄大队老支书,1998年支持理性维权活动,后参加老年协会;王绍成,中共党员,西王庄退休工人,曾赞助老年协会,积极参加扭秧歌等文艺活动;王思敬,盖大楼时昼夜看工地,对合作社忠心耿耿;唐殿林,1998年维权行动发起人,2001年当选为村长,是合作社副监事长;唐殿华,中共党员,1998年维权行动发起人,曾经任老年协会会长,管理合作社财务;贾洪英,女,1998年维权行动发起人;谭浩清,从乡长岗位退休后在家,曾支持老年协会工作,参加文艺活动,是鼓手;余桂英,2005年参加文艺队,曾与小香玉同台演出豫剧花木兰选段。

合作社为记录那些为村庄发展做过贡献的人们，制作了群英榜。进入合作社群英榜的还有：王思夫、常刚、申永新、邓兰英、邢彩英等。合作社在时刻提醒着自己：当我们越走越远时，不要忘记我们为什么出发！

2012年后，合作社进入了新发展期。一批新人陆续入职合作社。王凤仙，2013年入职，负责财务报表，兼管后勤工作。她在合作社工作几年中入了党，还做了镇人大代表，信心满满。张永芬，2017年时29岁，2013年入职合作社，已经成长为得力的工作者。晓艾，曾在一家民间教育机构工作，后进入南塘刘老石图书馆（2011年支农调研发起人刘老石去世后，合作社图书馆更为此名，以示纪念），同时负责“班班有个图书角”合作项目，在南塘小学等学校建立图书角，进行日常活动。2018年开始从事合作社华德福幼儿园的创建工作。龚剑华，广东韶关南雄人，成都理工大学旅游管理专业2014年毕业生，2015年3月由翟猛介绍入职，在刘老石图书馆从事管理工作，兼负责南塘小学读书角工作，几年后深深爱上了南塘合作社。此外还有：闫秀秀，2015年入职，负责农资统购、居家养老、年货统购、敬老文化节等项工作；王振凤，2016年初入职，负责社区工作；何丽，2016年入职，在社区团队工作；芳芳，在合作社社区团队工作。王霞，2016年8月入职，负责居家养老工作；唐玉，2017年入职，负责合作社资金互助项目；杨振，负责综合服务工作。

今日合作社团队核心成员有老有少的年龄结构，决定了今后5—10年，合作社将处于团队新老交替的时期。稳定传承合作社前辈人的作风、精神与传统，在此基础上因势利导，坚定推动合作社稳步健康发展，正成为越来越重要的任务。

五、合作社的建设成效与经验

1.合作社是南塘人的理想,南塘人的梦。

中央党校的刘忱老师在总结合作社发展时曾经说过:建设乡村不能指望别人,只能靠村里老少爷们儿团结起来一起干,而文化活动是最重要的基础。2003年,《中国改革》杂志社的刘老石率领支农调研队来村中调研。受调研活动的启发,合作社启动了文艺队的活动,这成为南塘合作社转型与建设发展的关键,也是当地乡村建设的真正起点。大家热情高涨,一段时间里,20多位队员几乎是每天都有排练与演出活动。活动使参与者打开了过去只盘算自己私利的小圈子,确立了更高的发展目标,从而将村民们团结起来,共同尝试做自己家乡的主人。

在这一过程中,老人与妇女拥有了展现自己精神面貌的舞台,从而激发出了他们旺盛的创造力。有文艺特长的老人们把20世纪六七十年代曾喊过的劳动号子编排成舞蹈节目,铿锵有力的号子声勾起了人们对当年集体劳动的美好记忆。丰富多彩的文化活动使淡漠的人情关系回暖,让人们紧绷着的心绪逐渐松弛下来,换上了由衷的微笑。目前收集到的17个文艺节目中,贯穿着宣传法律政策、计划生育、家庭和睦、邻里团结的小故事。合作社成了各项方针政策与美好愿望的宣传阵地。

2012年后合作社文化活动仍在进一步发展。当年启动了以广场舞为基本形式的“舞林大会”,同年还启动了“敬老文化节”,给合作社60岁以上的99位老年人集体过生日,至2017年时已举办了五届。2016年发起了“大地民谣音乐会”,2017年这一活动中出现了千人参会的盛况,会议期间太和县的一位领导参加了活动,鼓励合作社要把这项活动办下去。这一鼓励对合作社触动很大,大家信心倍增。此外,现代信息传媒体系已经进入乡村,阜阳市朋友的许多微信群里相互传递合作社的消息,给了合作社更多鼓励。

2009年开始,合作社启动了平民追悼会社会活动,对于新时期乡村社会建设产生了一定影响。合作社还在2017年筹备启动“纪录片放映节”活动,以进一步丰富文化活动内容。各种各样的合作社文化活动与生产建设相结合，使合作社越来越成为南塘人的理想寄托之地与圆梦之地。合作社所在地白天和晚上都聚满了老人、儿童，成了社员与村民们的活动中心。

2.合作社稳住了脚跟。

南唐合作社是在大家要集体生活、集体生产的强烈的共同信念基础上发展起来的。这意味着即使遇到再大的挑战，合作社终将能够克服困难，走向未来。今日合作社已经从开始时的一贫如洗，发展到有资产500多万元的水平。据统计，近些年社员从合作社直接增加收入超过150万元。

如何在发展过程中化解维权时期结下的关子，也是合作社长期发展应该考虑的问题。这既需要耐心，也需要真心、细心与机缘。赵王村一个叫杨震的孩子得了脊髓炎，瘫在床上，都说治不好了，母亲为此离家出走，哥哥在家中一筹莫展。合作社在得知消息后，帮助联系到北京看病，有媒体的朋友发动捐款，并且找到著名医生免费做手术治疗。这件事感动了杨震的同族长辈老杨。老杨曾是原赵王村村长，因维权而被撤职。他被合作社诚挚的行为感动，后来主动提出加入合作社的要求，同时动员了十几户人加入。这件事对合作社的教益很深。合作社应用宽阔的胸怀，应当使乡里乡亲在生活的实践中经受锻炼，成熟起来，然后共同生产，共同走向和谐生活。

2004年以来的合作社建设发展中，重视及时向村级、乡镇级领导主动汇报工作进展及有关活动的安排，积极征求意见，争取项目支持。由维权转向合作的过程，对基层管理部门也是一种考验。例如在文艺队演出节目上就曾经有过正面交流，当时镇政府担心文艺节目有问题，于是文艺队就把相关领导请来，10多个节目，一个一个全部演了一遍，最后发现全都符合政策。类似这样的照面，使大家变得熟悉起来。近年来，上级政府曾多次以不同形式在经济上、政策上支持过合作社发展，合作社也与当地企业单位主动建立联系，相互支持发展。

南塘合作社在国内名声逐渐扩大，也给阜阳带来了大量荣誉。点点滴滴积累起来的资源正在为合作社赢得越来越实惠的支持。2017年4月作者第一次访问南塘时了解到,阜阳市铁路系统与合作社联建乡村发展项目已经正式启动。南塘合作社在历经风雨后,正在一天天坚定自若地成长起来,绽放出自己的风采。

3.城市支援力量是合作社建设发展的关键因素。

回顾迄今为止南塘合作社的发展历程,合作社发展的每一关键时刻,都得到了来自城市方面支持力量的具有决定意义的推动。1998年维权活动开始时的杨云标,已经法律专科毕业,他曾经在律师事务所实习,积累了一定经验,且是有抱负的“城市人”,这一力量的介入使得维权活动从一开始就走上了依法维权、理性维权的正确道路,为以后省委省政府推动问题的解决提供了逻辑严谨、行为理性、合理合法的事件基础结构框架。由于这件事的发生如此“自然”,杨云标就是家乡人,很容易让人忽略这一重要作用力量的“城市”背景性质。

2002年,在维权已经告一段落、人心思稳的时刻。杨云标参加中国乡村建设论坛与专家交流后,引来2003年刘老石带队到南塘调研,发动群众开展文化活动,不失时机地把理性维权活动转向了积极的合作生产与生活方向,直接促成2004年老年协会、文艺队与南塘兴农合作社的建立。这件事在南塘留下了永恒的印象,10多年过去了,在南塘几乎人人都知道刘老石这个人,老人们谈起来无不激动不已。这是第二次南塘受到来自“城市”方面力量的推动。

2008年,是合作社转型建设的关键时期,各种矛盾在这一时期先后暴露了出来。议事规则专家袁天鹏帮助南塘创造性地将严谨复杂的罗伯特议事规则改造为“南塘议事规则十三条”,这一改革对南塘合作社建设发展具有革命性意义,这是中国农村自改革开放以来第一次探索,并且找到了科学管理合作社的现代方法。自此以后,南塘合作社走上了有制度保障的决策民主化道路。2008年至今,南塘合作社在重大问题上没有原则性失误,基本越走越顺,与这一制度建设关系极大。

今日乡村社会经济处于绝对弱势地位,城市力量好比是大象的力量,乡村力量好比是草地的力量,而未来发展恰恰需要有好的草地,才能形成有前途的大象与草地构成的命运共同体。南塘合作社几乎是在不可能的情况下取得了奇迹般的初步成功,这能够启发我们的城市与乡村向这个方向共同努力吗?这正是我们的期望所在。

4.党员及党组织的决定作用。

走进南塘,访问合作社,很快就会发现一批老党员、老干部在合作社发展的每一阶段,都发挥了决定意义的作用。唐金铎是老共产党员,在合作社建立后始终支持建设到如今,不离不弃,积极地为合作社发展出主意、想办法。近20年过去了,老人家依然思维清晰,光明磊落,是党的优秀退休干部。

王秀华,原村妇联主任,优秀村干部,中共党员,为人正直,深得群众拥护。1998年开始参加活动,2004年担任文艺队长,今天仍在带领社员在有机生产项目上进行试验探索。她连续任劳任怨地工作,赢得了群众对文艺队、对老年协会、对合作社的尊重。

时永林,共产党员,当地德高望重的教育家。2003年加入合作社后,长期负责农资经营管理、合作社组织管理方面的工作,一直至2016年。

张俊贺,共产党员,原孙庄大队老支书。支持1998年维权活动,后继续支持合作社建设工作。

谭浩清,共产党员,从乡长岗位退休后在家休养。曾支持老年协会工作,多次参加文艺活动,是一位鼓手,并为合作社的文艺活动提供过经济支持。

刘金泉,退伍军人,共产党员。2004年以来始终没有间断地支持合作社的工作。

时永金,共产党员,长期担任村级领导职务,群众威信高,2004年到2015年担任文艺队副团长,是合作社的管理骨干、坚定的建设者。

王凤仙,共产党员,2013年入职,负责财务与后勤工作。

据统计,合作社建设发展史上,曾经有20多位共产党员参与相关建设工作,发挥过重要作用。数十位优秀共产党员始终不渝地直接参加合作社建设,与长达近20年的时间里南塘发展坚定不移地走在正路上,合作社从小到大、从弱到强、不断发展,合作社一直保持强大的向心力与凝聚力,合作社事业不断壮大是绝对分不开的。他们的共同努力为党在南塘基层保持崇高的威信做出了重要贡献。此外,安徽省委对维权工作的及时查处,地方管理部门对合作社事业发展的长期坚定支持,为合作社党员开展工作开辟了道路,提供了根本保障。

在南塘合作社创造奇迹的背后,有如此多的基层共产党员与基层党组织参与建设,其中很多是已经退休或离职的基层老党员,他们能够长期自觉地以共产党员的崇高标准要求自己,默默地承担起时代创新任务,相互配合默契,克服重重困难,创造出如此伟大奇迹的事实,让我们不能不惊叹共产党员的伟大力量!他们可以在任何困难条件下创造出人间奇迹!

5.合作社持续不断向社会传递正能量。

乡村就像母亲一样,有着世界最开放的胸怀。她随时都在把自己最美好的东西无私地贡献给世界,也随时用自己的无限宽容,接纳着世界的人们。乡村汇聚着历史,是文明的源泉,它包含了一切,且生发了一切。

南塘合作社的文艺队、老年合作社不仅在当地有名气,逢节日、庙会进行宣传表演,群众喜闻乐见,他们还把节目带向了城市、学校,带去了乡村新风。合作社文艺队2011年与阜阳师范学院合作进行了“城乡共舞”演出、2012年5月与北京工友之家共同举办“劳动者之歌”演出、2013年初参加北京“打工春晚”演出。合作社因为与社会公益组织合作,而成为“大地民谣音乐会”的长期合作机构,他们的文艺活动和演出活动每年都更新主题,形式百变,影响着城乡大地。这为2016年以来在南塘合作社启动“大地民谣文化节”打下了历史基础。仅仅一年之后这项活动就出现了千人相会的场面。

南塘合作社建设发展的消息不断传播到了各地,人们一批批走进南塘,关怀着南塘合作社的成长，合作社成长的每一步都看到了他们的身影。至今，合作社已经接待了数以千计来自全国各地的专家、研究人员、大学生、社会组织的代表和农民朋友们。

乡村是国家社会经济的基础，乡村中蕴藏着生态文明时代人类社会发展的勃勃生机。南塘合作社在困难条件下通过互助合作稳步发展，逐渐赢得了社会各界的关注。只要在此基础上坚持下去，继续扎根、发芽、开花、结果，就将绽放出无限灿烂的光辉。

六、合作社面临的新形势与新任务

改革开放以来，特别是在2004年后连续十四年中央一号文件及相关政策引导下，我国农村发展正在进入新阶段。国家全面建成小康社会目标、城乡居民日益增长的物质文化需求、社会与工商资本开始关注农村领域、新型城镇化建设、严峻的生态环境问题、耕地“红线”等基本形势，对农村发展提出了新的、更高的要求，农业要承担生产功能，保障食品安全与粮食安全，承担生态环境安全功能，以及承担乡村社会安全功能。这样的功能必然地出现在了每一块地理单元上。

1.农业生产建设任务。

南塘地处黄淮海平原国家粮食主产区，当地实行“冬小麦—夏玉米”轮作机制已经几十年。2017年典型调查结果显示，27户村民有土地面积151.7亩，其中粮食生产面积占143.2亩，经济作物生产面积8.5亩。粮食作物（玉米、小麦）占比94.4%，人均粮食占有量646千克，生产方式仍属于常规现代农业类型，在黄淮海地区具有典型代表性，粮食生产能力高于长江下游地区平均水平。

在经济收入方面，2017年在未计入劳动力成本情况下，小麦平均收益为446元/亩，2016年玉米平均收益为218.5元/亩，两项收入合计为664.5元/亩（见表4-2）。这样的收入水平受人均耕地为0.9亩，生产所需要的肥料、种子、农药、农机等价格波动上涨,粮食价格不稳,如2017年小麦收购价格区间为0.9—1.13元/斤(国家保护价为1.2元/斤),2016年价格区间为0.7—0.8元/斤,2016年玉米收购价格区间为0.68—0.8元/斤,农民粮食生产积极性受到严重影响。据村民介绍,受玉米去库存调节政策的影响,阜阳开始推广大豆种植,约10%农户参与了试验。

表4-2　2016—2017年粮食生产成本效益

年份	作物种类	毛利润(元/亩)	净利润(元/亩)	亩产(斤)	售价(元/斤)	种子投入(元/亩)	肥料用量(公斤)	肥料价格(元/亩)	农药投入(元/亩)	机械播种(元/亩)	机械收割(元/亩)
2017	小麦	820	446	796	1.03	80	51	114.7	20.3	41.3	66.7
2016	玉米	533	202.7	730	0.73	56	47.5	97.9	17.4	35.7	75.8

粮食生产是民生之本,是农民重要的经济来源,因农户人均土地资源少,每个家庭耕地面积约为5—6亩,其收入有限。在竞争激烈的市场中,当地农村家庭必然走向开发多种经济发展途径的道路。这些多元经济业态便是当地农村许多能人不断尝试的新项目。

"痛快生态养鸭场"利用当地树林及河流资源,养殖规模达4,000余只,以销售鸭蛋为主。当时由于阜阳政府抓生态环境建设,养殖场被允许在规定范围内集中养殖,鸭场正面临去留问题。

张春为波尔山羊养殖者,养殖数量发展到了100余只。

邓瑞正试图创建"黄牛粪—蚯蚓粪—有机种植—青贮玉米"循环农业体系,发展初期时有黄牛3头,在大田种植有葡萄、桃、南瓜、玉米等经营项目。

张夫银为经济作物种植者,经营有大棚蔬菜,他仍在学习新技术,如在生姜生产中尝试机肥金菌冠、光碳核肥,以提高生产经营效率及收益。该村有两户村民分别种植了2亩、4.5亩生姜。他们的产品销售阜阳县城、附近村镇或批发市场。生姜曾经为当地重要的经济作物,近年因劳力不足、市场价格不稳等原因而面积减少,只剩部分种植大户或种植能手还在坚持生产。

常振山是村庄里的编筐能人,他利用废弃编织带编制造型各异的筐,一般售价30元/个或更高。此外，运输业、农机收割、磨纸等副业，也成为部分家庭重要的经济来源。例如农机服务经营者年收入万元以上，而磨纸参与者主要为家庭妇女，人均月收入200—500元不等。

南塘合作社也在积极尝试。2014年开始，合作社尝试小规模蔬菜、小麦的无化肥、无农药种植；2017年，安排2分地生姜、10余亩大豆、1亩玉米、2亩花生及芝麻、甘薯的有机种植试验。合作社的有关建设处在初期阶段，存在紧迫的社会需求，需要利用有利时机，加大力度，做好试验示范工作，寻求乡村集体产业发展的道路。

2.生态环境建设任务。

南塘有两个生态环境问题。一是土壤。当地种植制度多年来为“冬小麦—夏玉米”轮作，因化肥、农药使用，土壤肥力降低。二是水污染。村内水渠主干道夏季长期有水，但水发绿发黑，村民称不能用于灌溉。支流在暴雨过后短期内有积水，也存在污染问题。其历史原因需要进一步了解，但倾倒生活垃圾、玉米小麦秸秆堆放腐烂、化肥农药残留冲刷进入水体等现象不容忽视。据村民讲，深度较浅井水已不能饮用，其碱性重，偶尔有肥臭味。合作社日常饮用水为深井水。政府在生态环境建设方面也在做工作，2017年8月底，已组织工程队铺设自来水管道，以改善居民饮水问题。

当时，阜阳市政府在三合镇、三星村规划分别在镇一级、村一级（自然村）各建设一个美丽乡村。当地年轻人新家庭多沿路建造屋舍，村里老宅子区往往只是60岁以上的老人居住，房屋多有废弃，部分甚至倒塌。村庄需要在现实与未来之间坚定地架设起一座桥梁。

3.社会建设任务。

乡村妇女、老人和儿童的“三留守”现象长期以来备受社会关注。南塘的有关情况如下。

一是妇女方面。今日南塘合作社的工作人员多为女性，去过南塘的人对她们印象深刻。她们干练、踏实、贤惠，性格各异，有朝气、有活力。在来合作社工作之前,她们有的在工厂绣花、有的在家里磨纸、有的是全职妈妈,过着农村妇女最习以为常的生活。

合作社工作使她们成了村庄里的公众人物,她们站在乡亲们面前,站在更多有南塘情怀的人面前,讲南塘故事,呈现自信,呈现出了从机械重复中解放出来的焕发着生命光彩的形象。社区工作给团队成员带来了巨大变化。社长杨云标注重青年人才培养,组织团队到多地参观学习,或邀请专家老师到南塘分享经验,团队成员开阔了视野,在迅速成长。

另外,社区团队开展的广场舞项目,给乡村妇女,也包括部分老人和男士带来身体和精神上的愉悦。我们了解到,社区团队轮流值班,来参加跳舞的人少则数十人,多则50余人,甚至更多。有人说,即使不跳舞,听着歌都让人开心。每年的"大地民谣音乐节""南塘好声音""广场舞大赛"等活动,人气兴旺,获得村民一致好评。新开拓的"乡村大舞台",备受村民青睐,也为发现民间歌手开辟了新途径。身在其中之人,体味着"桃花源"之乐。

二是刘老石图书馆,由龚剑华与晓艾负责,有4名小学生志愿者参与图书馆日常管理,如借书、还书、纪律维持、清洁等。图书馆除基本的图书借阅功能外,还扮演一个重要的角色——对外沟通的平台,来自社会丰富的教育资源通过与图书馆的对接而顺利进入村内,如益微青年举办的暑期夏令营、担当者图书角、南塘小朋友与宜信大朋友间的"飞鸽传书",以及一些同样关心和热爱乡村教育的业内人士的参访和交流等。此外,暑假期间的儿童舞蹈也给热爱跳舞的孩子们提供了一个尽情表现的舞台。

戴小琴在南塘期间,曾参与当地南塘小学的教学过程,了解到该校的基本情况:(1)缺乏教师资源。一个班匹配2名教师,如果一位老师请假,该班级就面临要停课的窘境,小戴为此曾到该校代课。(2)课程设置单调,只有语文、数学、英语。然而,孩子们对音乐、舞蹈及体育课有着天生的热情,孩子们面对体育器材时两眼放光的期待,业余音乐课后孩子们想要尽快把歌曲学会的努力给参与活动者留下了永远的印象。南塘的孩子们是幸运的,合作社聚集的教育资源,使他们课后生活得以丰富多彩。

三是老人方面。村庄中有很多人外出打工,挣钱回来后注重盖房买车,却不好好赡养老人。合作社在社区养老方面做了很多努力。比如,一年一度的九九重阳节,合作社邀请老人过生日,带给他们喜悦;合作社的便民服务中心,负责代乡亲们交电费;资金互助团队的养老互助资金给参与者以生活支持;社区团队成员走家串户,与老人们交流,帮他们干些农活,了解他们的情况,给予适当支持等,给他们送去了很多温暖。

七、走向美好的明天

1.坚定地走综合合作社发展道路。

乡村社会的简单再生产与扩大再生产在本质上要求乡村社会合作。这是传统乡村社会结构单元长期稳定存在的根本原因。2007年以来,我国尝试进行农村专业合作组织建设,部分农户、单一专业经济合作组织积累了一定经验。今日乡村建设工作在客观上要求走向全村庄、多重意义上的农业综合合作,以及以此为基础的多村庄共建的合作联社。南塘合作社在近20年实践中探索发展的事实一再证明,只有将合作社向综合服务方向推进发展,才能充分释放出合作社的无限生机活力,获得社员们的衷心拥护。

有人担心这是不是要回到1978年前的生产队与人民公社?南塘合作社的实践与尝试表明这种担心是多余的。历史是一往无前地走向未来的。1949—1978年我国乡村曾认真尝试合作社生产方式,1978年到今天又全面实行分散经营实践,从今开始再重新走向合作发展。这无疑是一个艰难、曲折而又悲壮的否定之否定历史发展过程。当代中国民众在人类发展史上,组织世界范围内最大的社会规模,用2—3代人的时间,经历了乡村合作与分开正反两方面大规模的、激烈与深刻的历史洗礼!经历了这一过程的中国人民,完全有资格应用积累的最权威的智慧,深刻接受相关经验教训,实事求是,坚定、充满信心地走向乡村综合合作的光明未来。

2.明确有机农业建设方向。

当前我国农业面临五大战略安全问题。第一,食品安全问题,这是今日乡村百姓与城市消费者共同面临的第一大农业安全问题;第二,粮食安全问题;第三,乡村社会安全问题;第四,乡村资源环境安全问题;第五,国际农业安全问题。五大农业安全问题,从战略层面决定了未来我国农业采取的任何发展举措。技术与技术体系构建,目标模式探索,都必须服从五大目标约束,从总体上缓减,而不是加重五重压力的目标方向。

2008年,国际有机运动联盟对有机农业曾做出新的定义:有机农业是一种能维护土壤、生态系统和人类健康的生产体系,它遵从当地的生态节律、生物多样性和自然循环,而不依赖会带来不利影响的投入物质。有机农业是传统农业、创新思维和科学技术的结合,它有利于保护我们所共享的生存环境,也有利于促进包括人类在内的自然界的公平与和谐共生。这是国际有机农业发展近100年来最重要的认识进展之一。

根据有机农业国内外理论探索与实践进展,展望其未来发展趋势与农业安全目标方向间的关系,可以明确推断:第一,有机农业可以保障农产品质量,能够从根本上解决食品安全问题;第二,在单位面积产量保障技术已经取得部分进展形势下,可望实现有机农产品生产基本不减产,甚至增产,能够保障粮食安全;第三,由于有机产品价格更稳定,将使农产品总体市场价格有提升,消费者愿意为有机产品支付更高的价格,进而可整体稳定与增加乡村收入,这在根本上可为解决乡村社会安全问题提供根本保障;第四,有机农业大量使用环境友好技术,可全面解决自然地理系统存在的安全威胁问题;第五,如果有机农业在一地、一国率先启动,取得成功,我们就能够在此基础上推而广之,最终为解决全球农业安全问题提供可靠道路。

上述对比分析表明,当代有机农业道路是兼顾农业安全五大建设目标任务与产业内涵的现实发展道路,是自20世纪初以来,近百年中,世界农业建设中长期思考与积极探索的理论结果与实践结果。有机农业道路就是生态文明建设道路,有机农业是未来生态文明建设的核心任务。从长远历史发展的角度俯瞰,有机农业是未来人类社会突破常规现代化偏态发展模式,走向全面可持续生态文明建设目标方向的可靠道路。在理论与实践两方面认识与建设有机农业,将成为今后数十年中国与世界农业实现可持续发展的基本任务。南塘合作社应将自己的发展与有机农业发展的历史大趋势结合起来,导入有机农业,自觉用有机农业标准严格要求自己,引导未来当地乡村建设大趋势。

3.一定要将文化建设、社会服务、发展生产统筹建设。

乡村为地理系统的基础结构单元。地理系统性质决定了乡村系统三元结构特征:其一为农业生产系统;其二为乡村社会系统;其三为乡村区域系统。乡村系统具有开放的复杂巨系统的性质。分析今日乡村建设的实践路径,基本归纳为三种类型:第一,从农业生产系统入手的路径。如甘肃吕坪合作社,是从马铃薯生产经营入手的;朗坤集团海南石山镇项目,是从互联网切入,落脚于石斛等生产与经营项目。第二,从社会系统入手的路径。如山西永济的蒲韩合作社最初是从妇女健身活动、跳广场舞开始的。无独有偶,河南灵宝市罗家村项目建设最初也是从社会系统导入开始的。第三,从社区资源环境系统入手的路径。如安徽三瓜公社南瓜村建设始于村庄改造建设。现实案例中,也有两条路径结合导入的情况发生,如河南省郝堂村建设是从社会系统与乡村区域系统综合建设导入开始的。

值得注意的是,无论是单一或两条路径结合进入乡建系统,都将迅速面临向乡村系统综合展开发展的要求,即殊途同归,最终走向以农业生产系统为抓手,乡村社会系统为主导,乡村区域资源环境系统为基础的发展方向。假如一段时间内,农业生产系统不能建设好,那么乡建工作则将面临"皮肉之苦";如果乡村社会系统建设不能跟上步伐,乡建工作就会遭受"心腹之痛";而倘若乡村区域资源环境系统处理不到位,乡建工作则终将面临"性命攸关"的生死考验。乡村建设中存在三元结构木桶效应这一客观规律,它曾使许多乡建工作者吃尽苦头,许多情况下不得不铩羽而归,其惨痛教训,值得汲取。

乡村建设工作三位一体、同步建设、协调发展的建设方针,无疑增加了有关建设工作的难度,但也平生出了其特殊性、科学性、客观性、戏剧性。这充分彰显出生态文明建设是一场深刻的以产业建设、文化建设、政治建设为基础的社会建设。南塘合作社应在原有工作基础上,分别在农业生产、村庄社区、乡村社会建设三方面布局工作,因势利导,有效利用合作社内外积极因素,推动合作社健康有序地向前发展。

4.合作社要坚持服务第一的建设方针。

乡村社会稳定,乡村经济繁荣,乡村生态环境优美是合作社兴旺发达的根本源泉。而南塘乡村要由现实状态到达目标状态首先是合作社建设的基本目标与基本任务。一个小小的合作社在今后几十年,要与各种类型的农业经济体、社会团体,还有千千万万的城市建设力量和谐共处,要保证自己每一步都走在正确道路上,最终协同实现如此宏伟的建设目标,就必须要有坚定的不达目标不罢休的理想信念,必须有全心全意为乡亲们服务的合作社建设意识,必须时时刻刻用点点滴滴诚心诚意的服务行为建造活生生的合作社大厦去温暖乡亲们,最终动员乡亲们一道完成建设任务。这意味着合作社要认认真真服务好内部每一位社员群众,要全心全意服务好社外乡村群众,要真心实意地服务好城市消费者。合作社在服务民众中发展壮大,在服务民众中与民众生长在一起,共同健康成长,成长为常青树,为城乡和谐发展奠定牢固基础。

5.社会经济生态协调发展,争取形成进城务工人员返乡建设潮流。

2017年春节期间,南塘合作社曾组织召开在外务工人员座谈会,有30多人参加会议(这是与合作社直接关联的数千名进城务工人员的代表)。1978年以来,受国家社会经济发展的影响,一批批乡村青壮年进城务工。他们为国民经济建设做出了重要贡献,如今仍积极活跃在各地城市与各行各业中。从全国来看,这是一支数以近3亿人计的农民工城市建设大军。

农民工很显然是未来乡村建设的主力军。这是因为,第一,农民工及其子弟是乡村社会的核心力量,他们年富力强,受教育程度较高,是国家最优秀的劳动力资源。第二,从改革开放开始,农民工便不辞劳苦,走南闯北、东奔西往,在生活中磨炼,他们跨越城乡、兼通工农,甚至往来于中外,成为世界最不同寻常、最具战斗力、最具智慧的生产力队伍。他们是联结当今我国整个国民经济与社会的最强有力的载体与社会新生网络,他们中相当部分人已经成为国家建设的栋梁之材。第三,作为撑起中国社会脊梁的农民工及其子弟,他们从乡村来,对乡村最熟悉,与乡村社会的感情最深,与乡亲们心连心,在村民中威信高,一旦转向乡村建设,就能够凝聚人心。今日中国,面临城市建设基本告一段落,工业产能总体过剩,工业生产力智能化大发展,乡村建设重新成为主战场的战略格局。动员优秀农民工返乡或在城市参与建设乡村的时机已经成熟。近代中国用自己的发展历史已经造就了一支建设乡村,繁荣乡村,城乡和谐的大军。南塘合作社应继续积极主动地响应时代发展,迎接这支生力军的到来。

6.继续争取城市建设力量的支持,推动合作社事业均衡稳步地向前发展。

南塘合作社发展的历史,证明乡村建设的重要立足点就是积极利用城市先进生产力支持乡村建设。在当前城乡结构格局下,国家的科技力量在城市,金融力量在城市,政策制定的力量在城市,甚至优势劳动力资源也分布在城市。这意味着城市是国家社会、经济、科技、政治决定性力量的所在地,表明乡村建设战略地位要由潜在形式转变为现实方式是一个长期的生长过程。在此过渡期间乡村必须争取城市力量参与建设,并且要注意发现并利用城市支持乡村的健康力量,而规避不健康力量的破坏性。因我国乡村历史积淀深厚,近代以来经历激烈的工业化与城市化进程,未来发展中全球乡村繁荣、城乡和谐的建设地位突出,城市建设力量已经在发生分化,部分优势工业化建设力量向国际系统逸散,其余部分转向乡村建设及城乡一体化建设。目前正处于分化过渡期。南塘合作社应继续保持开放思想意识,积极争取城市建设健康力量支持,稳步推动合作社均衡发展。

7.加强基层党组织对合作社建设的领导。

安徽南塘合作社的发展过程证实,党的农村基层党员们在关键时刻、关键问题上发挥着重要的领导和建设作用。2014年以来,贵州塘约村用2年多时间发展建设的事实,再次给了我们启示。当地政府在总结中特别强调了四点经验:一是突出基层党建引领,二是强化农村综合治理,三是大胆改革创新,四是找准发展路子。四点最终可归结于党组织强有力的领导。像南塘合作社这样已经成为以700户计的经济与社会组织,多年来党员群众已经自觉地以个人身份加入其中,并且建立了崇高的威信,新时期有大批青年人加入合作社。加强党组织对合作社工作的领导,统筹相关建设工作,更有助于农民合作社在新的历史时期建功立业。

八、后记

2022年,因疫情、相关政策调整和宏观经济环境变化等原因,南塘合作社主动关停了运营11年的资金互助项目。项目关停后无法及时回收资金,合作社面临巨大的挑战和艰难的局面!在中共阜阳市委、中共颍州区委主要领导的关心下,合作社深刻自省、定心反思,树立了“正心正念谋发展,全心全义为乡亲”的宗旨。通过发动群众、依靠群众、争取群众支持……一点一滴地化解困难,用心创造新的发展局面。

2024年,在社会企业家的支持下,有八位青年大学生来到南塘合作社工作,大家发展生态农业,开发出生态姜进酒、黑豆皮,讨论实施零污染乡村发展计划,通过垃圾分类、环保酵素、土壤改良、有机肥加工,开展全域有机建设,减少碳排放,并把减少碳排放的数据记录在区块链上,进行碳交易。

在乡村振兴大时代,南塘合作社正在打开新的发展局面。乡亲们感谢杨云标这位赤子,在坚持走探索乡村发展的康庄大道。

第五章

城乡融合乡村社会企业运营案例

党的二十大报告指出,“全面推进乡村振兴”,需要“坚持城乡融合发展,畅通城乡要素流动”。随着乡村生态资源优势逐渐显现、产业融合创新不断加强,越来越多的市民进入,将多元化的产业创意、消费理念、运营模式、技术创新、人才资源带入了乡村。同时,一些服务乡村的公益机构也在转型过程中,通过企业化运营创新了乡村社会服务提供机制。在这个过程中,涌现出多种多样的社会企业,它们通过结合中国乡村特点与城乡社会需求,创新组织方式与运营模式,既搭建起融合城乡的桥梁纽带,又撬动多元社会力量进入乡村,激发了乡村振兴的蓬勃活力。本章以北京小毛驴市民农园、广州沃土工坊、福建滋农游学三家社会企业为案例,呈现城乡融合型本土社会企业的探索历程。

第一节　北京小毛驴市民农园:新型农耕社区与新农人[①]

【案例导读】本节介绍的小毛驴市民农园位于北京城郊,从2008年开始已运营16年,是国内较早开始探索用CSA的方式联结城市与乡村、市民与农民、食品消费与农业生产的机构。其在进行农园经营的同时,还承担了消费者教育、农场主培训、青年培养、有机市集创办、宣传推广等社会功能,很好地发挥了经济、社会双功能。

序曲:青年的乡建园地

这里有一群喜爱耕种的年轻人,他们大部分是80后和90后,其中有刚毕业的本科生,也有硕士、博士,他们来自全国的不同地方,除了要完成每天的农园管理工作外,还要和农民一起劳动。他们在农场的食堂吃饭,在旁边的后沙涧村住宿。该群体在这个社会中是一种很独特的存在。

① 本节选自:黄志友,严晓辉.青年有为,连接城乡——北京小毛驴市民农园的十年[M]//黄志友,崔国辉.生态农业与有机乡村——新农人故事十则.石家庄:河北人民出版社,2019:8-56.此文数据截至2018年,收入本书时有少量删节修改。

文章作者在写作过程中还参考了以下资料:

[1]黄志友的《CSA与城乡共建》(《中国社会生态农业CSA大会历届回顾(2010—2016)》,未出版)。

[2]范子文.小毛驴市民农园的实践与创新[C]//2015第六届国际社区支持农业大会暨第七届中国社会农业(CSA)大会,2015:30-37.

[3]黄志友.都市中的乡土文化实践——小毛驴市民农园推动文化进城故事[J].中国图书评论,2017(09):9-16.

[4]陈奕捷,严晓辉,黄志友,等.北京市民农园建设标准与经营规范研究[J].北京农业职业学院学报,2018,32(01):5-12.

这群年轻人工作的地方就是北京小毛驴市民农园(以下简称“小毛驴”)。来到这里,很容易让人忘记这是在首都北京。因为它没有都市的繁华与喧闹,而是被自然簇拥着,安静而惬意,像是一片世外桃源,有山有水、有花有草、有动物、有菜地、有木屋、有秋千。然而它又不失热闹,因为每天都会有形形色色的人来到这里,有当地农民、有都市白领、有老人孩子、有外国人,也有各地来参访的农友,这里每天充满着欢乐的田园气息。

“小毛驴”位于北京西郊的凤凰岭山脚下,京密引水渠旁的后沙涧村。蔬菜种植全部不用化肥农药除草剂,而使用农家肥。北京的很多市民会在“小毛驴”租一块地自己耕种,源源不断获得新鲜蔬菜。他们经常利用下午下班时间或者周末来到这里侍弄自己的菜园,采摘新鲜的蔬菜带回家做饭,周末也会带着孩子来体验劳作、认识大自然、参与亲子活动。

由于农业生产的日常不像其他工作那么规律,而是跟随着季节,每天都有很多琐碎的、应对性的维护工作,春耕和秋收时节,更是异常忙碌。无论男生女生,他们多被晒得黝黑,一些来自城市的年轻人,即使之前没有接触过土地劳作,在农园待上一阵子,身上城里人的气息也会慢慢褪去。

有人追求环保和健康,有人向往乡村和土地,也有人寻找简朴生活,最终他们聚在“小毛驴”这块土地上。这群朝气蓬勃的年轻人,想通过思考和实践,找回当今城市化和工业化给城市和农村减去的色彩,并且在这里感受自己真正的人生意义所在。

他们行走于乡村和城市之间,将农业与健康结合、传统与创新结合,也将劳动和教育结合,他们渴望保留自然本性,去实现真正的“天人合一”。

心灵所在的地方,便是人的故乡。这里是这群年轻人的伊甸园,他们生活在其中,保护并照看着这片带给他们幸福感和眷恋感的乡土家园。同时,他们也带给更多人拥抱土地的机会,让这里成为更多人的乐园。

一、理想的延续:从“乡建学院”到“小毛驴”

2009年3月,小毛驴市民农园正式以“社区支持农业”(Community Supported Agriculture,CSA)[①]的方式对外运营,开始引发海内外媒体的广泛关注。当时很多媒体报道小毛驴,大多关注的焦点是“三农”专家温铁军的博士生石嫣,她曾于2008年4月前往美国一个CSA农场实习了半年。回国后,于2009年初加入“小毛驴”,参考美国的做法开始以CSA模式运营农场并颇有成效,被誉为国内第一家CSA农场。尽管在北京乃至全国各地的CSA活动不少,但“小毛驴”像一颗耀眼的新星在短时间内广为人知。

说起小毛驴,就不能不提到多年以前也曾备受媒体关注的河北晏阳初乡村建设学院(以下简称“学院”),不能不提到整个“小毛驴”创始团队。人们只看到了“小毛驴”所绽放的光芒,却很少有人知道它诞生、发展的背后,一群年轻的创始人所经历的艰难探索。

(一)生态农业,环保农村

“三农”问题普遍存在于发展中国家,中国的“三农”问题是伴随20世纪90年代的现代化改革而出现的一系列派生性问题之一,进入21世纪以后,党和国家高度重视,而相继在全国各地涌现的“新乡村建设”运动,即为缓解“三农”困境的多种尝试之一。

自2000年以来,以温铁军为代表的知识分子开始了系统性的乡村重建探索,适时提出了“维护民生、促进联合、提倡多元”的生态文明理念,发起大学生支农调研活动,并于2003年7月19日创办了晏阳初乡村建设学院。同年,

① 社区支持农业(CSA),20世纪中叶起源于日本、兴盛于欧美,是一项在全球范围内兴起的具有独立性质的有机农业运动,是由农业生产者和消费者互相支持、共同分担风险并共享健康收益的生态农业互助模式,也是一种为本地社区提供食物生产的小型农耕模式。后经本土化的不断实践,亦译为“社区互助农业”或“社会生态农业”。

在社区伙伴(PCD)[①]的推动下,CSA正式进入中国大陆,学院也开始与社区伙伴合作,联合推动CSA理念在中国大陆的落地试验与推广。

“学院”位于河北定州翟城村,校址原是翟城村废弃的中学,占地60亩,其中农地26亩。这是21世纪中国第一所免费培训农民的平民教育学校,致力于培养具有独立精神和奉献精神的乡村建设工作者,为中国的乡村寻找出路。学院主要开展的工作包括农村合作组织建设、生态农业试验、生态建筑的研发与推广、翟城村社区综合可持续发展试验、与乡村建设相关的研究与出版等。其中,提高农民组织化程度和自力更生的能力,是所有工作的重心。

学院的核心工作团队,由十多个大学生、志愿者和几个本地农民组成[②]。其中邱建生、刘老石、袁小仙、潘家恩是学院创始管理团队成员,分别由学院的三个发起机构[中国人民大学乡村建设中心(原为中国经济体制改革杂志社)、中国社会服务及发展研究中心(香港)、国际行动援助中国办公室]派出。2004年6月,从西北农林科技大学毕业的黄志友,成为和学院第一个签约工作的大学生。此后,严晓辉、袁清华、黄国良、郝冠辉、薛亮、聂晨等十多位80后新青年陆续加入。他们一边种地、盖房,一边做培训、研究。“一个村庄、一所学校、一群青年”,是他们当时的写照。这是一群满怀乡建理想的青年,他们来到农村,希望以人为本,全心全意为农民服务。

学院创建之初就认识到:农业既是农民生活的主要内容,也是农民生计的主要依托。也正是那时,农业污染和食品安全问题逐渐浮出水面。因此,恢复传统农耕、研发适用技术、推广有机农业成为学院办学的重要内容之一,这个过程中,也遭到村民对不用农药、化肥的“有机农业”的嘲讽和不理解。

2005年春天,严晓辉、黄志友、黄国良、郝冠辉、袁清华等几位农大毕业的

---

① 社区伙伴总部在中国香港,主要服务区域在中国大陆,于2002年1月由“嘉道理基金会”创办。2017年8月,社区伙伴获得了北京市公安局颁发的《境外非政府组织代表机构登记证书》,成为首批由环境保护部作为主管单位的境外非政府组织,并成立北京代表处。

② 大学生当中,有本科生、研究生和海外留学人员;早期的志愿者实际上也是最早的工作人员;本地农民由翟城村委会派出,既是村民代表,也是学院的员工。

“青年农学家”在学院发起并成立了生态农业工作室，下设生产部、工程部、培训部和农业实验室，试验一种“立足于生产、服务于生活、发挥有机农耕示范教育作用的农业”。他们种养结合，研发适用生态技术，同时举办短期全国生态农业培训班、翟城村儿童夏令营、大学生秋收体验营等活动，推动建立翟城生态农业示范户，开办乡土家园小超市，兴建粪尿分集生态厕所，并在整个校园开展垃圾分类。作为北方农耕和畜力农业的象征，当年春天他们特地买了一头毛驴，这也是后来“小毛驴市民农园”以“小毛驴”命名的缘由。

学院很早就开始坚持发展有机农业，并逐渐影响到周边村民。2005年12月，翟城村党委书记金水代表全村5,000多位村民，在长沙举行的第三届全国村官论坛上发表了“拒绝有毒农业，保护国人健康”倡议书，并于2006年在翟城村呼吁每户社员“留下半亩保命田”。因此，学院也被认为是中国群众性生态运动的肇始之一。

2007年4月12日，学院因故停办。曾经来自全国各地的那批理想青年因为学院相聚，而后又因学院停办分散到全国各地。其中以生态农业工作室团队为主的一拨人，集体来到了北京“闯荡”。

（二）城乡互助，公平贸易

2005年底，经过学院培训组织起来的河南兰考南马庄合作社，因为生产的无公害大米销售出现困局，在北京引发了知名的“教授卖大米”事件①，中国农业大学的何慧丽教授，亲自跑到超市和街头为南马庄无公害大米代言。那时乡建团队就在思考，解决“三农”问题和食品安全问题，光靠农民是不行的，还要让市民也参与进来，要得到城里人的支持。

2006年，何慧丽发起成立了南马庄无公害大米“购米包地小组”，这也是CSA的雏形；同年，北京梁漱溟乡村建设中心主任刘老石推动发起了绿色生

① 参见舒圣祥的《“教授卖大米”背后的信任危机》（中国青年报，2006年1月6日）。

产合作社联合社——国仁绿色联盟[①]。

2007年10月，由何慧丽发起的准消费者合作社“国仁城乡互助合作社”正式在北京林业大学附近揭牌成立，并设置了一个有机农产品社区直销店，代售农村合作社及北京近郊有机农场的健康农产品。

此时，来到北京“闯荡”的原学院工作团队，特别是以黄志友、袁清华、黄国良、郝冠辉等为代表的生态农业工作室同仁，就全部转至国仁城乡互助合作社，开始与市民互动，探索城市“乡建”。通过不定期举办国仁消费者论坛、农产品生态价格听证会、健康农产品的共同购买、市民下乡体验游，以及以北京林业大学翱翔社的校园农耕为切入点推行都市农耕，推动城乡互助，实现公平贸易，也为一年后启动“小毛驴”试验做好了团队储备，提供了市民群众基础。

(三)市民下乡，农业进城

2007年，党的十七大报告提出“建设生态文明”。2008年，党的十七届三中全会又明确提出要建立资源节约型、环境友好型农业。曾经小打小闹的“生态农业”试验，开始上升为国家战略[②]。

尽管在城市“熏陶”了近一年，但这个已经离不开土地的农业团队，一直在寻找合适的田野，希望能重新回到土地。2008年3月，时任北京市海淀区副区长的刘长利找到中国人民大学农业与农村发展学院院长温铁军教授，说在苏家坨镇后沙涧村西有两百多亩已经荒弃多年的苗木基地，想打造都市农业园区。这个机会很难得，在当地村镇干部的陪同下，他们迫不及待地来到基地考察，“凤凰岭下，京密引水渠旁”，交通便利，环境优美，正是理想的田

---

① 北京国仁绿色联盟是七家农民合作组织的经济联合体，下属于中国人民大学乡村建设中心。由于他们在农业生产上承诺采用绿色健康的方式来进行，为了适应市场，他们联合起来，自称为“绿色联盟”。

② 2008年召开的党的十七届三中全会通过了《中共中央关于推进农村改革发展若干重大问题的决定》。

园！正如郝冠辉在当时的基地考察报告所言——“希望大家团结起来,共同努力,在凤凰岭下,我们实现新的腾飞!”

团队随即注册成立了非营利社会企业——国仁城乡(北京)科技发展中心(简称“国仁”),正式介入中国人民大学和海淀区政府共建的这个新农村建设产学研基地,启动了市民农园项目,开始拓荒、建设工作。这一年,“三聚氰胺事件”[1]爆发,引发了全国的QQ开心农场热和轰轰烈烈的市民餐桌自救运动。

图5-1　小毛驴市民农园logo

经过一年的建设,2009年春天,市民农园以学院的那头小驴命名为小毛驴市民农园,正式对外运营,因为“恰逢其时”,引发海内外的强烈关注,开始了城市“乡建”的新时代！小毛驴市民园logo见图5-1。

享受干净的食物,是每个人最基本的权利和尊严。中等收入人群的迅速崛起,逆城市化现象的出现,新青年的创业梦与中产群体的田园梦的完美结合,形成了小毛驴市民农园及CSA的初创。

① 2008年中国奶制品污染事件(或称2008年中国奶粉污染事故、2008年中国毒奶制品事故、2008年中国毒奶粉事故)是中国的一起食品安全事故。事故起因是很多食用三鹿集团生产的奶粉的婴儿被发现患有肾结石,随后该集团被发现使用化工原料三聚氰胺。

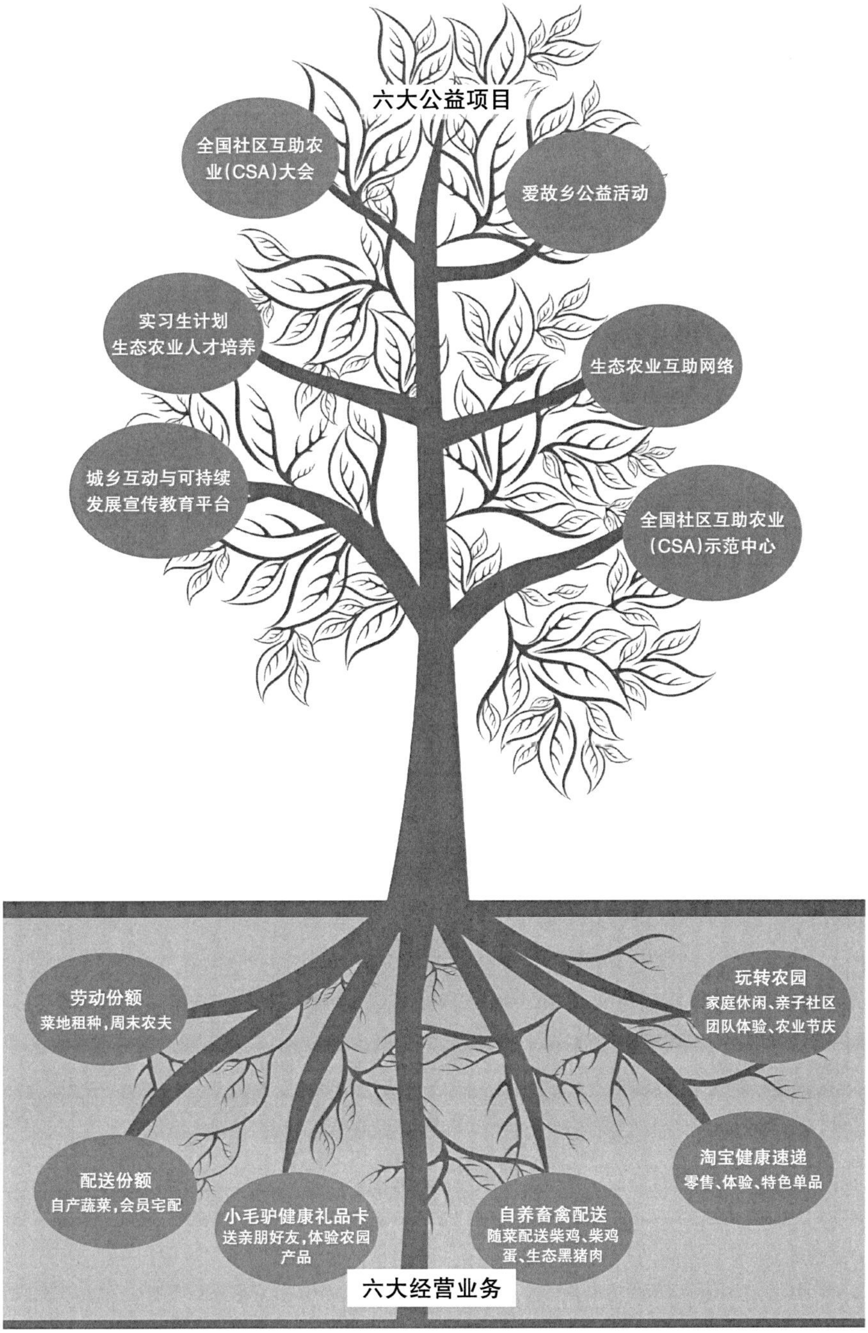

图5-2　小毛驴市民农园经营业务与社会公益项目体系图

(四)不是终止,而是延续

回顾这群年轻人从农村来到城市各地发展的经历,他们只是分散,但并没有失散,“小毛驴”的创立,让分散的团队重新聚集起来了。2008年“小毛驴”的谈判、规划、建设,原学院乡村建筑工作室的谢英俊、薛亮、聂晨等也都参与了进来,一起设想一个看得见的未来。

如今的“小毛驴”依然不用化肥、农药,而是使用粪尿分集生态厕所,学院的一些工作逐渐转移过来。与学院不同的是,现在有更多的市民加入,更多的孩子也被带到这里接触自然,参与实践,接受教育。追求生态的观念,也被越来越多的人支持和接受。“小毛驴”的诞生、存在和发展,正是这群年轻人逐梦的硕果。

二、一直在路上:“小毛驴”十年发展历程

从2008年启动到2018年,“小毛驴”走过了十年不寻常的道路。其发展历程大致可分为五个阶段:

(一)规划建设阶段(2008年)

后沙涧村,地处海淀区西北部,明代成村,因位于沙涧河后部而得名。“小毛驴”,位于后沙涧村西,其南边是沙涧河,西边是京密引水渠,土壤肥沃,水质甘甜,自然风景优美,是发展生态农业的风水宝地。1990年以前,这里是后沙涧村的优质水稻区(京西稻),后来因为北京城市缺水,于2000年前后改为苗木基地,不久便处于荒弃状态。2008年经北京谱尼测试科技有限公司检测,园区土壤、水质符合有机耕作要求,具备发展生态农业的自然条件。

2008年4月,“海淀区现代都市农业示范园”项目正式立项,国仁团队骨干、原学院生态农业工作室成员袁清华、黄志友、黄国良、郝冠辉、李万等人正式进驻园区,代表中国人民大学负责基地的规划设计、经营策划等软件建设,镇属企业北京绿色一族生态农业发展股份有限公司(后文简称“绿色一族”)

代表海淀区农委负责硬件设施建设，共同开展新型都市生态农业创新工作。这个项目的最终目标，是将园区建设成为集有机生产示范、都市农业教育、可持续农业技术科研、田园生活与观光休闲为一体的国际生态基地，建设成为国内有机农业的重要品牌，建立国仁有机农业技术规范与认证体系并向国内外推广。

首先，为了缓解人才稀缺压力，在社区伙伴（PCD）的支持下，园区适时启动了小毛驴生态农业CSA实习生计划，王宁、程存旺、王大衍、江伟伟、冯润霞、杨文军、姚继忠成为小毛驴市民农园第一期CSA实习生。此后，小毛驴生态农业CSA实习生项目也每年固定下来，培养了大量的农业人才。

随后，由台湾生态建筑师谢英俊先生领衔的乡村建筑工作室[①]同仁薛亮，组织人员完成了整个农园的生态规划与景观设计；为了支援四川“汶川地震”的灾后重建，乡村建筑工作室团队不得不于当年9月撤离园区现场，奔赴四川灾区。

此后在“绿色一族”的支持下，农园开始进入紧张的施工阶段，修桥、筑路、安装水电、建停车场、建温室大棚、造生态猪舍、盖仓库、园区绿化，还有兴建多功能大棚等，为农园的正式运营奠定了基础。并且，在赵汉珪地球村自然农业研究院（韩国）和延边自然农业研究所的技术支持下，完成发酵床猪圈的设计与建造工作，正式开展自然农业技术的本土化试验研究与推广[②]。

经过一年的基础建设，一个具有综合功能的生态农场初步建成。这群来自学院的年轻人，无怨无悔地用行动接续着当年的理想，畅想着美好的未来。

---

① 由台湾建筑师谢英俊发起，一开始挂靠在学院，是生态农业工作室之后成立的另一个以推广生态建筑和协力造屋为主的工作室。2008年汶川地震后，团队整体赶赴四川救灾，后来在成都注册为“成都常民世纪建筑科技有限公司”。

② 发酵床养猪是利用土著微生物参与垫料和牲畜粪便协同发酵作用，快速转化生粪、尿等养殖废弃物，消除恶臭，抑制害虫、病菌，同时，有益微生物菌群能将垫料、粪便合成可供牲畜食用的糖类、蛋白质、有机酸、维生素等营养物质，增强牲畜抗病能力，促进牲畜健康生长。发酵床养猪最显著的特点是降低养殖污染、节水和节约劳动力，能生产出优质的、没有化学污染的“放心肉”。

(二)CSA试运营阶段(2009年)

至2008年底,园区基础建设基本完成,进入经营模式探索阶段。2009年起,为了寻求业务创新,征得绿色一族公司同意,国仁团队单独在农园东区开辟了25亩“市民农园”示范区,获得了这个小园区的自主经营权,并将其命名为“小毛驴市民农园”,团队开始市民农园的租地业务尝试,以最快的速度完成了25亩试验田的杂木清理、土地平整、田间道路修建和灌溉水网的铺设等,并启动了春耕工作。

2009年3月,还在中国人民大学读博士的石嫣以志愿者的身份加入新团队,形成由黄志友、石嫣、黄国良三人组成的管理小组,并开始将石嫣在国外农场学习到的CSA经验运用到农园的运营中。初期的主要业务是劳动份额(市民租地)和配送份额(当时叫普通份额),产品相对单一,服务内容也较少。但由于市民农园在我国是新生事物,一经推出,便得到了北京市民的热烈响应和广泛参与,经过短短一个多月的招募,共有54位成员加入,其中租地17户,配菜37户。由实习生每周编辑的小毛驴CSA简报,开创了CSA农场办刊物的先河。当年11月1日,在突如其来的纷飞大雪中,小毛驴成功举办了第一届丰收节。

由于石嫣“洋插队女博士”的特殊身份,加上小毛驴创始团队本身丰富的生态农业与乡建工作经验,小毛驴市民农园迅速成为国内CSA的重要旗帜,主流媒体也给予了大量报道,在半年运作期间,先后得到包括新华社、《人民日报》和北京电视台在内的近80家国内外媒体的报道,小毛驴背后的乡建运动及其倡导的CSA模式也开始进入主流视野,很多新农人和返乡青年受到启发和鼓励,开始参与CSA,特别是劳动份额和配送份额这种业务操作本身,经过近一年的实践,也初步成型。此后,在生产者、消费者、学界和非政府组织的实践及各种传播力量的推动下,CSA从一个舶来的概念,逐渐成为扎根本土的潮流与运动,成为全社会探索城乡关系、生态经济、多元文化和社会管理创新的一股新力量。

经营小结：

在会员开拓方面，初始客户来源主要为学院时期积累的北京志愿者和中国人民大学的老师，以及看到媒体报道后或参加了小毛驴在居民小区做的宣传活动后，主动联系农园申请加入劳动份额或购买蔬菜的市民。因为多数市民对于市民农业还没有明确认知，即便已经认识到自身处于食品安全危机之中，也不敢轻易相信一种新的农业经营模式和生态农产品，特别是CSA强调风险共担、实行预付款，有些市民也担心这是一场骗局。为了当面介绍CSA，也为了表示诚意，对于确定的会员，团队伙伴往往不辞辛劳，带着宣传单，乘坐公交地铁，挨家登门拜访和收款。

在人力资源方面，初创团队基本工资低[①]、劳动时间长、劳动强度大，不论刮风下雨，多数员工几乎每周有一两天需要凌晨四五点起床下地采摘（这种情况大概一直持续到2014年）。那时没有专门的配菜棚，大家在户外分拣装箱后，分线路跟车把菜箱亲自送到城市的客户手中，其中要忍受堵车、高温、客户可能的“刁难”等。此外，早期的团队分工，是相对扁平的协商式管理，管理效率较高。

在后勤方面，那时农场没有专门的办公室、餐厅，所有工作团队成员的吃、住、办公都集中在后沙涧村的一个农家小院中，大家每天还要排班轮流做饭。有时有客户或朋友来访，也都在村中农家小院安排，一切都是因陋就简。

在2009年底由实习生陈楠制作的小毛驴CSA宣传片中，配乐有悲壮的情愫，也是这一年创业不易的自然情感表达。

（三）多产品综合发展阶段（2010—2011年）

为了推进国仁社会企业的转型运营，推动小毛驴市民农园的商业化运作，原学院生态农业工作室、乡村建筑工作室创始团队成员严晓辉，经过在南

① 实习生当时每月只有600元的补贴，农地工人是800元。农场很少公开招聘员工，工作人员主要由实习生组成，部分实习生再转为第二年的工作人员，工作人员的工资大约是2,000—2,500元。

方工厂两年多的锻炼,于2009年底回到了农园并担任总经理,利用丰富的企业管理经验,带领团队开始新的征程。在年底的国仁董事会上,石嫣也正式加入国仁,并担任农园名誉园长。

在试运营一年之后,市民农园试验在生态种植和社会效益方面开始得到了社会的认可和推崇,经济前景也被看好。鉴于市民农园在园区的成功试验,2010年开始,绿色一族公司将农园东区的全部130亩土地委托给国仁团队经营。这一年开始,农园面积扩大,并全面开放对外经营,步入相对独立和完整的企业发展时期。

2010年4月,学院的毛小驴也从河北翟城迁居农园,成为小毛驴市民农园的"吉祥物"和"代言驴";在中国人民大学和海淀区政府[①]的支持下,小毛驴市民农园"新农村建设产学研基地"也正式揭牌。此后,小毛驴的经营内容也逐渐增多,开展的活动进一步丰富,管理服务更为规范,参与的市民越来越多。农园拓展产品范围,增加了冬季配送、"附加份额"[②]销售和"共同购买型"团购活动,还开办了乡土家园小超市。简易厨房也改造出来了,可以满足会员周末的基本就餐服务,厕所、休息棚、仓库等生产、生活设施也逐步修建完善。此外,也有独立的办公室。

为了在全国试验、推广CSA模式,2010年1月,在中国人民大学乡村建设中心的支持下,由小毛驴市民农园牵头,在中国人民大学组织召开了第一届全国社区互助农业经验交流会,成立了由小毛驴、天福园、德润屋等9家农场组成的"市民农业CSA农场联盟"。同年4月,小毛驴举办了第一届开锄节,6月、10月分别举办了第一届端午节、第二届丰收节。农业节庆的开发,丰富了市民在农场的生活,也传播了农耕文化,扩大了社会影响。依托市民农业CSA农场联盟,每逢节庆日,这些北京的CSA农场都会一起来小毛驴赶集,销

① 正式签约单位为中国人民大学农业与农村发展学院和海淀区农林委员会。

② 除配送蔬菜以外,还会附带配送农场自产畜禽产品、国仁城乡互助合作社的农副产品等,所以叫"附加份额",这种方式带动了大量农民合作社农产品的销售。

售自产的农副产品。同年秋天,在小毛驴劳动份额(租地)会员、日本艺术家植村绘美(Emi Uemura)的推动下,联盟成员在北京草场地国际艺术村举行了首次在城市举办的农夫市集。这是农夫市集的雏形,为2011年北京有机农夫市集的正式诞生奠定了基础。

2011年,小毛驴创始团队成员袁清华自泰国米之神中心学习回国,重新回到农园工作,并主抓技术部业务;黄国良则离开了小毛驴,前往重庆开拓西南乡建。这一年,小毛驴利用园区特有的农业环境和教育资源,专门为孩子们开设了田间学校和DIY木工坊,举办各种自然教育活动,并且细化了劳动份额和配送份额的业务类型,让参与的市民有更多的选择,全年为700多个家庭提供了租地、配送服务,年营业额超过300万元。在韩国自然农业专家赵汉珪的支持和参与下,还举办了两期全国自然农业培训班。当年,小毛驴市民农园获得北京市农委颁发的"社会主义新农村建设创新奖",并获得用于取暖设施改造的专项奖金。

经营小结:

梳理农场初创期的发展情况,它的产生顺应了社会大众在面对重重食物危机时对生态农产品的需要,也顺应了资本对于农业盈利新模式的介入。相对于2010年以后才出现的如联想佳沃、多利农庄等这些大型农业企业,包括小毛驴在内的小型生态农场,因其自身社会网络、人力资源、社会信任等多方面专有社会资源的"自我资本化",降低了大量生产和管理成本,替代资金投入,顺利完成资本的原始积累,为公司化经营的深化发展和扩大经营打下稳固根基。

媒体的宣传、各个机构的智力协作、参与成员的充分信任与支持、工作人员与志愿者低报酬甚至近乎免费的劳动,在众多社会资源资本化的整合作用下,这一时期的小毛驴,通过"家庭式经营、社会化参与"低成本的投入,实现了快速发展,获得了企业经济和社会效益的双丰收。农场的社会化程度极高,对社会资源的转化率也高于后来几个阶段。

(四)对外拓展及第一次转型阶段(2012—2014年)

2012年,是小毛驴市民农园发展史上很不平凡的一年。

对外,在发展小毛驴的同时,创始团队骨干分散到不同地方,开拓新的业务和领域,努力构建全国生态农业互助网络。其中,2012年3月,严晓辉开拓并分管与柳林村委会共建的小毛驴柳林社区农园[①];2012年4月,石嫣带了一批小毛驴实习生去通州创办了分享收获农场;2012年10月,黄国良在重庆创办了打平伙社区食堂(有机餐厅);2012年12月,黄志友参与发起全国"爱故乡计划"并担任秘书长;同年年底,国仁绿色联盟也转交给小毛驴团队经营管理。

对内,开始走专业化、部门化的路子。这一年,北京大学哲学博士、意大利米兰理工大学设计学博士钟芳,有着十年开火车经历、做过十年房地产的孙庚两位骨干加入小毛驴管理层,团队阵容强大,部门齐全,包括种植部、运营部(含技术部、养殖部、后勤部)、推广部(含宣传部、设计部、活动部)、会员部(含配送份额部、劳动份额部、乡土家园超市)、餐饮部和行政部等。其中有星巴克工作背景的鲁轶组建了餐饮部,以"一米菜园"品牌发展小毛驴餐饮业务;小毛驴2011年的实习生、首都师范大学昆虫学专业的硕士陈云组建了活动部并开设了"亲子社区"项目,每周末举办亲子活动,为数千个都市家庭和孩子提供了体验自然的机会,活动主题包括农耕体验、艺术手工、健康饮食和自然活动等,是之后几年火热兴起的"亲子游学"行业的先声;2012年10月,农园针对劳动份额成员成立"劳动份额社区委员会",让市民组织起来,通过自我管理和自我服务,参与小毛驴农耕社区的经营,这在市民农园的发展史上具有重要的意义。

2012年10月,在农业部主办的全国休闲农业创意精品大赛上,小毛驴获

① 柳林村距离小毛驴所在的后沙涧村约4公里,柳林农园占地130亩,除了种植、养殖、配送、租地业务,还有社区工作,包括不定期组织的村民文艺晚会、暑期柳林儿童的夏令营,2014年还为村子编撰了《柳林村史》,协助兴建了儿童游乐园等。

得“园区创意银奖”。经过5年的培育和发展，小毛驴市民农园在北京乃至全国都具有较高的知名度，成为市民农园领域的一个知名品牌。

2013年3月，为了进一步扩大CSA的社会影响和行业专业化发展，夯实2012年12月发起的全国生态农业互助网络，小毛驴举办了第一期全国CSA培训班，工作团队现身说法，并邀请国内生态农业领域的专家和有丰富经验的一线CSA实践者，为来自全国各地的学员授课。小毛驴团队还总结了5年CSA运营经验，编印了小毛驴市民农园CSA系列管理手册作为培训教材，包括《小毛驴市民农园2012年CSA社员手册》《小毛驴市民农园参观接待解说词》《种植管理手册》《劳动份额入门指导手册》《配送份额指导手册》《配菜工作手册》等。此后，每年举办2期，每期约40个学员。2013年6月，在“三农”专家张孝德的支持下，国家行政学院经济学部“现场教学基地”在小毛驴揭牌，各省市的政府领导干部将定期组织来这里学习CSA。2013年7月，小毛驴与清华大学建筑学院Aura Garden项目(负责人韩芳)合作，举办了“2013年永续生活工作营之田间学校改造活动”，同期举行了学院十周年纪念，完成纪录片《毛小驴的路程》的拍摄，该纪录片讲述了小毛驴团队十年创业的故事，引发社会广泛关注。

2014年，由钟芳担任小毛驴总经理，主持全面工作；小毛驴创始团队成员严晓辉前往香港岭南大学读研，并发起“岭南彩园”校园农耕项目；袁清华前往上海创业，担任设计丰收农场总经理。因为持续2年多的外部竞争冲击和内部成本增加等，2014年底，小毛驴因当年收入下降而出现亏损现象。

经营小结:

随着新媒体宣传方式的大众化和CSA农业经营模式的高复制性，农场周边生态农场数量成倍数增加，消费者的选择性更多，对于产品与服务的要求也相应提升。加之大企业进入农业后，采用巨额投入迅速打造高端农业服务，使得CSA生态小农场在经历稳定发展期之后，面临更严峻的外部竞争和自身业务拓展与管理方式的调整等问题。

2012年被媒体誉为“生鲜农产品电商元年”,大量资本开始进入生鲜领域,其中不乏大型上市企业,如联想佳沃、顺丰优选、本来生活等。与大企业竞争的同时,小农场之间也同样面临着竞争,北京周边的CSA生态小农场,从2009年的不足10家,飙升到2013年的100多家。最终的后果是,小毛驴的劳动份额与配送份额数量几乎都在2012年达到峰值(全年服务了近1,100个市民家庭,其中配送份额600多户,劳动份额400多户),但从2013年开始,两种份额都出现数量下降的趋势,其中,配送份额的下降趋势非常明显。尽管如此,2013年小毛驴全年营业额达500多万元,创历年新高。

面对外部大资本投资的商业化诱惑,小毛驴开始摇摆于商业化和社会化之间,内部的分歧最终导致2012年初核心团队的分裂,不仅造成人才流失,也将部分社会资源和客户分散。

2012年起,小毛驴开始经营后沙涧村和柳林村两个园子。尽管农场试图通过增加客服人员和产品品类及提高产品质量应对日益严峻的竞争,但效果甚微,反而增加了经营成本。与此同时,由于人员数量及工资的增加、基础设施的持续投入、开始支付土地租金(2个园子)、农资价格逐年上升等因素,加上2012年起更“专业化”“规范化”的公司化管理方式改革后增加了管理费用,内耗降低了工作效率,使得农场在2012年后经营成本陡然上升,经营利润开始逐年下降。此外,随着微博、微信等网络工具的兴起,代替了农园和市民的面对面的交流,加之客户数量相较早年更多了,农场工作人员与客户之间的理念沟通和感情交流越来越变得形式化、流程化,市民的参与感和信任感也生疏起来,一定程度上也造成了客户流失。到2014年底,因当年收入下降而出现亏损现象。农园也试图通过员工持股方式调动员工积极性,激励员工创造效益,最终未能实施,农园不得不进入新一轮的转型期。

当然,这个不断商业化和公司化的过程,也降低了小毛驴公益部分工作在总体工作中的比重,对小毛驴社会资本的积累形成了一定冲击,对社会资源的动员能力也出现下降趋势，支撑早期核心团队的社会责任导向和乡建理想似乎面临尴尬的境地。

（五）第二次转型阶段（2015—2018年）

面对农场在商业化转型过程中导致的成本持续增加、农业生产与管理方式不相匹配、外部市场竞争的进一步加剧、小毛驴已经失去初期竞争优势等问题，2015年，农场进入再转型阶段。

如果农场的经营过程是一个“双向运动”，在经历激进商业化的风险之后，回归社会化，既是一个规避风险和化解危机的过程，也是社会组织“自我保护”功能生效的过程①。

2014年底，小毛驴团队核心骨干孙庚、钟芳先后离职。2015年初，原小毛驴会员部迁往小毛驴柳林社区农园，配送份额的生产种植及会员服务工作也全部转到柳林农园，进行独立项目运作，并由杨明明（北京市民，曾是女警，2014年加入小毛驴）担任园长。小毛驴市民农园主要开展劳动份额和教育活动，除了少量种植和养殖示范，不再进行大量生产性工作，并由李翠环（毕业于济南大学，2007年开始参与乡建工作，2012年加入小毛驴）担任园长。“爱故乡计划”、PCD项目及其他公益活动单独运作。国仁公司在总公司层面协调几个部分的工作配合及收益分配。

依托小毛驴市民农园而倡导发起的全国“爱故乡计划”公益活动，经过两年的铺垫，到2015年，爱故乡活动开始形成一定的社会影响。2014爱故乡年度人物郑辉也加入了小毛驴团队，通过与小毛驴市民农园的现场经营相结合，组织爱故乡网络中关于年画、书法、剪纸、面塑等传承乡土文化的非遗人才轮流到农园，联合举办各种形式的夏令营和文化交流活动，增加市民的新鲜感与体验感，吸引了大量的市民家庭参与，在宣传乡土文化的同时，也增加了农园的经济收入。此外，通过“发现故乡之美”“爱故乡年度人物”“爱故乡工作站”等主题活动，爱故乡在全国范围内重新动员社会力量参与乡村建设，

① 这里借用卡尔·波兰尼的“双向运动”理论，以此说明农场在两个方向上运动的张力。

引导社会各界关注乡村文化保护,小毛驴流失的部分社会资源也开始重新回归。

从2015年下半年开始,结合爱故乡的思路和资源,抽调了小毛驴市民农园近一半的团队力量,由严晓辉统筹,以陶虹屹、程化旭、李翠环为核心,总计十余人,在门头沟区军庄镇孟悟村启动了“小毛驴乡土学园”,尝试小毛驴的转型,拓展新的领域。2015年年底,因为小毛驴的土地使用办法最终落实后,门头沟的项目就暂时停止了。随后,小毛驴市民农园与顺义区政府、分享收获农场联合承办了“第六届国际CSA大会暨第七届中国CSA大会”,中国本土化的CSA实践,第一次在中国的土地上和国际CSA对话,并得到了中央高层的重视和认可。小毛驴市民农园的实践,总算完成了它的阶段性历史使命。

2016年,小毛驴市民农园重新与地方政府签订了长达17年的租地合同,在内外部环境的巨变下,小毛驴市民农园开始重新定位自己。在业务上充分利用农场各个空间,以教育和农耕活动带动社会参与,同时增加零售、聚会及餐饮等综合性收入,并重新强调农场与会员之间的密切关系,增强会员之间的互动沟通;在团队治理方面,重归家庭式决策方式,为增加员工凝聚力,农场核心员工组成内部“合作社”,大家共同参与农园建设与日常事务决策,按照合作社计划,未来也希望吸纳市民陆续加入,实现更大范围的社会化参与,最终打造一个社会化的小毛驴农耕社区。

同时,小毛驴还加强了与政府、高校的合作,例如,2016年“北京农学院研究生联合培养实践基地”在小毛驴落成;2016年、2017年分别与北京市农研中心、北京市科委等政府机构合作,参与研究制定北京休闲农业(市民农园)政策,推动CSA示范农场建设,既分摊了农场的运营成本,也提升了社会影响力。

2017年,是中国生态文明建设的转折年,中央生态环境保护督察全面启动,环境治理和生态修复成为各级政府的中心任务,全国养猪场拆迁清退风暴也在各地展开。面对潜在的市场机会,小毛驴团队与吉林长春市云凤农牧专业合作社开始战略合作，计划联合推广发酵床环保养殖法。一方面，将小毛驴的简易鸡舍改造为发酵床鸡舍，加上原有的发酵床猪舍，共同升级为发酵床养殖示范区，通过自然农业技术展示、自然农业培训与落地实施、自然农业畜禽产品代销，获得市场机会和经营收益；另一方面，进行自然农业种植示范园建设，打造永不落幕的农博园。但因随之而来的北京“拆违、疏解、整治促提升”专项行动等原因，这些计划最终未能实施。特别是自2018年5月海淀区推行“散养畜禽清退”政策后，小毛驴不再开展养殖活动，走过了十年的小毛驴发酵床养殖示范也退出历史的舞台，种养无法循环，生态农场面临尴尬境地。

小毛驴市民农园的“零”农药环境和良好的生态资源，吸引了山水自然保护中心。2017年4月，山水自然保护中心与小毛驴合作，启动了“小毛驴市民农园池塘生态系统恢复试点项目”。之后经过一年多的湿地管理维护、生物群落的监测调控，农园的两个池塘已经成为野生生命的乐园，发现各类物种达近百种。山水自然保护中心的工作人员用影像和文字的方式，记录下这些可爱的生命，于2018年6月编印出版了《北京小毛驴市民农园池塘生物认知手册》。

2018年10月3—4日，北京小毛驴市民农园举行了创立十周年庆典，同时，国仁乡建社企联盟也正式启动。

经营小结：

这些年农场的频繁改革调整，以及难以确定一个主营方向，其中一个主要原因是土地使用方式不确定。早先，因为产学研基地委托经营的缘故，农场一直不能与政府达成土地租赁合约，土地能否持续使用成最大的不确定因素。2009年至2011年是免租委托经营，2012年至2015年是每年续签一次合作协议并按年上缴租金，到2016年1月，农场才正式与镇属公司签订了为期17年的土地使用合同，有了相对稳定的经营空间，可以做长期经营的规划，但地租却翻了一番,盈利的压力比以前大很多[①]。

由于结婚、创业或者进一步学习深造等原因,从2011年开始,小毛驴核心创始及管理团队成员陆续离开了,人才流失、核心管理者缺位,是小毛驴转型发展的最大问题。2015年开始,人才短缺、创新能力下降越发明显。随着政府及企业(资本)以"互联网+农业"、精准扶贫、特色小镇、田园综合体等各种(政策)形式大量进入"三农"领域,导致农业要素价格不断攀升,市场竞争和人才竞争愈演愈烈,CSA模式和小毛驴市民农园,逐渐由过去的社会焦点变为常态,在工作环境、福利待遇、发展机会、创新空间带给人的自我实现的成就感等方面,小毛驴吸引人才的优势消退。实习生招募难,留人更难,计划拓展的"国仁农智大学"人才培养计划也搁置了。加之本地农人老龄化严重,有管理和种植经验的农人难以为继,在2017年北京疏解外来人口政策的背景下,外地优秀老农更是难以吸纳。此外,北京的"疏解整治促提升"(含2018年的"大棚房"清理整治)、"散养畜禽清退"政策,让很多农场业已形成的经营模式受到一定冲击,需要重新定位。

随着农场土地租赁期限的稳定,在经历"家庭式经营"和"企业化管理"之后,农场的经营者在商业化的大海里游历了一圈,决定重回"社区"的社会化定位,探索一种合作经营形态,调动社会各界参与,重新把资源整合到一起。因此在生产上,农场逐渐减少了种植、养殖等高成本的一产业务。在管理上,农场不再采用企业化管理模式,将已细分的部门进行合并,精简工作人员数量,以降低管理成本,提高效率。社会资源资本化的重新积累与转化,不仅为农场提供了一定资金与社会网络支持,也使得农场可以摆脱生产和销售压力,降低运营成本,轻装上阵,在实现农业三产化和社会公益事业的方向上有新的突破。这一转型的回归过程,正好验证了恰亚诺夫对于农业经济组织的分析:公司化方式并不适合小型农场的管理。

---

① 新的土地使用协议不是直接的土地租赁方式,农园所在的土地首先由一个地产开发公司从镇政府租赁获得,农园再从这个公司取得部分土地的经营使用权。

三、探索与创新："小毛驴"的运营模式

自创园以来，小毛驴市民农园一直秉承社会企业的经营理念，以社会综合收益最大化为发展目标。通过将生态农业的种养模式与市民农园的经营相结合，充分发挥农业的观光休闲、文化传承、食农教育等多种功能，将传统农业与城市居民对健康生活的追求充分连接起来，成为北京人的"放心菜园"和"桃花源"，最终形成一个包含市民租地、生态农产品产销、生态农业示范、观光体验、社会教育、人才培养、技术研发、环境保护、理论研究与政策倡导等多领域的综合发展平台（图5-3）。

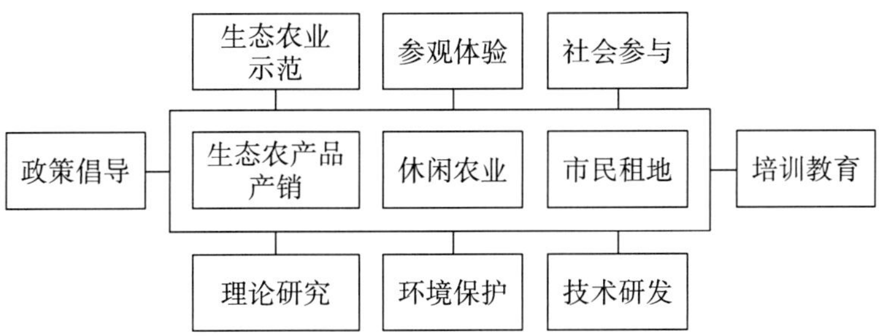

图5-3　小毛驴市民农园社会企业运营架构

小毛驴市民农园的运营模式，核心是将农村资源要素重新定价，充分发挥农业的多功能性，推进农业生态化和三产化，构建新型有机农产品产销直供链条（生产者与消费者结对子）；充分发挥政府、高校（大学生）、企业、农民、市民、媒体、社团等多主体的优势，打造多方共赢的社会化生态农业产业，最终形成农民生产合作与市民消费合作的城乡互助合作平台，推动乡村建设（图5-4）。

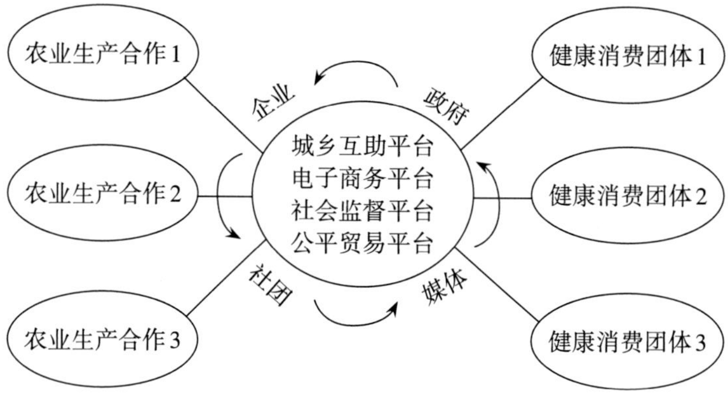

图5-4　城乡互助合作平台框架图

(一)生态振兴:坚持生态农业种养结合模式,推广适用生态技术

小毛驴市民农园与美国、印度、泰国、韩国、日本,以及中国台湾、中国香港等十多个国家、地区的生态农业实践团体建立了友好合作关系,并充分利用国内外资源,作为全球各地生态农业技术在中国的"中试"车间,发展出符合中国国情的、实效的、低成本的适用技术与技术规范,建立生态农产品的生产管理和质量控制体系,为可持续的农业生产、生活服务。小毛驴市民农园的农业技术体系,不仅结合了中国传统农业及现代自然农业、自然农法和永续农业等观念,还融合了农业、建筑、园艺等学科综合实践体系。

1.生态设计。

2008年小毛驴建园伊始,就邀请了台湾著名生态建筑师谢英俊带领的"乡村建筑工作室"团队进行小毛驴生态农场的规划设计。设计体现了生态农业、资源循环利用的理念,种植与养殖区域分布合理,农田、果园、湿地、树林错落有致,耕作与休憩各得其所,有利于发挥协同效益,形成了良性生态系统和农园内部的生态循环,营造了有山有水有田的城郊乡村田园风光,成为城里人来这里"洗胃""洗肺""洗眼""洗心"和享受"慢食""慢村""慢生活"的生活空间,放大了农业的环境正外部性。2017年小毛驴与山水自然保护中心合作的池塘"水体生态系统恢复试点项目",更是为市民创造了观察自然生命世界、生态演替与修复的体验学习场所。

2. 永续生产。

小毛驴市民农园尊重本地自然条件和以本土社群为基础的传统农耕经验，遵循种植养殖结合原理，坚持无农药、无化肥、无除草剂种菜，采用自然农业养殖法，生产过程开放透明。

2008年10月，小毛驴与韩国赵汉珪地球村自然农业研究院、吉林延边自然农业研究所等机构战略合作，引进并本土化自然农业技术，开展优质时令蔬果生产、土著微生物采集、土壤保墒培肥、病虫害防治、杂草控制及发酵床养猪法等技术试验与应用。

在种植方面，主要依靠人工种植，不使用农药、化肥和大型农业机械，不使用转基因农作物种子。养殖方面，农园采用自然养殖法，其核心是依靠本地有益土著微生物分解排泄物，以达到降低污染、节约用水、增强猪的抵抗力的效果。

在土壤改良方面，主要措施包括制作堆肥、使用有机肥（牛、羊、马粪等），以及用天然材料制作的营养液（果实酵素、天惠绿汁等），禁用化肥和除草剂。农园的肥料来源主要有三个途径：园区通过发酵床养猪法沤制的猪肥，其中在沤肥过程中使用的微生物也是园区自己采集和培养的土著微生物；园区自建堆肥栏，利用厨余垃圾、菜叶和秸秆等原料，堆制有机肥；外购牛粪、蚯蚓肥作底肥，麻渣作追肥。

在病虫害防治方面，农园追求整体生态系统的多样化，禁止使用化学合成农药，一方面自制辣椒水、烟叶水，浸泡草木灰水、苦参碱水进行生物防治，或者使用悬挂黄板、安装防虫网等物理方法防治；另一方面，通过轮作、间作、多样化种植、休耕等方式，尽可能降低病虫害大规模发生的概率和风险。

3. 可持续生活。

2004—2008年，小毛驴团队曾引进、本土化改进了由联合国儿童基金会、瑞典国际发展合作署（SIDA）和全国爱卫办合作研发的粪尿分集式非水冲生态卫生厕所的建造技术,先后在北京、辽宁、河北、河南、海南等地的农村地区和城市郊区兴建了几十座各类型的粪尿分集式生态厕所,并编印《粪尿分集式生态厕所理论与实践》一书作为指导手册。2008年,小毛驴创办伊始,就在园区应用粪尿分集式生态厕所,通过从源头将粪、尿分开收集并进行无害化处理,节约了水资源,利用了人粪尿,发挥了很好的示范作用,取得了很好的环保效果。此外,全园实行垃圾分类、厨余堆肥和麦麸洗碗;2013年,地球站公益创业工程项目(中央财政支持社会组织示范项目)在小毛驴市民农园设立站点,收集小毛驴租地市民捐赠的家庭闲置废旧物品(衣服、书籍等),捐赠给城市工友、贫困地区的弱势群体等,通过把环保落实在每一个生活细节,对市民和孩子们起到潜移默化的"教化"作用。

(二)产业振兴:发展市民农业,促进产消一体

1.开辟租赁农园,发展体验农业。

市民农园是由都市或近郊区的农民提供农地,让市民参与耕作的园地。这是都市居民参与农业的一种新模式。德国是世界上较早发展市民农园的国家。在19世纪初,德国就出现了由政府提供小块田地,供市民做自给自足的小菜园。

1919年,德国制定了市民农园法,确立了市民农园的模式。日本原以一二十平方米的生产性菜园为主,自1991年前往德国考察,回国后即开始推动二三百平方米的体验性市民农园,并制定了"市民农园整备促进法"。日本市民农园的类型较多,依据承租对象的不同,又可分为家庭农园、学童农园、高龄农园、残疾人农园(如盲人农园)等。

小毛驴市民农园创立的初衷,是为了开展市民农业教育,让远离乡村的市民家庭回到田野的劳动中,体验农民的艰辛、农业的不易、农村生活的风情,知道食物从哪里来、哪个季节可以产出哪些菜,了解不用农药、化肥的农产品的真实生产成本等,进而重新认识农业、农村和农民,为"三农"代言,促进乡村地区的发展。

租赁农园又称劳动份额，是小毛驴最早开展的经营性业务，也是市民农园经营的主要内涵，是低成本构建社会信任、参与式监督生产过程的有效方法。

具体做法是：市民在小毛驴市民农园承租一块30平方米的农地，并在种植之初，预先支付一整年的菜地租金和农资费用。农园提供工具、种子、水、有机肥等农资和必要的技术指导等服务，市民完全依靠自身劳动在承租的菜地上种植自己喜爱的各种蔬菜，体验农耕乐趣，收获健康农产品，并参加农园组织的各类活动，协助农园建设。如果市民没有时间管理，可以委托小毛驴农园代为管理。

根据市民与农园合作关系的不同，劳动份额又分为三种类型：①自主劳动份额。市民需要自己打理农园，从移苗到收获都由市民自主完成。②托管劳动份额。市民只需自己播种和收获，其他农活可由农园代为打理。③家庭健康菜园。农园按照市民的要求，种植相应的农作物品种，并提供全面的管理和服务，收获的蔬菜等产品也由农园负责配送到市民家里。每种类型的面积、双方的权利义务、服务内容、费用等，详见表5-1：

表5-1 小毛驴市民农园劳动份额类型

份额类型	菜地面积	份额特征	服务内容	份额费用
自主劳动份额	30平方米	自己播种，自己管理，自己收获。 ——完全自主的都市农夫！	农资、工具免费，技术指导，免费活动。	1,500元/年
托管劳动份额	30平方米	自己播种，农场管理，自己收获。 ——悠闲快乐的耕种体验！	农资、工具免费，技术指导，托管服务，免费活动。	3,000元/年
家庭健康菜园	60平方米	自己设计，农场种植，农场管理，农场收获，即时互动，配送到家。 ——健康安全的有机享受！	农资、工具免费，技术指导，保证产量，配送到家，免费活动，赠采摘、餐饮。	12,000元/年

资料来源：《小毛驴市民农园2012年CSA社员手册》。

劳动份额不仅为市民提供了种植蔬菜的健康土壤,更为他们提供了假日休闲、亲近自然的幽雅环境。每周到农场耕种,可以消费农场自产或代销的其他健康农产品,还可以结交朋友,形成一个熟人小社区。

劳动份额中参与耕作的市民,以退休老年人(老知青)或有孩子的中年人为主,他们多有农村生活的经历,也满足了"敬老爱幼"的社会需求,甚至被誉为"唯一可以让一家三代同时体验的娱乐方式",充分体现了农业的多功能性,是农业三产化的典型形式。

劳动份额是小毛驴市民农园的一项基础业务,深受市民欢迎。参与劳动份额的数量,2009年为17份,2010年为113份,2011年为236份,到2012年则升为374份,达到最高峰。2009—2018年,10年来累计为北京市近1,000个市民家庭提供租地种菜服务,有机蔬菜总产量约100万斤。

作为城市里的"自耕农",这些市民通过劳动释放了城市生活中的压力,学习了农耕技能,强壮了体魄,促进了家庭融合,也为国家塑造了身心健康、接地气的下一代。市民下乡,推动了乡村旅游,传承了农耕文化,振兴了农村经济,特别是促进了城乡人才流动,让传统农业越来越时尚化、科技化。而市民农园这种形式本身,也风靡城乡,成为很多休闲农庄或房地产项目的配套服务,让农业回嵌城市和社区。

2.开展生鲜蔬菜宅配,促进产销对接。

小毛驴市民农园通过构建多重信任体系和产品直销服务系统,打造"本地生产、本地消费""食在当地、食在当季"的产销共同体,将传统市场运作中被分割的生产者和消费者之间的纽带重新建立起来,缓解食品安全压力。这种产销方式实现亩均产值3万元,五倍于常规农业产值,经济效益显著。

生鲜蔬菜宅配又称配送份额,是CSA的典型形式。具体做法是:小毛驴市民农园的CSA成员,与农园建立"风险共担"的合作关系。成员在一个季节的种植之初,就预先支付下一季蔬菜份额的全部费用,农场则按照预定计划负责任地生产出各种健康安全的蔬菜和其他农产品,并与物流公司合作,定期定量配送给市民家庭，实现生产者和消费者的连接，确保食品安全。生产过程产生的各种风险由双方共同承担。市民可以不定期参与农园的劳动体验活动，并监督农园的农业生产，以确保农产品的品质。这项业务是农场最重要的经营性收益来源。

小毛驴农园的蔬菜配送分为常季配送（半年）和冬季配送（半年）两种类型，配送周期为半年25周，每周一（或两）次；每次蔬菜品种不少于10种；配送时间一般为周三和周六，周二（五）下午开始采摘耐储存的蔬菜，周三（六）早5点就开始采摘叶菜，以保证新鲜度；配送的蔬菜总量依据协议分为半年累计200斤、300斤、400斤、500斤不等，配送运费则根据不同配送类型单独计算。2012年，小毛驴市民农园的蔬菜配送方式、重量、费用等，详见表5-2：

表5-2　小毛驴市民农园常季配送份额类型

<table>
<tr><th>家庭人口</th><th>每周菜量</th><th>配送频率</th><th>送菜次数</th><th>送菜总量</th><th>份额菜金</th><th>送菜方式及运费</th></tr>
<tr><td>二人家庭</td><td>8斤</td><td>一周一次</td><td>25次</td><td>200斤</td><td>2,000元</td><td rowspan="4">取菜方式：农场自取、取菜点取、配送到家，不同配送方式运费不同（另计）
取菜点：农场、苏州街、回龙观、雍和宫、阜成门</td></tr>
<tr><td>三人家庭</td><td>12斤</td><td>一周一次</td><td>25次</td><td>300斤</td><td>3,000元</td></tr>
<tr><td>四人家庭</td><td>16斤</td><td>一周两次</td><td>50次</td><td>400斤</td><td>4,000元</td></tr>
<tr><td>五人家庭</td><td>20斤</td><td>一周两次</td><td>50次</td><td>500斤</td><td>5,000元</td></tr>
</table>

资料来源：《小毛驴市民农园2012年CSA社员手册》。

小毛驴市民农园为每份蔬菜准备了配送箱，贴上记录成员信息的卡片。农园每周制作《小毛驴市民农园CSA简报》，随蔬菜一起配送到市民家中，让不能经常来农园的市民了解园区动态。市民也可通过简报和信息卡反馈意见、彼此交流。

配送份额是小毛驴市民农园结合社区支持农业（CSA）推出的一项创新业务。市民参与配送份额的数量，2009年为37份，2010年为280份，2011年为460份，到2012年则升为620份，达到最高峰。2009—2018年，10年来累计为北京市2,000多个市民家庭配送了200多万斤有机蔬菜，为北京缓解食品安全压力、创建海淀食品安全示范区做出了很大的贡献。

2013年以来，随着互联网和快递业的迅猛发展，由小毛驴市民农园将CSA本土化了的"生鲜蔬菜宅配"业务，演变为较为成熟的农业商业模式，成为很多大资本投资的新兴农业产业。

（三）人才振兴：推行小毛驴CSA实习生计划，打造新农人的"黄埔军校"

随着生态农业在国内的兴起，越来越多的青年人开始关注农业领域。而只有越来越多的青年人回归"三农"，才有美丽乡村的可持续发展。创园伊始，小毛驴就把培养"爱农业、懂技术、善经营"的农商复合型人才作为工作的重心之一。2008年，在社区伙伴(PCD)的资金支持下，小毛驴正式启动了"小毛驴市民农园CSA实习生项目"，每年招收约10位实习生，在农场开展为期8个月的耕读实习，实习生和农场工作团队一起共同完成一个种植与配送周期[①]。

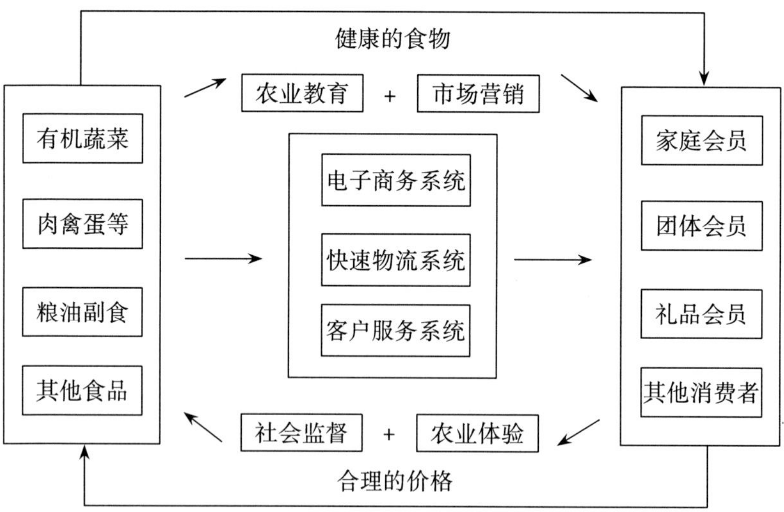

图5-5　城乡对接产业模型

实习生学习的内容，除了乡村建设与生态农业理论外，更主要的是现场

① 在北京地区，一个农业生产周期通常是9个月，冬季有3个月休耕。因此农场的实习生周期设计是配合农业的生产周期进行的，后来农园增加了部分温室大棚种植，也新设了为期6个月的冬季实习生。

参与农场CSA运营的各个环节如农业生产（种植养殖）、景观建设、技术研发、产品营销（租地种菜、生鲜宅配、农夫市集）、客户服务、农业传播（CSA简报编辑、微信微博、媒体互动）、培训教育（来访接待、亲子教育、农业节庆活动、全国CSA培训班、全国CSA大会）和农场经营管理（项目管理、农场管理）等农业全产业链的体验学习，此外还参加中国CSA农场之旅的游学。他们向大自然学习，向农民学习，向团队成员学习，在游学中向行业伙伴学习，同时在服务市民、组织各种活动的过程中，积累了丰富的人脉和智力资源，为他们成功返乡创业奠定了基础。

“小毛驴市民农园CSA实习生计划”起步早，是国内第一个比较系统的对CSA人才的培养计划。2008—2018年，共培养了11期总计127名新农人，其中有四分之一留在农业领域，成为全国各地发展CSA的带头人和返乡农业创业的重要力量。他们曾先后发起或参与了广州沃土工坊、河南归朴农园、江苏大水牛市民农园、福建故乡农园、北京分享收获、四川亮亮家庭农场、重庆合初人自然农园、重庆打平伙社区食堂、重庆酷虫巴士、上海设计丰收、浙江梅和鱼等十多个CSA项目。小毛驴农业实习生培养体系，在缓解大学生就业压力的同时，也营造了一种重视农业、回归乡土的氛围。

此外，每年暑期，农园都会接待来自中国人民大学、中国农业大学、北京农学院、福建农林大学、山西农业大学、香港岭南大学等高校大学生志愿者参与为期2个月的农园生产劳动和建设，并安排组织各类学习实践活动。10年来总计约200名学生受益，很多学生毕业后继续在农业领域深造、工作（创业）。

作为有中国人民大学背景的产学研基地，相较于常规教育体系，小毛驴市民农园的青年人才培养模式突出实践性、生产性、综合性、社区性的特征，融合了自然农业种养殖技术、农业三产项目的运营与开发、农业产销服务各个链条、农村社区服务与合作组织等多方面实训内容，是对传统农业教育的极大补充。通过着重培养动手能力、创新能力和组织能力，大学生、青年农民等不同群体都可以在实践中学习、在团队中成长,可以迅速掌握新型农业的生产、管理经验,无论是在异地还是返乡创业,都是不可多得的人才,是真正意义上的"一懂两爱"人才。

(四)组织振兴:推动全国社会生态农业互助网络建设

1.全国CSA大会。

中国地域辽阔,南北方、东西部的自然经济文化差异巨大。2010年1月,为了把北京小毛驴市民农园的CSA模式向全国推广,让各地因地制宜发展在地的CSA,形成不同的运营经验,在中国人民大学乡村建设中心的支持下,小毛驴市民农园发起举办了第一届全国CSA大会,并正式成立了"市民农业CSA联盟"。

此后,又分别于2010年11月、2011年10月、2012年11月在中国人民大学举办了主题分别为"城乡互动与可持续生活""新农夫、新城乡""爱生活、爱故乡"的第二、三、四届全国社区支持农业(CSA)大会;2013年,全国CSA大会首次走出北京,在上海的同济大学召开了主题为"新三农、大设计"的第五届全国CSA大会;2014年,全国CSA大会走进东南地区,在福建农林大学举办了主题为"新农业、新故乡"的第六届全国CSA大会。2015年11月,在农业部、清华大学、中国人民大学、北京市农研中心等机构的支持下,小毛驴市民农园联合顺义区人民政府、分享收获农场承办了主题为"生态农业与乡村建设"的"第六届国际CSA大会暨第七届中国CSA大会",并揭牌成立"中国社会生态农业CSA联盟"和"中国乡村建设参与式保障体系(RRPGS)"。此后的2016年、2017年,又分别在浙江丽水、贵州铜仁举办了第八、九届全国CSA大会。

每年一届的全国CSA大会,推动了全国范围内的CSA模式发展。截至2017年,全国CSA农场已发展到1,000多家。据统计,第九届全国CSA大会累计共有来自30多个国家及中国28个省市自治区的6,000多人参会,其中发言嘉宾约900人,基本囊括了中国和全世界范围内生态农业领域的顶级专家,是中国民间最大的生态农业盛会,基本形成具有国际影响力的全国性

CSA网络，并在理念上、理论上、行动上，对中国社会变革、城乡互助融合发展产生了深远的影响。

2017年，社会生态农业CSA联盟正式注册为“北京市顺义区生态农业发展协会”，转向独立的机构运作。

2.全国新农夫市集。

自2009年开始，在小毛驴市民农园的组织、推动下，以社区伙伴（PCD）网络、市民农业CSA联盟、全国CSA网络为基础，以小农场、小餐厅、手工作坊、农业教育机构、环保组织等为主要参与者，在小毛驴市民农园的开锄节、端午节、丰收节和全国CSA大会上，多次举办了北京地区的农夫市集和全国“新农夫市集”。经过2年的发展，2011年在北京一些热心市民志愿者特别是常天乐的努力下，最终形成“北京有机农夫市集”的机构化运作，每周末在北京不同城区开集。

随着农夫市集在北京的兴起，全国很多地区都逐渐出现了地方性的市集活动，例如上海农好农夫市集、郑州生态农夫市集、西安农夫市集、成都生活市集、长沙农夫市集、福州农夫市集、厦门农夫市集、深圳农艺市集、南宁都市农墟、昆明采耘农夫市集、贵阳生态农耕市集等。如今，农夫市集已成为各大城市一道独特的风景。

3.全国CSA培训班。

为推广生态适用技术和CSA运营模式，引导有机小农、农村合作社及各类型农场向可持续农业转型，2011年5月、8月，2016年6月，小毛驴先后举办了三期全国自然农业技术培训班，培训学员120名；2013年3月、8月，2014年4月、8月，2015年4月，先后举办了五期全国CSA培训班，培训学员200名；2013年7月，举办了首期永续生活工作营，培训学员20名；2015年6月，举办第一期全国农场经理人培训班，培训学员35名。此外，还先后到北京市城区居民小区、北京顺义、河北顺平等地现场，为市民和农民合作社社员开展小型农业技术培训活动，受益学员约100人。上述活动累计培训学员约475名。

(五)文化振兴:传播乡土文化,促进城乡融合

1.传播乡土文化,探路亲子农业教育。

海洋文化学者李二和在其《舟船的起源》中写道:“文化是一切生命文明行为的代称,大自然是人类文化的根本导师和启蒙者。我们几乎没有一样科学发明是凭空想来的,莫不受自然的启示。人类的文化是大自然的恩赐。”也就是说,人类的文化其实源于乡野、源于土地。

世界近几百年的工业化、城市化发展,导致乡村的空心化及乡土文化的日渐衰落,城市文化也日渐摆脱了母体——土地和乡村的束缚,变成一种近似无根的自娱自乐和矫揉造作。文化,渐渐远离了人们的心灵与日常生活。正如美国享有国际声望的科学家和环境保护主义者奥尔多·利奥波德在其《原荒纪事》中所指出的,“生态学的基本原则是视土地为一个群落,但土地应受到爱惜和尊敬却是道德伦理的延伸。土地为文化之母是早为人知的事实,但近来常常被人遗忘”。

在河北晏阳初乡村建设学院的时候,团队就“什么是文化,学院要发展一种什么样的文化”有过很多争论,最后大家的共识是:文化就是过日子——生活即文化!正是这一朴素的价值观,在2008年创办小毛驴市民农园时,他们就自我赋予使命——创造一种全新的文化与社会价值观。毛驴是农耕、是乡村的象征,市民是城市的象征,农园就是推动城乡互助、农民与市民平等合作、都市与乡村文化相融合的大舞台。这,就是小毛驴市民农园最本质的含义与定位。从取名字开始,就决定了他们做事的方向。

小毛驴市民农园的存在,正是一种回归,让世人重新审视乡村、土地、劳动和农人的价值;小毛驴团队近10年的追求与梦想,其实就是为了让更多的人“真心地回归乡土,真诚地为本土服务,真实地生活在土地上”。

中国的农耕文化源远流长,农事也是一种神圣的艺术,农民一般会在农闲时举行祭祀仪式,开展各种文娱民俗活动,寓教于乐。从2009年开始,小毛驴市民农园每年都会组织各种农业节庆主题活动,如开锄节(4月)、立夏粥

(5月)、端午节(6月)、柳林立秋节(8月)、中秋节、丰收节(10月)和柳林小年俗千人饺子宴,每次节庆活动都有上千人参加(包括苏家坨镇地区农民文艺队的逗驴、扑蝴蝶、太平鼓等民俗文化表演);2011年4月的开锄节,参与人数高达2,500人,创历史最高。10年来累计参与人数至少6万人。此外,还举行过多次"大地民谣音乐会"、编撰了《柳林村村史》(2014年),推动了"柳林风物园"的建设,为传承农耕文化、发扬乡村文明做出了贡献。

市民农园兼具生产、生活、生态三重功能。小毛驴市民农园依托农场的自然(泥土、蔬果、昆虫、畜禽)、农事(农耕、园艺、建设、食品加工)和民俗民艺三类特色资源,2010年,推出"木工DIY";2011年,开辟"田间学校";2012年,推出"亲子社区"和"柳林村暑期儿童夏令营";2013年,开展"都市农夫体验营";2014年,开辟"儿童乐园";2015年,推出乡土文化夏令营和京西稻插秧节与丰收体验营;2016年,建设小动物乐园……通过开展农业科普与农业教育主题活动,家长可以和孩子一起认识植物、喂养动物,动手做手工、制作美食、自制木制玩具,或者晒太阳、欣赏风景、享受亲子时光。10年来,通过与中小学校、城市社区、企事业单位、亲子教育机构合作,小毛驴累计举办了近千场、2万人次参与的丰富多彩的农耕文化与食农、环境教育活动,既构建了小毛驴的软实力,也演化为一项创新业务,在自身创收的同时,源源不断地为劳动份额和配送份额转化客户。很多孩子的童年时光(周末)也都是在小毛驴度过。2017年5月,小毛驴市民农园成功申请为海淀区社会大课堂资源单位、区教委阳光少年主题活动基地。

2.开拓全国"爱故乡计划",促进城乡融合发展。

进入新世纪以来,在城镇化发展进程加快的同时,乡村却逐渐衰败,千千万万城市人乡愁泛起,迫切渴望回到乡村去"治病"。

2012年初,中国人民大学乡村建设中心的福建团队首先在福建省发起了"爱故乡计划";2012年底,在小毛驴市民农园团队的牵头推动下,在主题为"爱生活、爱故乡"的第四届全国CSA大会上,正式面向全国发布了"爱故乡计划”,启动了“发现故乡之美”图文征集活动,通过“故乡情怀”唤起人们发现乡村价值、参与家乡建设的热情与自觉行动。

黄志友成为新启动的全国“爱故乡计划”的实际统筹操作人。作为经历过学院、“小毛驴”的乡建老骨干,他深知爱故乡的最大意义,就是把在创办小毛驴市民农园、推广CSA过程中累积的城市资源,向农村转移,支持乡村的发展;通过“爱故乡计划”把城市与乡村连接起来,把市民与农民对接起来,实现城乡共建、融合发展。

五年多来,爱故乡团队先后开展了“发现故乡之美”“寻找故乡之歌”“寻找新乡贤——爱故乡年度人物评选”“青年爱故乡”“爱故乡生态文化节”“爱故乡工作站”“爱故乡大会”和“爱故乡工作坊”等大众参与的活动,初步形成生态保育、文化传承、人才培养、组织再造、百业兴旺“五位一体”系统,全方位推进乡村振兴。“爱故乡计划”通过挖掘本地乡土文化资源、发挥新乡贤的力量、搭建在地的爱故乡平台,发展地域生态经济,引导社会各界人士关注“三农”,为保护、传承华夏五千年农耕文明与乡土文化注入了新的活力。

四、不变的初心:“小毛驴”的社会影响与未来展望

(一)小毛驴的社会影响

十年来,在北京市及海淀区各级政府的正确领导和社会各界的广泛参与下,小毛驴市民农园贯彻中央关于生态文明和多功能的两型农业的政策思想,汲取发达国家大城市郊区农业发展经验,积极探索适合首都特点的都市型现代生态农业发展路径,在社区支持农业(CSA)推广、食品生产安全、新技术推广应用、农村劳动力就业、农业效益提升、市民农业实践、CSA农业人才培养、农耕文化传播、亲子自然教育、都市农业政策推动等方面取得显著成效,成为有着全国性影响力的新型农业示范项目及带头人,搭建了一个新型农业领域内的“实验室”与“孵化器”的综合性农业平台,并取得三个突出成果:

一是经济效益大幅提高。两个农园(后沙涧农园和柳林村农园)用不到二百亩耕地实现年产值近600万元(亩均产值超过3万元),五倍于常规农业产值。吸收当地近50名村民就业,人均年收入3万元以上。

二是生态效益逐步显现。农园耕地经过有机农业耕作得到了有效改良,过度依赖化学农业对土壤造成的伤害得到相当程度的恢复,土壤理化性质得到极大改善,农田生态系统逐渐恢复平衡,实现了生产经营过程中的低成本生态修复。

三是社会效益十分显著。十年来,小毛驴团队一直秉承社会企业的经营理念,以社会综合收益最大化为发展目标,在做好自身经营的同时,先后参与、推动了全国社会生态农业(CSA)大会(2009年)的举办、北京有机农夫市集(2011)的发育、全国"爱故乡计划"(2012)的开拓和中国社会生态农业CSA联盟(2017)的成立,为中国生态农业与城乡融合发展做出了贡献。农园的生态技术和发展模式,已经在全国多个地区得到推广应用,据不完全统计,在小毛驴模式的带动下,全国以CSA模式运作的农场已超过1,000家。

农园先后荣获2011年北京市社会主义新农村建设创新奖、2012年农业部全国休闲农业创意精品大赛"园区创意银奖"、2013年福特汽车环保奖、团中央"2014中国青年就业创业典型人物"、世界动物保护协会动物友好型可持续性"示范农场项目"(2010—2013)等奖项;先后受到新华社、《人民日报》、中央电视台及BBC、CNN等海内外400多家媒体的正面报道,塑造数千万的品牌价值;先后接待各地政府及海内外各界团体的参观、考察和学习至少10万人次,成为全国乃至世界范围内社区互助农业模式的优秀案例和代表。从体验农业的社会教育功能看,单位面积的社会参与度最高。

从2009年起,农园针对小毛驴CSA成员编印《小毛驴市民农园CSA简报》《田间地头》等内部刊物50期,包含由小毛驴工作团队、实习生、会员投稿的近1,500篇反映田园生活与"三农"思考的文章、诗歌,向市民和社会参访人员累计发行约2万册,为CSA的实践推广与理论化提升留下了宝贵的一手资料。

小毛驴作为国家行政学院、中国人民大学、西南大学中国乡村建设学院、北京农学院等多家高校现场教学基地,10年来累计接待了近100批国内外大学生或研究人员前来农园访谈调研,发表学术论文上百篇,产生硕士、博士论文20余篇;促发了国内外CSA研究热,百度搜索关于中国CSA论文总计2,600多篇。

小毛驴先后承接了教育部应急项目“通过新农村建设促进国家金融危机条件下中国经济社会的和谐与可持续发展”、中国人民大学985三期项目“中国农村发展哲学社会科学创新基地”、北京新农村建设研究基地课题“北京农业创新与功能拓展研究——发展北京都市型生态农业的重点、难点与政策建议”、北京市农村经济研究中心“北京市民农园建设标准与经营规范研究”(2016年)、北京市科学技术委员会“社区支持农业科技创新创优服务平台建设与惠民应用”(2017年)等课题研究,及时总结了CSA的实践经验,促进了农耕实践与理论相结合,并深化了CSA、都市农业与新农村建设的理论研究。在北京市农研中心的支持下,由小毛驴团队编著的《中国农业的生态化转型——社会化生态农业理论与实践》一书也于2017年2月由中国农业出版社正式出版。①

作为北京市海淀区的产学研基地项目,市、区两级政府和有关部门一直非常重视这个与农业安全和群众参与式管理都相关的自主创新项目。CSA内涵的生态性、本地性、互助性等原则,客观上已成为各地政府在构建两型社会和加强社会管理创新两个方面可资借鉴的重要模式。

(二)小毛驴的未来展望

在乡村振兴的新时代背景下,小毛驴市民农园十年的探索,可谓是乡村振兴的前瞻和前战。这些实践和努力,从生态振兴、产业振兴、人才振兴、组

① 温铁军主编,中国农业出版社出版,此书收集了近年CSA的各种研究和案例,并收录了第七届全国CSA大会部分嘉宾的发言,小毛驴团队的黄志友、严晓辉是编委会主要成员。

织振兴和文化振兴五个方面，都做出了卓有成效的尝试，成为各地推动乡村建设、城乡融合发展的有效参照。

新的十年，小毛驴团队在大力推进自2009年开启的全国CSA推广事业的同时，也在积极探索转型之路。一是由生产型CSA农场转型为示范型、教育型可持续生活农场，实现平台化的综合功能，成为中华农耕文化城乡交流、国际交流的窗口；二是依托"国仁乡建社企联盟""中国CSA联盟"和"爱故乡"等平台和网络，响应国家乡村振兴和大力发展社会企业的战略，将市民农业试验项目转型为乡村建设社会企业孵化基地，让更多的"小毛驴"走出去；三是通过技术展示、人才培养、项目孵化、生产服务等方式，继续充当城乡沟通的桥梁，建立全国有机农产品展销中心。最终将这里变为城市农夫的田园、孩子们的乐园、新农人的学园，以及"爱故乡"的家园！

就像土地要恢复活力一样，我们的文明要恢复活力，就要从农业里寻找新资源，只有以虚心、平等、尊重的姿态，在城市与乡村之间、农业生产者和消费者之间架起沟通与资源合理分配的桥梁，才会有农业的美好前景，才能从根本上解决快速城市化和工业化带来的"三农"问题，最终实现城乡共建。小毛驴市民农园，正是这座沟通城乡的桥梁。

第二节　沃土工坊的社会企业实践①

【案例导读】本节介绍的广州沃土工坊（Nurture Land）是国内目前最大的小农生态农产品销售平台之一。从2006年至2019年，沃土工坊业务范围不仅包括小农生态产品销售，还包括开展生态农业技术教育的"沃土可持续农

① 本节选自：常婉婷，郝冠辉．公益之左，商业之右，沃土在两者之间——沃土工坊的社会企业实践[M]//黄志友，崔国辉．生态农业与有机乡村——新农人故事十则．石家庄：河北人民出版社，2019：140-158．文章成稿于2018年，收入本书时有少量删节修改。

业发展中心”、培育综合性的新农人的“沃土农耕学校”、发展儿童自然教育的“旗溪自然部落”等板块。沃土工坊的成功运营让市民和农民交上朋友,不仅为生态农户解决销售问题、技术问题和农场经营问题,也为城市居民提供了自然教育、生态产品和可持续的有机生活方式。

概述

食品安全问题让越来越多的生产者意识到环境和食安危机,开始向生态生产转型,也因此孕育了一系列乡村建设和社区发展的机构,帮助农人改善生产技术。直至农作物收获了,才发现一个尴尬的问题——“卖不出去”。

从包销稻鸭米,到帮助上百位返乡青年解决返乡生存压力和生态农产品销售的难题,支持转型有机种植的土地近万亩,广州沃土工坊已成为国内目前最大的小农生态农产品销售平台之一。从0成本的口碑营销,到营业额突破一千万元,沃土工坊帮上万名消费者找到了食物安全的出口。

2006年,沃土工坊始于草根非营利组织,继而发展成综合性社会企业。而现在,“沃土计划”带动国内农业的系统性升级——成立沃土可持续农业发展中心,分享专业生态农业技术;建立沃土农耕学校,培育综合性的新农人;创立旗溪自然部落,让孩子有一个与自然连接的成长乐园。

十余年的时间,沃土工坊和国内生态农人一同成长,既产生了广泛的社会影响,又实现了商业的可持续发展。本节将从沃土工坊的缘起、发展、社会影响和商业拓展等方面综述分析,意在为正在或希望从事生态农业、返乡青年工作的从业人员提供参考。

一、为城市消费者和生态小农架起一座桥梁

1.企业使命。

广州沃土工坊是2006年初成立的一个非营利组织。创始团队关注“身心健康与土地健康”之间微妙的关系,在发展的过程中也逐步意识到很多社

会问题来自商业社会中“城市—乡村、农夫—土地”之间的掠夺关系。沃土工坊遵循社区支持农业（CSA）的理念，从起初一个小仓库到如今上万名会员，在城市消费者和偏远地区的生态小农户之间架起了一座桥梁。

“沃土工坊”的寓意是“在行动中滋养我们的心灵和土地，寻求健康、和谐的社会发展方式”。具体来说，沃土工坊是一个“生活圈”，通过帮助一些“小型的、尝试性的社会发展项目”，目前已在乡村教育研究、社区支持农业、乡村振兴等方面进行了在地项目的实践。

沃土工坊时任负责人郝冠辉在多次分享中曾强调：“沃土工坊一直明确自己的使命：支持生态小农，推动健康消费。在农村，沃土工坊和农夫交朋友，支持他们开展生态农业；在城市，沃土工坊和消费者交朋友，消费者们有渠道可以购买到真正放心的食物。”

2.发展历程（见图5-6）。

图5-6　沃土工坊业务发展图

2006年，沃土工坊由一群志愿者发起成立，为非营利组织；

2007年，沃土工坊在广东地区开展农业考察，宣传CSA理念；

2008年，沃土工坊由团购一包稻米开始，走向支持生态小农的社会企业之路；

2009年,沃土工坊在官堂村的大榕树下,有了第一个18平方米的小仓库;

2010年,沃土工坊开始通过电子邮件,为消费者提供生态农产品的邮寄服务;

2011年,沃土工坊有了第一家30平方米的小铺;

2012年,沃土工坊租下第一个100平方米的仓库;

2012年,沃土工坊总部搬迁至华南碧桂园东门的500平方米办公楼,成立沃土生鲜事业部,专注于蔬菜配送业务;

2014年,沃土工坊上线微信商城,结束了长达4年多的电子邮件寄送服务,成立沃土可持续农业发展中心,为更多的生态小农提供技术服务;

2015年,沃土工坊营业额度突破一千万元,支持数百名生态小农;

2016—2017年,沃土可持续农业发展中心出版4期可持续农业杂志;

2017年,沃土工坊成立第十年,完成沃土农耕学校众筹;

2018年,沃土工坊成立沃土农耕学校,联合发起旗溪自然部落。

3.企业文化:不仅仅是销售有机食品,也用有机的方式管理企业。

沃土工坊在过去十余年一直在成长和变化。在机构创立初期,负责人郝冠辉曾在消费者合作社、社会企业和公益机构中确定团队定位,最终他选择了"社会企业"。在他看来,在当时那个阶段消费者的意识还没有到位,力量不足;非营利机构在设计项目时会因为筹款等原因受诸多限制;而社会企业既可以完成机构使命,又可以实现商业成功,是沃土工坊最合适的选择。

对于企业管理,郝冠辉说其实如果搞明白有机农业的生产哲学,也就搞明白了"有机企业"的管理哲学。所谓"有机企业"不仅仅是销售有机食品这么简单。在他看来,有机农业最重要的一个原则就是培养好的土壤,让好的土壤来培养健康的植物。我们首先要弄明白企业生存的土壤是什么,他认为最重要的是人,即真正做到"以人为本"的企业文化。企业的构成是人,不同的员工是丰富的原材料,组合在一起堆肥发酵,才能培育出好的土壤。好的团队类似于土壤里面的团粒结构，具备强大的力量。所以沃土工坊一直按照自己培养团队的节奏，在不紧不慢地生长。依赖于资本的快速增长，就像依赖于化肥长大的作物一样，看起来比较肥大，但却是不健康的虚胖，对于逆境没有什么抵抗力。

沃土工坊现在有3个独立的团队，60多名员工，他们有的曾是沃土工坊的生产者或消费者，因为认同企业的价值观而加入。沃土的服务对象首先是沃土工坊员工，然后才是生产者和消费者。因此，除了提供稳定的物质基础，沃土工坊设计了一套员工成长培训路径，通过轮值做午餐培养员工的“匠人精神”、学中医、办读书会、组织非暴力沟通工作坊，沃土工坊希望让员工提供服务的同时被服务，从而引导他们自己过上可持续的健康生活，也把这种服务和理念传递给生产者和消费者。郝冠辉说“沃土每天都在团建，最好的团建就是一起做饭”。

二、和生产者的关系：重建人与土地的链接

沃土工坊希望和农民是朋友关系而不是雇主关系，郝冠辉用更直白的话说就是“小农户种出来的东西卖不掉，沃土工坊就想办法帮他们卖”。

1.选择生产者的标准。

沃土工坊经过10年的摸索总结出了选择合作生产者的“沃土生态种植5原则”。

（1）生态系统思维：主张从农业生态系统的角度管理农业，从生态平衡的角度修复土地，恢复生物多样性，适地适作，遵照植物、动物自然的生长规律，获得自然的产量与品质，并实现减少外来投入的、可持续的生态农耕。

（2）无害投入原则：在农业投入品上，不允许使用化肥、农药、除草剂、人工生长调节剂、转基因技术等。

（3）土壤改良原则：在土壤改良资材的选择上，选择与土壤改良和土壤可持续地力为中心的自然资材，实现在地循环。

(4)自然防护原则:从农作物和动物保护的角度考虑,主张通过环境的改善满足其生态需求,提高免疫力,当发生病虫害时,选择植物、动物或矿物源自然资材进行防护。

(5)可持续原则:主张将人作为生态农业系统的重要一环,通过保护农人可持续的生计与消费者食物安全权利,实现可持续的食物体系。

作为一家生态产品销售平台,沃土工坊的"选品标准"不单单看重生产方式是否有机,更注重生产者的思维方式是否生态可持续。目前,沃土工坊已与全国百余位生态生产者进行订单式合作,合作生态农户来源主要为三部分:

一是返乡青年:经过生态农业理念相关培训的返乡青年,对农药、化肥、除草剂如何严重损害土地有着深刻的理解,对生态农业技术有一定程度的把握。沃土工坊为他们提供销售平台,并努力建立消费者和生产者的紧密联系,使他们安心种植,同时,消费者能享受健康的生态食品。

二是助农类公益机构发展出来的生态小农:主要指公益机构的工作人员长期在乡村驻点,帮助当地小农发展生态农业,对生产者的种植方式有一定了解,能起到较好的监管作用。目前沃土工坊合作的公益机构有绿耕城乡互助社、桂林山水涅槃、柳州爱农会、香港懿传文化协会等。

三是生产方式转型的新农人:这些新农人有强烈的社会理想,从事生态农业往往不是以盈利为目的,而是出于对环境保护、食品安全等社会问题的思考。沃土也和这些有理念的小农场进行合作。比如广东清远连山的壮族瑶族自治县种植渔稻米的农户,就是由沃土工坊的工作人员亲自进行实地考察和协商后找到的合作农户。

2.把生产者当战友。

农民们最担心的,就是转型做生态农业后的产量和销售,如果这两点能得到保证,转型做生态农业对生产者是比较容易实现的。沃土工坊一直采用订单式包销的采购模式,会对同一个产品的生产和销售做一个评估计划,只有当一个生产者的产品都能销售完，才会给新的同类生产者下订单。因此刚创立的前两年，沃土工坊用70平方米的仓库只帮三位农户销售生态米，而现在沃土工坊和上百位满足“沃土生态种植5原则”的生产者签订了采购协议，产品种类涵盖农产品、加工食品、衣物、清洁用品和书籍等。

沃土工坊和生产者根据产量协商定价，销售额的70%会返还农户。这样即使采用生态农业的方式产量稍微低一些，但是因为沃土工坊给的收购价较高，所以农民的收入是可以保证的。比如连山地区，农户本来种一亩水稻的收成是800斤，大约可以卖到1,200元，和沃土工坊合作后，产量降到大约每亩600斤，但是由于每斤稻米的收购价在3.5元左右，最终一亩稻田的收益会增加到2,000元左右。由于有了良性收益，沃土工坊的合作农户也会影响他们身边的乡亲们，让更多生产者转为生态生产。

作为一个平台，沃土工坊除了销售产品外，也耐心地陪伴生产者成长，更在农夫和消费者的互动中做了不少努力。通过沃土工坊的微博和微信公众号，不难找到各类热销的产品介绍。与常规销售平台不同的是，沃土工坊更希望把种植人的初心和种植过程原原本本呈现出来，《桃花右主人告诉你他的红枣是如何种出来的》《我很丑，可是我很营养》《购买生态核桃仁，支持王坪爱乡会》，类似这样的故事沃土几乎每天都有，十年的时间已经累计上千篇。

很多返乡青年在开始从事生态生产的第一时间就找到了沃土工坊。百年栗园的王秀亮评价说：“国内真心支持生态小农，帮忙卖产品的平台也没几个。要说沃土和其他电商平台的不同其实有很多方面，最关键是企业使命和文化不同于其他同类企业，企业领导人对行业的认知和发展方向也很清晰。”

沃土工坊给生态小农最大的帮助是帮他们赢得了时间，让他们可以一边学习提升自己，一边把生产和经营慢慢培养起来，稳步提升。受访的很多农友表示，沃土工坊非常尊重和配合小农的产品，让小农可以非常舒服地专心种植和把控产品的品质，很少担心销售的问题，连付款都是货到即付款，从不拖沓,生产者遇到困难时还会提供免息预支货款和技术支持等。

为了增加产品竞争力,沃土工坊也会选择生产者的原料做产品升级。比如云南的谢雪梅是一名“返乡大学生”。她曾经是香港社区伙伴的CSA实习生,在桂林的双山自然农园实习一年后,回到了云南的家乡,继续在自己熟悉的土地上实践自然农法。现在她种植有机天竺葵并用其提取精油和纯露,沃土工坊用来做成各类天然护肤保养品在平台销售。

随着消费者数量增多,沃土的产品运营质量也在趋向标准化,但有时也会出现生产者不够多、产品品类少、品质不稳定等问题。2017年,沃土的一位长期生产者李立君的生态樱桃被检出有化学农药残留。虽然最后的调查结果是在其使用的生物农药苦参碱中检出了农残,且由于和常规果园间没有足够宽度的隔离带导致农药漂移,责任并不在生产者,但沃土工坊还是秉着采购原则最终下架了这款产品。取而代之的是在平台公开了整个事件调查过程和结果,并放上了立君微店的链接,让消费者自由选择是否购买。

沃土工坊成了帮助生态农友“活下去”的第一站。他们一边帮助生态小农改善种植方式,一边想办法把他们的收获与其背后的意义推广出去,让更多人支持生态生产。

3.分析与小结。

社区支持农业(CSA)最大的意义就是生产者和消费者直接沟通。欧美国家的生产者大多具有大学学历,有较强的专业能力和沟通能力,可以实现从生产到销售一站式工作。而国内大多生态农场或生态农夫不具备兼顾生产和营销的能力,需要一个中间组织,沃土工坊的出现很好地弥补了中间的断层,让生产者可以安心生产,不必为销售分心,多了一个分担市场风险的伙伴。

三、和消费者的关系：重建人与人之间的信任

1.把消费者当朋友。

几乎所有消费者选择食物的出发点都是出于健康的考虑，于是也就自然而然地找到了售卖生态产品的沃土工坊。沃土工坊并不愿意把用户称为“消费者”，更多的时候是以朋友的关系相处，特别是早期给消费者提供的更多是信任。

沃土工坊2008年刚起步的时候，平台80%的销售都来自深圳、广州、珠海等地的较注重自然教育和健康食材的学校、幼儿园。这些教育机构的食堂会选用沃土工坊采购的食材，家长们也会零散地从沃土工坊订货。因为这些教育机构注重食育、注重健康、亲近自然，所以他们对于生态农产品的接受程度比较高，也算是省去了消费者教育的一部分工作。当然，对于不了解生态农业的消费者，沃土工坊也组织过一些下乡参观活动，以及参观天然生活用品制作的工作坊等。

沃土工坊并没有做很多的宣传，最初都是靠消费者们的口口相传，日积月累达到了如今的知名度和良好运营现状。沃土工坊的消费者很少有对产品发生误会或者不满意的情况，这也是得益于信息的及时公开。在沃土工坊的博客上，时不时会有新产品的详细信息公布，产地在哪里、种植者是谁、用的什么种植方法和加工方法，都会一一呈现给消费者。有的产品是来自转换期的土地，这些消费者都会知道。有时发生减产的情况，需要适当抬高产品价格，平台也会详细地写明原因，以避免误会。

沃土工坊做了一个消费者邮件列表，以电子邮件发送产品和农人故事，并寄送生态产品给这个长长的名单。后来微信出来了，郝冠辉觉得“适合一些有理念的人构建一个社区的概念”，所以沃土工坊就开通了微信，结束了长达4年多的电子邮件寄送服务。

十余年的时间，沃土工坊从一群志愿者组建的队伍已经发展成40人的

专业团队,产品多达300多种,营业额也突破千万大关。现在的沃土工坊日常工作主要是推文—客服—打包—发货,和常规电商看似没有差别。但最大的不同是,沃土工坊的每一篇微信推文,都会不遗余力地向消费者介绍食物的名称、营养价值、农夫故事,让消费者了解选择的食物产自何处、以何种方式种植。

郝冠辉说,如何解决消费者的信任问题是最关键的。重建人与人之间的信任是沃土工坊的使命之一。而如何重建,创业之初,就有很多朋友提出用一些技术手段:安装摄像头、做检测等等。但是郝冠辉认为,建立人与人之间的链接才是解决信任的最好方式,比如带消费者下乡认识农友,和农友交朋友。

但是沃土的生产者遍布全国,有些农友是消费者见不到的,所以创业之初,郝冠辉亲自在店里做店长,真诚地接待每一个到店顾客,给他们讲述这些产品背后的故事,传达生产者对土地的热爱和对生态理念的坚持。到了后面消费者的数量越来越多,他觉得自己不可能再和消费者一一认识,那么建立消费者对于沃土平台的信任就成了关键。

如何让广大消费者建立对平台的信任,除了不断地讲述产品背后的故事、传递生产的理念,沃土也制订了严格的产品标准。比如曾经发生过一批苹果已经抵达沃土仓库,却检测出有微量农药残留的事故,沃土工坊当即决定,宁可遭受巨大的经济损失也要保持对消费者的公开透明,将产品全部下架,停止销售。

作为消费者,大家心中主要的疑问就是如何保证这些生产者是严格按照有机标准生产的,沃土是如何进行监管的。为此沃土组建了一个庞大的农友探访团队,对于新加入的农友,最少保持一年一次的拜访。不过和有机认证不同的是,沃土的团队不仅仅只是监管,而是更多地为农友提供生产技术方面的服务、产品营销方面的资讯等。

2014年,沃土更是专门把为农友提供技术服务作为工作的重中之重,专门成立了一个公益机构：沃土可持续农业发展中心，为农友提供专业技术服务。2018年，该中心联合北京农夫市集发起了全国三叶草参与式保障体系（简称“PGS”）学习网络，并且积极推动广东地区的PGS在地网络建设，让消费者、公益机构、生产同行都共同参与到农场拜访的过程中，推动国际有机农业联盟认可的参与式保障体系在中国落地，建立更加完善的信任机制。

2.沃土与消费者互动案例。

在沃土工坊的消费者笑笑妈的朋友圈有一段话：沃土已经是我们大家的共同选择，去到任何一个同学的家，橱柜里、密封罐里、客厅抽屉里都有很多相同的食品，孩子们吃得也很安心。不仅如此，在沃土购买物品时的信任也是在别处无法体验的。因为这种相互的信任像种朋友式的感情，在当今如此物欲的时代里似乎罕见。可这才是人和人本来就应该有的朴素的关系。

三年前，笑笑妈因为与朋友一起参加沃土组织的农耕活动而与沃土结缘。“那次是去中山五桂山挖土豆。当时笑笑才两岁多，对土地还没有什么感觉，但是一见到那里的小兔子就开心坏了。我们吃的是土豆宴，摘了青菜立马炒了就吃。我是第一次在广州体验到这种亲子乐，觉得挺好。”随后，笑笑妈便通过订货表购买沃土的东西。那时物流还不是很方便，周末她们全家便开着车到沃土的店里买。刚开始最受家人欢迎的是沃土的面条和手工醋。笑笑妈还把沃土的好东西介绍给自己的同学、朋友。“现在我们随便去到哪个同学的家，吃的植物奶、胚芽饼、姜母茶、棒棒糖，都是在沃土买的。对这些手作的、健康的、不用添加的食品，大家都有相同的感受，家长间的情感在流动，孩子的情感也在流动。”

笑笑妈为何如此信任沃土呢？她透露了两件令她特别感动的事。“有一次，我订了五斤黄姜，说一个星期后可以发货。可我等了十天还是没收到。我打电话去问，原来那批黄姜质量特别差，沃土把所有的姜都销毁了，并撤销了所有订单。还有一次预订土豆也出现过类似的情况。听说也是把所有的货截流了，几百斤土豆全部拿来沤肥。只要货有问题，沃土宁可自己有损失，都不给已经下了单的客户发货。这是很难得的,在其他的地方是享受不到别人为你真心甄选产品的这份诚意的。”

另外一件事,也让笑笑妈更加信任沃土。“有个周末,我们第一次开车到沃土的店里买东西,但没有带足够的现金,那时店里还没安装POS机,那怎么办呢?沃土的工作人员叫我先把东西全部拿走。他这么信任我?他说没关系,所有来这里买东西的都是回头客,当然可以拿走。我当时买了四五百元的东西,没付钱都拿走了。我跟老公说,有哪个超市可以允许这样啊?我觉得沃土对我们有这种完全的信任,不仅是因为他们对自己货品有绝对的自信,更重要的是他们把每一个买家当朋友。这种信任深深影响到了我。不仅让我将沃土当成了‘自家的仓库’,并且让我在日后的事业中也流动着这种信任。”

四、沃土的转型升级

十二年的发展,沃土工坊早已不再是那个卖大米的社区小铺,而已经成为国内生态农业一个重要的销售平台。而在看似良性循环的背后,郝冠辉却看到了危机重重:小农和返乡青年普遍存在技术水平落后,生产成本高、产量低的现状,导致生产的产品价格和品质不能够匹配,难以被广大的消费者所接受。如果不能够解决技术的问题,生态农业的推广将面临很大的瓶颈。

1.沃土可持续农业发展中心。

2014年,郝冠辉发起成立了沃土可持续农业发展中心,以推广和传播适于小农的可持续农业技术为使命。2014—2017年,中心组织过四次大的全国返乡青年交流会,召集了上百位返乡青年,就生产中遇到的普遍问题分享交流各地经验。此外,中心还举办了四期生态技术工作坊,推动在广州、四川、云南成立了三个农民田间学校,出版了四期可持续农业杂志,帮助生产者系统性地提高农业技术。

2.沃土农耕学校。

生态农业最缺乏的是综合全面性的人才，“授之以渔”才是真正的解决之路。郝冠辉决定建设一所农耕学校、培养综合性的生态新农人。他召集了圈内好友，30天众筹了100多万元。2019年，他将学校地址确定在距离北京市区1小时车程的昌平和广东省中山市的旗溪生活农场，一个是200多亩的生态果园，一个是美好田园生活的现实版，他的蓝图里有教室、图书馆、试验田、餐厅、宿舍和禅修室。农耕学校提供针对性的短期专题课程和系统性的长期培训。

学校宗旨是以多元、开放、包容、尊重的姿态，建成生态农业界的西南联大，为中国农业可持续发展培养综合型人才，引领行业发展。课程包括生活教育、生命教育、哲学教育、农业基础课程、农业专业课程、可持续农业各类农法系统课程、农场运营管理与规划等，邀请圈内名师、专家轮流分享。

3.旗溪自然部落。

为了让更多孩子亲近大自然，观察农场动植物成长，理解生态农业理念，沃土联合了五个在地机构，与志同道合的企业家、艺术家、生态种植专家和心怀梦想的返乡青年共同建立了旗溪自然部落。

旗溪自然部落位于广东省中山市五桂山南麓旗溪村，占地面积近230多亩，是一个兼具生产、生活和教育功能的综合性农场，常年开展蔬菜、果树种植，新农夫培训，自然艺术教育与体验，自然疗愈，以及乡村文化旅游等项目，是沃土农耕学校的教学实践农场，也是沃土可持续生活中心所在地。

五、总结与启发

著名的管理学大师彼得·德鲁克先生说，任何的组织都要问三个问题——我们的事业是什么？我们服务的对象是谁？我们为他们创造了什么价值？

从一开始,沃土工坊的创始人朱明对沃土的愿景的描述就是:在行动中滋养我们的土地和心灵。在外人看来这个描述也许太形而上了,然而十几年过去了,这个愿景不仅没有变,反而更加坚定和清晰:就是疗愈被破坏的土地,但是疗愈土地前首先需要疗愈人们的心灵,或者说必须认识到,人和土地本身是一体的,是不可分割的整体。

十几年来,沃土团队被问得最多的问题就是有机农业有没有未来,而郝冠辉的回答是:“我们要思考的是我们人类还想不想要未来,如果我们人类想要未来的话,就必须从保护好我们的土地开始……”

然而把愿景转化为现实,却必须通过人的实践,所以对于第二个问题“服务的对象是谁”的回答也和别的企业有很大的不同。沃土服务的对象首先是员工。从工业革命以来人是被资本视为生产机器对待的。企业只有把员工照顾好了,员工才能去照顾好消费者。所以十年来沃土团队从学习稻盛和夫的《活法》,到学习秋山利光年的《匠人精神》,培养员工正确的工作态度和工作习惯;从学习《儿童健康讲记》到带领轮流大家做饭,培养员工正确的生活和饮食习惯;从阅读《生命喜悦的祈祷》到组织非暴力沟通工作坊,沃土带领员工走上一条身心成长的道路。十余年过去了,郝冠辉认为沃土对员工的培养思路是成功的,相对一般的企业,沃土有着更加信任、开放,包容的企业文化。

对于最后一个问题“企业为服务对象创造了什么价值”,郝冠辉的回答只有三个字:幸福感。幸福感是人类普世的追求,然而在这个时代人们往往在物质主义的世界里迷失了自己。其实幸福没有那么难,安全美味的食物、健康的身体、人与人之间的信任、人与土地的链接……这些都是幸福感的来源。在沃土工作的员工可能没有太高的收入,但是却有着很高的幸福指数。

在郝冠辉看来,所谓社会企业,无非是回到商业的本质:为人服务,而不是为资本服务。如果所有人能够回到这个本质,商业本身就是公益。所有的企业都应该是社会企业。

第三节　滋农游学的社会企业运营模式[①]

【案例导读】福州滋农网络科技有限公司(简称“滋农游学”)是城乡融合战略下的市民下乡与农民联合创业形成的绿色发展机构。其项目在不同村庄推进,根据气候和地理条件等自然资源特点,同村集体相结合,开发一二三产融合项目。由农业的多功能延伸出来的研学游学业务和特色餐饮项目,都是生态产品价值实现的具体实践案例。

一、公司介绍

滋农游学是一家乡村资产的托管运营商,通过乡村旅游的开发运营,盘活乡村资产,推动乡村的可持续发展。滋农游学成立于2014年5月,正式注册于2015年9月,截至2022年,累计引入风险投资1,000万元,在浙江、福建、四川三个省运营7个农文旅融合项目,管理集体资产2个亿。

愿景:引导城市再识乡土,协助村民共建乡土

使命:发现、分享、共建乡村的美好

二、业务介绍

板块一:游学,滋农游学是福州滋农网络科技有限公司旗下的游学品牌,以乡村为主要目的地,深度挖掘村庄的文化、历史、手工艺和自然等资源,在此基础上开发能够深度体验的游学项目,将旅游与教育结合在一起,满足周末亲子家庭寓教于乐的需求。

板块二:民宿,“花沄间”是福州滋农网络科技有限公司旗下的民宿品牌,通过投资直营和托管代运营的方式,助力非标类住宿,覆盖前期包装、后期运

① 本节作者:张琪,福州滋农网络科技有限公司总经理。本文作于2022年,收入本书时有部分修改。

营管理、线上推广分销等环节,为乡村民宿商家打造一站式服务平台。

板块三:整村开发,选择历史文化和自然资源比较优质的村庄,与地方政府和村集体合作,共同打造田园综合体,逐步开发民宿、餐饮、咖啡馆、体验工坊、游学等业态,满足中产阶级休闲度假的需求。

板块四:循环农业,稻鸭草鸡生态循环农业是指在水稻移栽后至抽穗阶段,将脱温雏鸭放养在水稻田,稻田为鸭的生长提供食物、水域、遮阴等生活条件,鸭为水稻的生长除草、灭虫、施肥、松土等。后季种植绿肥(紫云英)改良土壤,冬闲田养鸡让其自由采食田间遗留的谷粒及小虫等杂食,能提高土壤肥力,减少饲料成本,增加经济效益的种养循环农业生产模式。

板块五:汇贤公益,联合公益基金会,通过乡村人才培育,推动乡村可持续发展。

三、案例介绍

(一)案例一　乡村的三级市场模式的探索:三林村的开发模式

浙江德清县禹越镇三林村面积约6平方千米,2021年有农户952户、人口3,936人,属于典型的湿地农业系统内多鱼塘桑园,其中水田3,070亩、桑地1,291亩、鱼塘460亩。村民收入主要依靠非农就业。2017年农村经济总收入58,170万元,村集体经济收入106.9万元,经营性收入53万元,人均年收入31,653元。

2016年,三林村结合美丽乡村建设,编制了《德清县禹越镇三林村精致小村的规划方案》。规划以"白鹭水乡·国际慢村"为设计理念,依托杭州市民休闲旅游教育需求,发展一二三产业融合的乡村旅游产业,集合乡创基地、水乡传艺馆、白鹭YOUNG咖啡馆、白鹭文化园、党建特色带和水乡生活体验园等内容,重点打造万鸟园观光休闲圈。整体策划和建设时间2年。2017年,三林村获评全国文明村,2018年通过国家3A级景区认证。2018年6月部分场馆开始运营,2019年1月1日民宿等正式对外运营,截至2021年12月前已经同72家德清和杭州的旅行社和教育培训机构完成签约，共同推动乡村旅游的发展。

其具体做法为：

1. 让村集体经济组织作为内部“资源整合者”，完成村内涉及三产的土地及其他资源的内部“初次定价”。三林村通过村集体股份合作社，完成村庄资源的清产核资和股权量化，其中若涉及园区内部土地或房屋是私人产权，通过赎买进行回购。如万鸟园中的厂房是个体所有，村集体用200万元回购，确立了三林村资源的整合工作。

2. 引入外来投资开发主体，形成组合投资和三产化资源的多元开发。三林村股份合作社以整个村庄30年的运营权入股，同滋农公司成立德清滋农乡旅旅游开发有限公司，村集体占有公司40%的分红权，且保底20万元收益。万鸟园项目为村庄开发的第一期项目，建筑面积达5,000平方米，包括26个房间的大湖原舍民宿、万鸟园食府、白鹭世界户外露营、白鹭YOUNG咖啡馆、观鹭茶屋等各种业态的基础配套业态，另外还有150亩的市民农园。

3. 政府整合涉农资金，加大对农村基础设施和公共服务投资，垫付资源开发前期的大规模沉淀成本，撬动外部投资进入，实现资源最大程度溢价。三林村作为德清县重点打造的精准小村，县政府投入3,000万元用于村庄环境整治和道路建设，另外禹越镇地方政府陆续整合各项国家、省级政策资金3,500万元，通过村集体改善村庄的环境，包括水污染的治理、现代设施农业项目等。德清滋农公司出让38%的股权，引入600万元的风险投资。政府资金主要做基础设施建设，商业资金主要做商业产品开发和运营。

4. 政府协调金融机构，利用县级担保基金，给予乡村旅游开发项目金融支持。2018年10月，政府协调德清农商银行，给予德清滋农200万的信用贷款，利用德清县科技担保有限公司作为担保单位，政府贴息50%。德清农商行禹越支行行长任三林村的名誉村民委员会主任，给予三林村多方面的金融支持。

三林村的项目从立项、规划、建设到运营历时5年,吸引了10万余旅游人数,创造了300万元的旅游收入,带动村庄其他产业,为村集体经济增收150万元。三林村的阶段性经验表明,利用政府向乡村的投资,垫付资源开发前期的大规模沉淀成本来运营公司,是可以有三产化的机会收益的。

(二)案例二　乡村民宿开发:“花沄间”

“花沄间”是滋农游学打造的民宿品牌,意指“诉说乡村的美好”。“花沄间”希望营造一种新的健康自然的乡村生活方式,倡导尊重自然、简单生活、分享快乐的生活态度。滋农游学强调旅行中的文化体验,让客人在享受最舒适的居住体验之时,也能从当地的建筑、民艺、语言中体会先贤的生活哲学,希望“花沄间”可以创造一个可供借鉴的乡村改造案例,让村民可以直接借鉴学习,参与到自有房屋的改造设计中,逐步盘活村庄的闲置资产,进而让居住的乡村更加美好。

花沄间(滋农小院)共9间客房,其中榻榻米房2间,大床房7间,民宿于2018年4月装修完毕,建筑投资70.9万元,设计费5.8万元,一次性支付5年房租,共12.5万元,总投资89.2万元。2018年5月试运营,6月正式对外运营。

花沄间(乡见花竹)共3栋房子,含9间客房,村民以房屋入股,占30%的股权,第一栋于2018年12月份开始建设,2019年5月试运营。第一年民宿入住率89%,日均价562元。

民宿满足了中产阶级对慢生活的向往。在工业化和城市化进程中,社会产生了巨大的物质财富,但相应紧张的节奏也使得人们变得焦虑不安。安静缓慢的乡村生活为人们提供了一种“向往的生活”的蓝本。远离喧闹,避开拥堵,呼吸自然的空气,寻找内心的声音,使得乡村的资源要素有了重新发挥价值的可能性。于是,民宿作为一种乡愁与乡土相结合的产物,得到了迅速发展。

（三）案例三　乡土游学项目

滋农游学目前在福建、浙江、四川打造不同的乡村游学路线，在龙岩连城县的客家文化主题的培田村、三明泰宁丹霞地貌地质主题的梅口乡、永定土楼的义工营主题的大岭下村、宁德霞浦海岛主题的花竹村、浙江蚕丝文化的三林村、四川熊猫主题的红草村，针对不同年龄段的孩子精心设计课程。孩子们在这个过程中，去感受和了解不同的乡村文化，沉浸在大自然里，在田野里自由奔跑。很多家长也在这个过程中受到滋养。而当地的村民在这个过程中可以增加收入，也可以更好地把手艺传承下去，更好地促进乡村的可持续发展。

人类完整的知识结构应包括社会知识、自然知识、文化知识、生活知识等多个方面，片面的教育使儿童不再理解食物的来源，不再认识家乡的动植物，不再对家乡的地理感兴趣。乡土自然教育更多的是关注乡村、观察自然，通过感受和体验建立人与乡村、自然的情感连接，并以此来纠正传统的知识教育中对智力知识的片面强调。在乡村和自然中，促进孩子释放天性，激发自身潜能，独立自由发展，培养孩子遵循自然规律的健康心智，促进孩子个性化的成长。

（四）案例四　循环农业项目

近年来，党中央国务院着眼全局，始终把“三农”工作作为全党和全部工作的重中之重，出台了一系列强农惠农富农政策。粮食生产实现“十二连增”，农民收入大幅度增加，农业农村经济取得了巨大成绩，为经济社会发展提供了有力支撑。但是，随着经济发展进入新常态，农业发展的内外部环境正发生深刻变化，生态环境和资源条件的要求越来越严格，农业农村环境治理的要求也越来越迫切。面对新形势，需要加快转变农业发展方式，由过去主要拼资源拼消耗，转到资源节约、环境友好的可持续发展道路上来。

在“八山一水一分田”的福建,为了促进粮食安全,滋农提出种养结合的循环农业来解决亩产收益和生态保护的问题。通过发展种养结合循环农业,以资源环境承载力为基准,进一步优化种植业、养殖业结构,开展规模化种养加一体化建设,逐步搭建农业内部循环链条,促进农业资源环境的合理开发与有效保护,不断提高土地产出率、资源利用率和劳动生产率,是既保粮食满仓又保绿水青山,促进农业绿色发展的有效途径。

从2020年开始,滋农公司在永春桃城镇花石社区集中打造40亩稻鸭草鸡循环农业示范田。通过3年的探索和实践,提炼总结了品种选择、雏鸭投放、病虫害防治、适时收获等“稻鸭草鸡”生态循环农业生产技术规范。该技术规范正在申报泉州市级地方标准和海峡两岸标准共通试点(生态农业服务试点)。示范田在生产经营中,不使用化肥和农药,每亩使用300斤有机肥,平常依靠每亩20只鸭子的粪便增加肥力,病虫害的防治主要依靠生物手段(鸭子)和物理手段(灭虫灯)来解决,经过试验每季水稻平均亩产750斤。年底一亩田的产出,包含1,500斤稻谷、40只鸭子和20只鸡,取得的收益是传统农业的2倍。2021年底在永春县发改局和农业局的支持下,面向永春全县推广复制,征集合作示范田,截至到2022年,带动辐射1,000亩水稻田,20多户村民增产增收。

(五)案例五　乡村骨干培养:大地之子项目

大地之子项目:为了寻找和培养乡村发展带头人,推动乡村的可持续发展,福建省林文镜慈善基金会、福建日报助村栏目、滋农游学共同发起的“大地之子”乡村人才培养计划,三年内在福建寻找30名愿意扎根乡土的有志之士,给予培训服务、媒体宣传、资源对接、资金扶持等全方位的跨界支持。到2022年为止已经支持20名分布在福建各地的大地之子成员。

(1)资金资产:连续三年、每年5万元的资金支持,用于支持个人生活或村庄发展。

(2)学习培训:每年三次培训以及参与相关的培训学习的机会。

(3)媒体支持:通过福建日报等媒体进行宣传报道、通过为每一位大地之子拍摄一个视频提升其知名度。

(4)规划合作针对乡村的不同需求,链接公益众筹、商业众筹等平台为其提供跨界的合作。

表5-3　部分大地之子名单

姓名	年龄	学历	性别	所在区域	当前身份	产品或服务
黄灵武	28	专科	男	南平浦城	农场主	鸡鸭鹅
余海燕	34	专科	女	宁德古田	合作社理事长	茶叶
陈斌鑫	26	专科	男	漳州平和	农业公司经理	柚子
林萃斌	32	本科	男	龙岩连城	村民委员会主任	乡村旅游
王静辉	28	本科	男	漳州南靖	合作社理事长	绿茶
邓享尧	31	本科	男	三明沙县	村党支部书记	花卉
孔庆平	48	大专	男	宁德福鼎	村党支部书记	有机白茶
缪正	35	大专	男	宁德寿宁	村民	民俗文化博物馆

当前,我国正处于大力实施乡村振兴战略时期,农村农业发展的环境条件和内部动因发生深刻变化。中产阶级下乡创业的浪潮已经兴起,他们表现出的个性化特质恰与千差万别的乡土社会有机结合,特别是人文资源、旅游资源相对丰富的地方,最具有"后发优势"。生态环境和资源条件约束越来越强,引起社会强烈关注,亟须生态自觉和绿色发展;城乡一体化发展战略加快推进,强农惠农富农力度逐步加大,改变了农村资源要素净流出的局面;在这些因素的综合作用下,一批有责任感、使命感的社会精英,立志改变农村凋敝面貌,怀抱着家国情怀,逐步回归农村。

经过实地走访和综合调研,我们发现村庄的新农人基本上以70后、80后为主,他们多数受过良好的教育,学历基本是大专以上,有一定的工作阅历、创业经验和资金积累,他们将乡村作为人生的新起点,进行投资再创业,其中跨行业转入的新农人不在少数。因为乡村的产业大多数都是周期长、回报慢,结合乡村问题的综合性和复杂性,决定了乡村事业的可持续发展必须同时具备公益及商业能力。公益是建立乡村公共利益的基础,而商业则推动乡村经济的可持续发展。

四、项目总结

滋农游学起源于对纯公益乡村建设模式的反思和个体自身发展诉求,借助“大众创业、万众创新”的双创环境和“乡村振兴”国家对农村的大规模投资,通过产品众筹、私募股权投资等方式,撬动社会资本,介入乡村旅游开发运营领域,逐步开发民宿、游学等产品,探索乡建创新的社会企业模式。

民宿是乡村旅游的载体,游学是乡村旅游的内容,循环农业是乡村产业升级的基础,大地之子项目是培养乡村发展的骨干,田园综合体是这几种要素的集合。人、内容和载体,构成了一个线下的完整单元。如果这个模式成立,加上统一的品牌运营和市场营销,逐步完成线下乡村民宿的复制,然后再建立线上预订系统,完成乡村垂直领域民宿游学和农产品的预订平台,再加入爱故乡的题材,可打造成可持续的乡村旅游的社会企业模式。

第六章

回顾与展望:乡村社会企业大有可为①

一、生态文明内在需求社会企业

当前正值我国进入生态文明新时代的战略转型期,也是以往发展主义路径在多重生态和社会危机下的转折点——随着2012年以来中国遭遇第二次“生产过剩”,以及2014年工业供给侧改革和2016年农业供给侧改革相继推出,2017年党的十九大报告正式提出“乡村振兴战略”。这些政策演变,标志着从国家战略层面由工业化发展模式向生态化可持续发展模式的转变。而不同的发展模式意味着对生态资源的不同认知,也由此而内在地形成企业的不同类型。能够体现“山水田林湖草沙冰”的全域系统性开发、满足人文社会多样化综合可持续发展的要求,成为近年来国内有关“社会企业”的讨论逐渐成为热点的重大背景。

2013年4月,习近平总书记在海南考察时指出,“良好生态环境是最公平的公共产品,是最普惠的民生福祉”。如果说,工业化阶段的生态资源要素更多被作为工业生产原料而进行分割使用进入市场的话,那在生态文明阶段,多元化生态资源则要以系统的、整体性的视角来看待。鉴于生态资源是不可拆分的,身居其中的所有人需要共有才能共享这种具有社会性的公共品,需要以全域系统的视角进行整体性开发和收益共享。从而,生态文明的可持续

① 本篇选自:温铁军.中国生态文明转型与社会企业传承[J].中国农业大学学报(社会科学版),2019,36(03):111-117.收入本书时对题目和内容有少量删改。

发展内在的要求:企业应以追求生态完整性和社会可持续性为目标。因此,生态文明阶段,对企业的社会性目标具有内在的规定性要求,企业发展就不能不考虑资源的公共品属性、经营的社会属性。

二、社会企业适于全面乡村振兴

生态文明的主要空间载体为乡村区域。乡村的社会经济形态又因为和自然生态资源高度结合而呈现多样性,多样性正是生态文明的重要内涵。2017年党的十九大提出"乡村振兴战略",并确定"产业兴旺"为五大振兴目标之一。2017年12月28日的中央农村工作会议上,习近平总书记进一步指出,"鼓励在乡村地区兴办环境友好型企业,实现乡村经济多元化。农村一二三产业融合不是简单的一产'接二连三',关键是完善利益联结机制"。这意味着从政策层面,过去认为农业生产只是"第一产业"的单一化产业思维被打破,乡村"产业振兴"促进发展升级的方向,是中央一号文件确立的农村一二三产多元业态融合才能达成的绿色生产方式。

中央在确立"城乡融合"的指导思想的同时,还强调市民下乡与农民联合创业。因为多样化业态的三次产业融合新型农业,本身即意味着更多元的社会主体(不仅是农民、企业家与地方政府)的包括市民的投资、投技、投智等共享式的参与。这种更广泛的社会参与,要求的将不是资源资本收益被某些大企业垄断获得与占有,而是流转于诸多参与主体之中,共同经营与调配。从而在实现乡村产业发展经济目标的同时,实现农民利益共享的社会目标,促进乡村或本地社会的良性综合发展。在"三位一体"意义上说,乡村经济业态的多元性、生态环境的可持续性,以及生态条件下的人文社会生活的多样性是一致的。这些国家政策相继提出,也优化了中国特色的社会企业发展的外部条件。

所以,生态文明所要求的社会企业与乡村经济,特别是多样性的乡村经济本身,存在紧密联系。维护乡村社会发展、维护自然资源的可持续性,不但是乡土经济的义务,也是其在乡村社区中持续经营的基础。可以说,“社会企业”作为一种追求社会整体效益最大化的企业组织类型,适用于推动乡村产业发展和社区建设。

生态文明背景下,乡村社会企业追求的社会建设首先就是其自身所在地这个社会的建设。从而形成在地化的社会化目标。同时,这种在地化社会建设需要有生态可持续、人文社会多元化的发展目标。微观经济意义上,以乡村社区为基础的社会企业,其决策、劳动分红、利润分配机制,与“新型集体经济”及综合性合作社原则①有一定的内在参照性。这些构成了乡村生态社会企业的长期可持续发展基础。

以社会企业的方式,对接外部多元投资主体、发展绿色社会化农业、改善村庄治理,将是乡村生态产业发展的有效组织创新。一方面,在深化改革层面上,社会企业可以是以城乡融合为桥梁、以社会多元化主体参与式的“混改”创新,推进多种经济成分的共同兴旺发展;另一方面,以社会化企业为载体,在生产方式上是对传统乡土社会“百业兴旺”的包容式超越。从这个意义上说,社会企业可以是强农业、美农村、富农民的创新组织载体,是“治理有效”的重要组成部分,也是习近平新时代中国特色社会主义思想指导下的乡村振兴战略发展中,乡村新型集体经济建设与民营企业的重要创新方向。

三、民营企业创新传承本土社会企业经验

当今,中国已经变成了世界上最大的制造业国家,也同时经历了严重的生态环境和社会治理建设挑战。当外向型企业发展模式遭遇障碍,企业的创新升级就必须转向对本土资源与市场的重新认识与有效开发,这就需要向社会企业转型。

① 1995年9月,国际合作社联盟在英国曼彻斯特市举行了成立100周年的第31届代表大会,修改和重新确立了合作社的基本原则,以适应发展变化的形势并用以指导21世纪的合作运动。新的合作社原则为:①自愿与开放的社员资格;②民主控制;③社员的经济参与;④自治和独立;⑤教育、培训和信息;⑥合作社之间的合作;⑦关心社区发展。

1.宝贵的中国本土社会企业经验。

与西方社会企业形成的背景不同。中国近代的社会企业诞生于帝国主义列强侵略和瓜分中国的危难之中,甫一问世即与西方靠海外扩张殖民地形成资本的孕生逻辑和发展环境截然不同。很多西方发达国家的社会企业发展,是在从全球获取收益在本国重新进行分配的背景下产生的。而中国是一个原住民占主体的大陆型国家,在面对全球资本主义挑战时,既没有西方模式的外部殖民地收益支持,也非很多被殖民化国家的对外依附状态。在未被全面殖民化的中国,近代社会企业家直面全球资本主义的竞争,采取"在地化"策略是他们提升市场竞争力、应对全球殖民依附体系困境的内生性努力。实际上,他们更主要依赖的是对中国乡土社会中本土资源和本地市场的优化配置,并低成本地构建了在地化社区治理与社会服务体系,从而实现企业与本土社区的良性互动发展。

这是独具特色且在全球经济危机背景下具有可推广性的中国经验。

三千多年前,商祖王亥开创农牧贸易兴邦的先河,其通过"立皂市,服牛马"的经营,目的在于"以为民利"。一千多年前,北宋名臣范仲淹在家乡苏州吴县设立范氏义庄,捐田地1,000余亩,以田地生产经营的收入用于赡养宗族内贫穷成员。范氏义庄一直延续至20世纪40年代,持续经营九百年。以"公田""义仓""族田""村学"等为代表的村庄社区共有制、社会综合发展为目标的经济组织、利润回归社区全体成员的方式,体现的是共生、共享的"村社理性",得以内部化处置"外部性风险"。

这种存在于乡土社会的群体理性及其内部化机制千年传承,是近代中国社会企业成长的土壤,也是当代社会企业创新的宝藏。

2.近代中国社会企业的启发。

中国近代社会企业兴起至少也在一个多世纪之前。现代意义上的中国企业,是在中国本土社会中成长起来的。我国清末兴办的很多企业,其本身就是社会企业,只不过没有使用"社会企业"这一概念。因为,从1840年帝国主义军事入侵的鸦片战争,到西部地区被鸦片种植挤占粮田造成饥荒、加之“洋教”文化影响而引发的太平天国战争,饱受20多年战乱之苦的部分清廷官员倡导“师夷之长技以制夷”,遂于1870年代兴起军事工业为主的“洋务运动”,探索反抗殖民经济侵略的出路。而1894年以甲午战败为标志的洋务运动虽然告一段落,但相继而起的以地方绅商为主体的以“实业救国”为目标的“官商合办”“官督商办”的民用工业仍秉初衷。他们办厂经商都在于探索救国出路。有鉴于此,除了依附于帝国主义的买办企业之外,这些清末企业的兴办者无论督抚们还是绅商们,也都不是一般西方经济学意义上追求“个人利益最大化”的资本家,而是以解决社会问题为目标兴办经济实体的早期的“社会企业家”。从清末到民国,近代民族工商业在“实业救国”的社会目标下诞生,从一开始就以抵御帝国主义殖民经济入侵、救亡国家培育新民为己任,因此中国没有完全落入殖民依附的经济发展陷阱之中。

绅商为主的民间资本企业中的杰出代表如张謇、卢作孚等前辈,在创业之初就具有鲜明的救国图强、造福社会的目标定位。其通过创办实业获得的大量利润不是简单用于资本再生产,而是用于社会建设,推动产业与地方社会的综合发展。他们以“在地化”的方式,推进乡村社区建设来化解过高的企业投资风险,降低和农民之间的交易成本,并直接参与了在地化的社区建设。

民国时期也有大量乡村社会企业探索,与东亚乡土社会的日韩综合农协模式有对比性。例如当时从事乡村建设探索的梁漱溟在山东邹平探索的农民合作组织、晏阳初在重庆华西实验区建立的农民合作经济组织等。同时还有在根据地和解放区建立的农业生产合作社,乃至于1949年中华人民共和国成立以后的乡村合作社经济,都具有在乡村社区探索社会综合收益最大化经营的本地化社会企业内涵。历史地看,因其植根于中国的传统文化与本土社会经济环境之中,而具有更为深厚的社会土壤与现实启示。

3.本土社会企业在乡村中的传承。

乡村基层的社会化企业探索亦从未间断。1958年起步的“社队企业”、

1980年代"异军突起"的乡镇企业、1990年代部分地方的社区股份合作制,2006年立法规范化运行的农民专业合作社,以及在新时代逐渐具有合法地位的不同形式的农村新型集体经济(2018年允许重新登记)等,则属于现当代历史上有中国特色社会主义的社会企业在乡村社区的实践。它们以不同的形式,都在一定程度上延续着扎根于本地乡土社会从事"产业—教育—社会"一体化的地方资源经营。其实质上是在系统地对本地资源进行"在地化"的统筹协调,并探索通过产业开发形成收益、再返还本地社区建设的乡土社会治理方式,体现了经济与社会达到双赢的社会企业的内涵特征。

四、当代乡村振兴与社会企业本土化转型

当代乡村振兴社会企业发展的第一个重要背景,是国家从工业化时代向生态文明新时代的战略转型。在生态文明背景下,自然万物是多样性的,人类社会也应是多元化的,企业也就应该回嵌本是多元共生的社会。生态文明转型下的企业,生产方式当然就应该体现共生共享、"万众创新",应向体现生态、生产、生活"三生"结合的社会企业转型,当今社会要求的生态社会企业的形态是多样化的、参与的经营主体是多元化的。

新时代中国的另一个重大变化,就是中等收入群体的崛起。中等收入群体主要集中于城市,拥有较高的收入水平和科学文化素质,追求更高的生活品质,具有多样化、个性化的生活消费需求。在中国,曾经有过度奢侈品消费、炫耀性消费等早期的非理性消费。但是,随着中等收入群体的壮大和提升,消费水平与理念正在发生改变。生态的、健康的、绿色主义的消费导向成为一个新的消费趋势。这对于一般企业向生态化社会企业转型也是一个重要的拉力。

中等收入群体崛起带动生态化消费趋势的形成,正在改变乡村业态结构。与生态化农业和乡村资源环境保护高度相关的休闲旅游、养生体验、教育文化等消费需求都在快速增长。这个新业态所要求的休闲养生农业样式,

需要体现“三慢”(慢城、慢食、慢生活)特点,也必须符合生态文明的多样化内涵才具有体验功能。而多样化的生态农业中就内生着这种体验功能,也内含着促进社会企业转型的要求。

这些乡村新业态拉动下的社会企业也成为城乡关系再造的重要纽带。以社会企业为桥梁的城乡融合,不是户籍意义上的融合,也不是城乡社会空间的融合,而是在城里人与乡村人共同经营的过程中,对乡村社区和乡村生活重新赋值,并赋予新的意义。城市中产阶级下乡创业更多表现出他们个性化特质,这恰与千差万别的乡土社会特点有机结合,特别是人文资源、旅游资源相对丰富的地方,最具有“后发优势”。这不仅能满足城里人的消费需要,更重要的是它还可以与本地村民结合,担负起在地文化梳理、合作组织培育等重要的功能,而这恰恰最有生态文明的价值。

还有个重要的转变是,乡村产业业态创新的背景下,社会企业的经营主体增多,社会参与的广泛度和空间增大。例如,在都市边缘的生态农场,参与者不仅可以是集体经济经营者、城市投资者、中产阶级消费者,还可以是文化创作者、市民消费者自组织等等。经营业务,也不仅仅是生态农产品,还可包括文旅培训、亲子教育、健康养老等一系列内容,从而形成更大范围的多元社会主体参与共同经营共同享有的局面。同时,游走于城市和乡村之间的乡土“游学”也是乡村文旅产业的另一种创新业态形式。其可以引导城市再识乡土,协助村民共建乡土的理念,能够深度挖掘乡土社会的文化、历史、手工艺和自然等资源,据此开发成能够深度体验的游学项目,并有可能通过旅游的引入,将村庄的闲置房屋进行民宿改造,做出“民宿+在地文化体验”的设计,既满足城市中产消费群体周末休闲度假的需要,也带领城市居民去重新发现生态乡村的美好,以此促进城乡融合发展。在这里,农业不仅经历了生态化的转型,更进行了社会化转型,形成了社会生态农业。其多元开发一方面形成了本地社区资源的重新认识、重新整合与生态化动员,另一方面也以新的乡村产业重新构建了乡村社区的边界和治理结构。

五、乡村社会企业发展的内在逻辑

在近代中国，张謇和卢作孚这样的在地社会企业经营模式，曾经在战乱频仍的不利条件下维持了局部地区的稳定和一定程度的可持续综合发展，是中国工业化起步时期就形成社会企业的重要经验。在当今全球化竞争和金融危机加剧的条件下，借生态文明与乡村振兴重大战略转型之机，投资乡土社会发展在地型社会企业，也仍然是一个重要的思路。

在小农村社制的乡土社会中，个体是家族和村庄社区的一分子，经济行为、文化行为也需要放在这样的整体单位上进行考量。从而呈现一种“村社理性”，而非仅从个体经济收益角度考虑的“理性小农”。因此，以乡土社区为基础进行经营的本地企业，要想实现社会生态的可持续发展，就必须照顾到本地村社的福祉，而不能仅追求企业个体自身的利润最大化。

社会企业的成功在地化经营需要采用与中国乡土社会有机结合的资本积累方式，以社会化服务开发本地资源使其重新赋值，以多业态的产业融合方式也需要“回嵌”地方才能进行组合投资和产业升级。而其社会服务与社会建设的方式不是简单的对外公益捐款，而是将企业集团作为地方社会建设的重要一环内嵌于当地社会。并以在本地社区开展乡村社会服务的方式来化解过高的企业投资风险，同时降低和农民之间的交易成本。社会企业家低成本的在地化社区建设不仅有利于经营企业，更有利于经营一个社会区域。例如，张謇的大生集团，企业利润的一部分用于支持南通的近代城市社会建设和教育事业，这不仅仅是经济反哺社会，同时也是对企业自身的建设，既有效降低了经营成本，又带来了社会综合效益。从而形成以乡土社会本地资源为基础的双赢的可持续发展模式。

所以，在生态文明新时代，要想实现乡村的产业振兴，只思考让农民“多挣钱”是不够的，这还是传统的单纯经济观点的产业化思路。新时代生态社会经济的发展，需要采用社会企业思路来发展新型集体经济、谋求业态创新，寻求在地化的社区综合可持续发展。

以社会企业模式促进生态可持续与乡村产业振兴的内在逻辑在于:以整体化、多样化的视角看待乡村本地生态资源与人文社会资源的结合,以在地化的方式进行系统开发,广泛动员社会力量参与,降低交易成本,以优化配置本地资源,进而带动多业态融合互补并将资本受益最大化地留在本地。总之,是要通过社区整体发展内涵性地带动农民财产性收入长期增长。

附录

相关政策

一、《中共中央 国务院关于实施乡村振兴战略的意见》

（2018年1月2日）

实施乡村振兴战略，是党的十九大作出的重大决策部署，是决胜全面建成小康社会、全面建设社会主义现代化国家的重大历史任务，是新时代“三农”工作的总抓手。现就实施乡村振兴战略提出如下意见。

一、新时代实施乡村振兴战略的重大意义

党的十八大以来，在以习近平同志为核心的党中央坚强领导下，我们坚持把解决好“三农”问题作为全党工作重中之重，持续加大强农惠农富农政策力度，扎实推进农业现代化和新农村建设，全面深化农村改革，农业农村发展取得了历史性成就，为党和国家事业全面开创新局面提供了重要支撑。5年来，粮食生产能力跨上新台阶，农业供给侧结构性改革迈出新步伐，农民收入持续增长，农村民生全面改善，脱贫攻坚战取得决定性进展，农村生态文明建设显著加强，农民获得感显著提升，农村社会稳定和谐。农业农村发展取得

的重大成就和"三农"工作积累的丰富经验,为实施乡村振兴战略奠定了良好基础。

农业农村农民问题是关系国计民生的根本性问题。没有农业农村的现代化,就没有国家的现代化。当前,我国发展不平衡不充分问题在乡村最为突出,主要表现在:农产品阶段性供过于求和供给不足并存,农业供给质量亟待提高;农民适应生产力发展和市场竞争的能力不足,新型职业农民队伍建设亟需加强;农村基础设施和民生领域欠账较多,农村环境和生态问题比较突出,乡村发展整体水平亟待提升;国家支农体系相对薄弱,农村金融改革任务繁重,城乡之间要素合理流动机制亟待健全;农村基层党建存在薄弱环节,乡村治理体系和治理能力亟待强化。实施乡村振兴战略,是解决人民日益增长的美好生活需要和不平衡不充分的发展之间矛盾的必然要求,是实现"两个一百年"奋斗目标的必然要求,是实现全体人民共同富裕的必然要求。

在中国特色社会主义新时代,乡村是一个可以大有作为的广阔天地,迎来了难得的发展机遇。我们有党的领导的政治优势,有社会主义的制度优势,有亿万农民的创造精神,有强大的经济实力支撑,有历史悠久的农耕文明,有旺盛的市场需求,完全有条件有能力实施乡村振兴战略。必须立足国情农情,顺势而为,切实增强责任感使命感紧迫感,举全党全国全社会之力,以更大的决心、更明确的目标、更有力的举措,推动农业全面升级、农村全面进步、农民全面发展,谱写新时代乡村全面振兴新篇章。

二、实施乡村振兴战略的总体要求

(一)指导思想。全面贯彻党的十九大精神,以习近平新时代中国特色社会主义思想为指导,加强党对"三农"工作的领导,坚持稳中求进工作总基调,牢固树立新发展理念,落实高质量发展的要求,紧紧围绕统筹推进"五位一体"总体布局和协调推进"四个全面"战略布局,坚持把解决好"三农"问题作为全党工作重中之重,坚持农业农村优先发展,按照产业兴旺、生态宜居、乡风文明、治理有效、生活富裕的总要求,建立健全城乡融合发展体制机制和政策体系,统筹推进农村经济建设、政治建设、文化建设、社会建设、生态文明建设和党的建设,加快推进乡村治理体系和治理能力现代化,加快推进农业农村现代化,走中国特色社会主义乡村振兴道路,让农业成为有奔头的产业,让农民成为有吸引力的职业,让农村成为安居乐业的美丽家园。

(二)目标任务。按照党的十九大提出的决胜全面建成小康社会、分两个阶段实现第二个百年奋斗目标的战略安排,实施乡村振兴战略的目标任务是:

到2020年,乡村振兴取得重要进展,制度框架和政策体系基本形成。农业综合生产能力稳步提升,农业供给体系质量明显提高,农村一二三产业融合发展水平进一步提升;农民增收渠道进一步拓宽,城乡居民生活水平差距持续缩小;现行标准下农村贫困人口实现脱贫,贫困县全部摘帽,解决区域性整体贫困;农村基础设施建设深入推进,农村人居环境明显改善,美丽宜居乡村建设扎实推进;城乡基本公共服务均等化水平进一步提高,城乡融合发展体制机制初步建立;农村对人才吸引力逐步增强;农村生态环境明显好转,农业生态服务能力进一步提高;以党组织为核心的农村基层组织建设进一步加强,乡村治理体系进一步完善;党的农村工作领导体制机制进一步健全;各地区各部门推进乡村振兴的思路举措得以确立。

到2035年,乡村振兴取得决定性进展,农业农村现代化基本实现。农业结构得到根本性改善,农民就业质量显著提高,相对贫困进一步缓解,共同富裕迈出坚实步伐;城乡基本公共服务均等化基本实现,城乡融合发展体制机制更加完善;乡风文明达到新高度,乡村治理体系更加完善;农村生态环境根本好转,美丽宜居乡村基本实现。

到2050年,乡村全面振兴,农业强、农村美、农民富全面实现。

(三)基本原则

——坚持党管农村工作。毫不动摇地坚持和加强党对农村工作的领导,健全党管农村工作领导体制机制和党内法规，确保党在农村工作中始终总揽全局、协调各方，为乡村振兴提供坚强有力的政治保障。

——坚持农业农村优先发展。把实现乡村振兴作为全党的共同意志、共同行动，做到认识统一、步调一致，在干部配备上优先考虑，在要素配置上优先满足，在资金投入上优先保障，在公共服务上优先安排，加快补齐农业农村短板。

——坚持农民主体地位。充分尊重农民意愿，切实发挥农民在乡村振兴中的主体作用，调动亿万农民的积极性、主动性、创造性，把维护农民群众根本利益、促进农民共同富裕作为出发点和落脚点，促进农民持续增收，不断提升农民的获得感、幸福感、安全感。

——坚持乡村全面振兴。准确把握乡村振兴的科学内涵，挖掘乡村多种功能和价值，统筹谋划农村经济建设、政治建设、文化建设、社会建设、生态文明建设和党的建设，注重协同性、关联性，整体部署，协调推进。

——坚持城乡融合发展。坚决破除体制机制弊端，使市场在资源配置中起决定性作用，更好发挥政府作用，推动城乡要素自由流动、平等交换，推动新型工业化、信息化、城镇化、农业现代化同步发展，加快形成工农互促、城乡互补、全面融合、共同繁荣的新型工农城乡关系。

——坚持人与自然和谐共生。牢固树立和践行绿水青山就是金山银山的理念，落实节约优先、保护优先、自然恢复为主的方针，统筹山水林田湖草系统治理，严守生态保护红线，以绿色发展引领乡村振兴。

——坚持因地制宜、循序渐进。科学把握乡村的差异性和发展走势分化特征，做好顶层设计，注重规划先行、突出重点、分类施策、典型引路。既尽力而为，又量力而行，不搞层层加码，不搞一刀切，不搞形式主义，久久为功，扎实推进。

三、提升农业发展质量，培育乡村发展新动能

乡村振兴，产业兴旺是重点。必须坚持质量兴农、绿色兴农，以农业供给侧结构性改革为主线，加快构建现代农业产业体系、生产体系、经营体系，提高农业创新力、竞争力和全要素生产率，加快实现由农业大国向农业强国转变。

（一）夯实农业生产能力基础。深入实施藏粮于地、藏粮于技战略，严守耕地红线，确保国家粮食安全，把中国人的饭碗牢牢端在自己手中。全面落实永久基本农田特殊保护制度，加快划定和建设粮食生产功能区、重要农产品生产保护区，完善支持政策。大规模推进农村土地整治和高标准农田建设，稳步提升耕地质量，强化监督考核和地方政府责任。加强农田水利建设，提高抗旱防洪除涝能力。实施国家农业节水行动，加快灌区续建配套与现代化改造，推进小型农田水利设施达标提质，建设一批重大高效节水灌溉工程。加快建设国家农业科技创新体系，加强面向全行业的科技创新基地建设。深化农业科技成果转化和推广应用改革。加快发展现代农作物、畜禽、水产、林木种业，提升自主创新能力。高标准建设国家南繁育种基地。推进我国农机装备产业转型升级，加强科研机构、设备制造企业联合攻关，进一步提高大宗农作物机械国产化水平，加快研发经济作物、养殖业、丘陵山区农林机械，发展高端农机装备制造。优化农业从业者结构，加快建设知识型、技能型、创新型农业经营者队伍。大力发展数字农业，实施智慧农业林业水利工程，推进物联网试验示范和遥感技术应用。

（二）实施质量兴农战略。制定和实施国家质量兴农战略规划，建立健全质量兴农评价体系、政策体系、工作体系和考核体系。深入推进农业绿色化、优质化、特色化、品牌化，调整优化农业生产力布局，推动农业由增产导向转向提质导向。推进特色农产品优势区创建，建设现代农业产业园、农业科技园。实施产业兴村强县行动，推行标准化生产，培育农产品品牌，保护地理标

志农产品，打造一村一品、一县一业发展新格局。加快发展现代高效林业，实施兴林富民行动，推进森林生态标志产品建设工程。加强植物病虫害、动物疫病防控体系建设。优化养殖业空间布局，大力发展绿色生态健康养殖，做大做强民族奶业。统筹海洋渔业资源开发，科学布局近远海养殖和远洋渔业，建设现代化海洋牧场。建立产学研融合的农业科技创新联盟，加强农业绿色生态、提质增效技术研发应用。切实发挥农垦在质量兴农中的带动引领作用。实施食品安全战略，完善农产品质量和食品安全标准体系，加强农业投入品和农产品质量安全追溯体系建设，健全农产品质量和食品安全监管体制，重点提高基层监管能力。

（三）构建农村一二三产业融合发展体系。大力开发农业多种功能，延长产业链、提升价值链、完善利益链，通过保底分红、股份合作、利润返还等多种形式，让农民合理分享全产业链增值收益。实施农产品加工业提升行动，鼓励企业兼并重组，淘汰落后产能，支持主产区农产品就地加工转化增值。重点解决农产品销售中的突出问题，加强农产品产后分级、包装、营销，建设现代化农产品冷链仓储物流体系，打造农产品销售公共服务平台，支持供销、邮政及各类企业把服务网点延伸到乡村，健全农产品产销稳定衔接机制，大力建设具有广泛性的促进农村电子商务发展的基础设施，鼓励支持各类市场主体创新发展基于互联网的新型农业产业模式，深入实施电子商务进农村综合示范，加快推进农村流通现代化。实施休闲农业和乡村旅游精品工程，建设一批设施完备、功能多样的休闲观光园区、森林人家、康养基地、乡村民宿、特色小镇。对利用闲置农房发展民宿、养老等项目，研究出台消防、特种行业经营等领域便利市场准入、加强事中事后监管的管理办法。发展乡村共享经济、创意农业、特色文化产业。

（四）构建农业对外开放新格局。优化资源配置，着力节本增效，提高我国农产品国际竞争力。实施特色优势农产品出口提升行动，扩大高附加值农产品出口。建立健全我国农业贸易政策体系。深化与“一带一路”沿线国家和地区农产品贸易关系。积极支持农业走出去,培育具有国际竞争力的大粮商和农业企业集团。积极参与全球粮食安全治理和农业贸易规则制定,促进形成更加公平合理的农业国际贸易秩序。进一步加大农产品反走私综合治理力度。

(五)促进小农户和现代农业发展有机衔接。统筹兼顾培育新型农业经营主体和扶持小农户,采取有针对性的措施,把小农生产引入现代农业发展轨道。培育各类专业化市场化服务组织,推进农业生产全程社会化服务,帮助小农户节本增效。发展多样化的联合与合作,提升小农户组织化程度。注重发挥新型农业经营主体带动作用,打造区域公用品牌,开展农超对接、农社对接,帮助小农户对接市场。扶持小农户发展生态农业、设施农业、体验农业、定制农业,提高产品档次和附加值,拓展增收空间。改善小农户生产设施条件,提升小农户抗风险能力。研究制定扶持小农生产的政策意见。

四、推进乡村绿色发展,打造人与自然和谐共生发展新格局

乡村振兴,生态宜居是关键。良好生态环境是农村最大优势和宝贵财富。必须尊重自然、顺应自然、保护自然,推动乡村自然资本加快增值,实现百姓富、生态美的统一。

(一)统筹山水林田湖草系统治理。把山水林田湖草作为一个生命共同体,进行统一保护、统一修复。实施重要生态系统保护和修复工程。健全耕地草原森林河流湖泊休养生息制度,分类有序退出超载的边际产能。扩大耕地轮作休耕制度试点。科学划定江河湖海限捕、禁捕区域,健全水生生态保护修复制度。实行水资源消耗总量和强度双控行动。开展河湖水系连通和农村河塘清淤整治,全面推行河长制、湖长制。加大农业水价综合改革工作力度。开展国土绿化行动,推进荒漠化、石漠化、水土流失综合治理。强化湿地保护和恢复,继续开展退耕还湿。完善天然林保护制度,把所有天然林都纳入保护范围。扩大退耕还林还草、退牧还草,建立成果巩固长效机制。继

续实施三北防护林体系建设等林业重点工程，实施森林质量精准提升工程。继续实施草原生态保护补助奖励政策。实施生物多样性保护重大工程，有效防范外来生物入侵。

（二）加强农村突出环境问题综合治理。加强农业面源污染防治，开展农业绿色发展行动，实现投入品减量化、生产清洁化、废弃物资源化、产业模式生态化。推进有机肥替代化肥、畜禽粪污处理、农作物秸秆综合利用、废弃农膜回收、病虫害绿色防控。加强农村水环境治理和农村饮用水水源保护，实施农村生态清洁小流域建设。扩大华北地下水超采区综合治理范围。推进重金属污染耕地防控和修复，开展土壤污染治理与修复技术应用试点，加大东北黑土地保护力度。实施流域环境和近岸海域综合治理。严禁工业和城镇污染向农业农村转移。加强农村环境监管能力建设，落实县乡两级农村环境保护主体责任。

（三）建立市场化多元化生态补偿机制。落实农业功能区制度，加大重点生态功能区转移支付力度，完善生态保护成效与资金分配挂钩的激励约束机制。鼓励地方在重点生态区位推行商品林赎买制度。健全地区间、流域上下游之间横向生态保护补偿机制，探索建立生态产品购买、森林碳汇等市场化补偿制度。建立长江流域重点水域禁捕补偿制度。推行生态建设和保护以工代赈做法，提供更多生态公益岗位。

（四）增加农业生态产品和服务供给。正确处理开发与保护的关系，运用现代科技和管理手段，将乡村生态优势转化为发展生态经济的优势，提供更多更好的绿色生态产品和服务，促进生态和经济良性循环。加快发展森林草原旅游、河湖湿地观光、冰雪海上运动、野生动物驯养观赏等产业，积极开发观光农业、游憩休闲、健康养生、生态教育等服务。创建一批特色生态旅游示范村镇和精品线路，打造绿色生态环保的乡村生态旅游产业链。

五、繁荣兴盛农村文化,焕发乡风文明新气象

乡村振兴,乡风文明是保障。必须坚持物质文明和精神文明一起抓,提升农民精神风貌,培育文明乡风、良好家风、淳朴民风,不断提高乡村社会文明程度。

(一)加强农村思想道德建设。以社会主义核心价值观为引领,坚持教育引导、实践养成、制度保障三管齐下,采取符合农村特点的有效方式,深化中国特色社会主义和中国梦宣传教育,大力弘扬民族精神和时代精神。加强爱国主义、集体主义、社会主义教育,深化民族团结进步教育,加强农村思想文化阵地建设。深入实施公民道德建设工程,挖掘农村传统道德教育资源,推进社会公德、职业道德、家庭美德、个人品德建设。推进诚信建设,强化农民的社会责任意识、规则意识、集体意识、主人翁意识。

(二)传承发展提升农村优秀传统文化。立足乡村文明,吸取城市文明及外来文化优秀成果,在保护传承的基础上,创造性转化、创新性发展,不断赋予时代内涵、丰富表现形式。切实保护好优秀农耕文化遗产,推动优秀农耕文化遗产合理适度利用。深入挖掘农耕文化蕴含的优秀思想观念、人文精神、道德规范,充分发挥其在凝聚人心、教化群众、淳化民风中的重要作用。划定乡村建设的历史文化保护线,保护好文物古迹、传统村落、民族村寨、传统建筑、农业遗迹、灌溉工程遗产。支持农村地区优秀戏曲曲艺、少数民族文化、民间文化等传承发展。

(三)加强农村公共文化建设。按照有标准、有网络、有内容、有人才的要求,健全乡村公共文化服务体系。发挥县级公共文化机构辐射作用,推进基层综合性文化服务中心建设,实现乡村两级公共文化服务全覆盖,提升服务效能。深入推进文化惠民,公共文化资源要重点向乡村倾斜,提供更多更好的农村公共文化产品和服务。支持“三农”题材文艺创作生产,鼓励文艺工作者不断推出反映农民生产生活尤其是乡村振兴实践的优秀文艺作品,充分展

示新时代农村农民的精神面貌。培育挖掘乡土文化本土人才，开展文化结对帮扶，引导社会各界人士投身乡村文化建设。活跃繁荣农村文化市场，丰富农村文化业态，加强农村文化市场监管。

（四）开展移风易俗行动。广泛开展文明村镇、星级文明户、文明家庭等群众性精神文明创建活动。遏制大操大办、厚葬薄养、人情攀比等陈规陋习。加强无神论宣传教育，丰富农民群众精神文化生活，抵制封建迷信活动。深化农村殡葬改革。加强农村科普工作，提高农民科学文化素养。

六、加强农村基层基础工作，构建乡村治理新体系

乡村振兴，治理有效是基础。必须把夯实基层基础作为固本之策，建立健全党委领导、政府负责、社会协同、公众参与、法治保障的现代乡村社会治理体制，坚持自治、法治、德治相结合，确保乡村社会充满活力、和谐有序。

（一）加强农村基层党组织建设。扎实推进抓党建促乡村振兴，突出政治功能，提升组织力，抓乡促村，把农村基层党组织建成坚强战斗堡垒。强化农村基层党组织领导核心地位，创新组织设置和活动方式，持续整顿软弱涣散村党组织，稳妥有序开展不合格党员处置工作，着力引导农村党员发挥先锋模范作用。建立选派第一书记工作长效机制，全面向贫困村、软弱涣散村和集体经济薄弱村党组织派出第一书记。实施农村带头人队伍整体优化提升行动，注重吸引高校毕业生、农民工、机关企事业单位优秀党员干部到村任职，选优配强村党组织书记。健全从优秀村党组织书记中选拔乡镇领导干部、考录乡镇机关公务员、招聘乡镇事业编制人员制度。加大在优秀青年农民中发展党员力度。建立农村党员定期培训制度。全面落实村级组织运转经费保障政策。推行村级小微权力清单制度，加大基层小微权力腐败惩处力度。严厉整治惠农补贴、集体资产管理、土地征收等领域侵害农民利益的不正之风和腐败问题。

（二）深化村民自治实践。坚持自治为基，加强农村群众性自治组织建

设,健全和创新村党组织领导的充满活力的村民自治机制。推动村党组织书记通过选举担任村委会主任。发挥自治章程、村规民约的积极作用。全面建立健全村务监督委员会,推行村级事务阳光工程。依托村民会议、村民代表会议、村民议事会、村民理事会、村民监事会等,形成民事民议、民事民办、民事民管的多层次基层协商格局。积极发挥新乡贤作用。推动乡村治理重心下移,尽可能把资源、服务、管理下放到基层。继续开展以村民小组或自然村为基本单元的村民自治试点工作。加强农村社区治理创新。创新基层管理体制机制,整合优化公共服务和行政审批职责,打造"一门式办理""一站式服务"的综合服务平台。在村庄普遍建立网上服务站点,逐步形成完善的乡村便民服务体系。大力培育服务性、公益性、互助性农村社会组织,积极发展农村社会工作和志愿服务。集中清理上级对村级组织考核评比多、创建达标多、检查督查多等突出问题。维护村民委员会、农村集体经济组织、农村合作经济组织的特别法人地位和权利。

(三)建设法治乡村。坚持法治为本,树立依法治理理念,强化法律在维护农民权益、规范市场运行、农业支持保护、生态环境治理、化解农村社会矛盾等方面的权威地位。增强基层干部法治观念、法治为民意识,将政府涉农各项工作纳入法治化轨道。深入推进综合行政执法改革向基层延伸,创新监管方式,推动执法队伍整合、执法力量下沉,提高执法能力和水平。建立健全乡村调解、县市仲裁、司法保障的农村土地承包经营纠纷调处机制。加大农村普法力度,提高农民法治素养,引导广大农民增强尊法学法守法用法意识。健全农村公共法律服务体系,加强对农民的法律援助和司法救助。

(四)提升乡村德治水平。深入挖掘乡村熟人社会蕴含的道德规范,结合时代要求进行创新,强化道德教化作用,引导农民向上向善、孝老爱亲、重义守信、勤俭持家。建立道德激励约束机制,引导农民自我管理、自我教育、自我服务、自我提高,实现家庭和睦、邻里和谐、干群融洽。广泛开展好媳妇、好儿女、好公婆等评选表彰活动,开展寻找最美乡村教师、医生、村官、家庭等活动。深入宣传道德模范、身边好人的典型事迹,弘扬真善美,传播正能量。

(五)建设平安乡村。健全落实社会治安综合治理领导责任制,大力推进农村社会治安防控体系建设,推动社会治安防控力量下沉。深入开展扫黑除恶专项斗争,严厉打击农村黑恶势力、宗族恶势力,严厉打击黄赌毒盗拐骗等违法犯罪。依法加大对农村非法宗教活动和境外渗透活动打击力度,依法制止利用宗教干预农村公共事务,继续整治农村乱建庙宇、滥塑宗教造像。完善县乡村三级综治中心功能和运行机制。健全农村公共安全体系,持续开展农村安全隐患治理。加强农村警务、消防、安全生产工作,坚决遏制重特大安全事故。探索以网格化管理为抓手、以现代信息技术为支撑,实现基层服务和管理精细化精准化。推进农村"雪亮工程"建设。

七、提高农村民生保障水平,塑造美丽乡村新风貌

乡村振兴,生活富裕是根本。要坚持人人尽责、人人享有,按照抓重点、补短板、强弱项的要求,围绕农民群众最关心最直接最现实的利益问题,一件事情接着一件事情办,一年接着一年干,把乡村建设成为幸福美丽新家园。

(一)优先发展农村教育事业。高度重视发展农村义务教育,推动建立以城带乡、整体推进、城乡一体、均衡发展的义务教育发展机制。全面改善薄弱学校基本办学条件,加强寄宿制学校建设。实施农村义务教育学生营养改善计划。发展农村学前教育。推进农村普及高中阶段教育,支持教育基础薄弱县普通高中建设,加强职业教育,逐步分类推进中等职业教育免除学杂费。健全学生资助制度,使绝大多数农村新增劳动力接受高中阶段教育、更多接受高等教育。把农村需要的人群纳入特殊教育体系。以市县为单位,推动优质学校辐射农村薄弱学校常态化。统筹配置城乡师资,并向乡村倾斜,建好建强乡村教师队伍。

(二)促进农村劳动力转移就业和农民增收。健全覆盖城乡的公共就业服务体系,大规模开展职业技能培训,促进农民工多渠道转移就业,提高就业

质量。深化户籍制度改革,促进有条件、有意愿、在城镇有稳定就业和住所的农业转移人口在城镇有序落户,依法平等享受城镇公共服务。加强扶持引导服务,实施乡村就业创业促进行动,大力发展文化、科技、旅游、生态等乡村特色产业,振兴传统工艺。培育一批家庭工场、手工作坊、乡村车间,鼓励在乡村地区兴办环境友好型企业,实现乡村经济多元化,提供更多就业岗位。拓宽农民增收渠道,鼓励农民勤劳守法致富,增加农村低收入者收入,扩大农村中等收入群体,保持农村居民收入增速快于城镇居民。

(三)推动农村基础设施提挡升级。继续把基础设施建设重点放在农村,加快农村公路、供水、供气、环保、电网、物流、信息、广播电视等基础设施建设,推动城乡基础设施互联互通。以示范县为载体全面推进"四好农村路"建设,加快实施通村组硬化路建设。加大成品油消费税转移支付资金用于农村公路养护力度。推进节水供水重大水利工程,实施农村饮水安全巩固提升工程。加快新一轮农村电网改造升级,制定农村通动力电规划,推进农村可再生能源开发利用。实施数字乡村战略,做好整体规划设计,加快农村地区宽带网络和第四代移动通信网络覆盖步伐,开发适应"三农"特点的信息技术、产品、应用和服务,推动远程医疗、远程教育等应用普及,弥合城乡数字鸿沟。提升气象为农服务能力。加强农村防灾减灾救灾能力建设。抓紧研究提出深化农村公共基础设施管护体制改革指导意见。

(四)加强农村社会保障体系建设。完善统一的城乡居民基本医疗保险制度和大病保险制度,做好农民重特大疾病救助工作。巩固城乡居民医保全国异地就医联网直接结算。完善城乡居民基本养老保险制度,建立城乡居民基本养老保险待遇确定和基础养老金标准正常调整机制。统筹城乡社会救助体系,完善最低生活保障制度,做好农村社会救助兜底工作。将进城落户农业转移人口全部纳入城镇住房保障体系。构建多层次农村养老保障体系,创新多元化照料服务模式。健全农村留守儿童和妇女、老年人以及困境儿童关爱服务体系。加强和改善农村残疾人服务。

（五）推进健康乡村建设。强化农村公共卫生服务，加强慢性病综合防控，大力推进农村地区精神卫生、职业病和重大传染病防治。完善基本公共卫生服务项目补助政策，加强基层医疗卫生服务体系建设，支持乡镇卫生院和村卫生室改善条件。加强乡村中医药服务。开展和规范家庭医生签约服务，加强妇幼、老人、残疾人等重点人群健康服务。倡导优生优育。深入开展乡村爱国卫生运动。

（六）持续改善农村人居环境。实施农村人居环境整治三年行动计划，以农村垃圾、污水治理和村容村貌提升为主攻方向，整合各种资源，强化各种举措，稳步有序推进农村人居环境突出问题治理。坚持不懈推进农村“厕所革命”，大力开展农村户用卫生厕所建设和改造，同步实施粪污治理，加快实现农村无害化卫生厕所全覆盖，努力补齐影响农民群众生活品质的短板。总结推广适用不同地区的农村污水治理模式，加强技术支撑和指导。深入推进农村环境综合整治。推进北方地区农村散煤替代，有条件的地方有序推进煤改气、煤改电和新能源利用。逐步建立农村低收入群体安全住房保障机制。强化新建农房规划管控，加强“空心村”服务管理和改造。保护保留乡村风貌，开展田园建筑示范，培养乡村传统建筑名匠。实施乡村绿化行动，全面保护古树名木。持续推进宜居宜业的美丽乡村建设。

八、打好精准脱贫攻坚战，增强贫困群众获得感

乡村振兴，摆脱贫困是前提。必须坚持精准扶贫、精准脱贫，把提高脱贫质量放在首位，既不降低扶贫标准，也不吊高胃口，采取更加有力的举措、更加集中的支持、更加精细的工作，坚决打好精准脱贫这场对全面建成小康社会具有决定性意义的攻坚战。

（一）瞄准贫困人口精准帮扶。对有劳动能力的贫困人口，强化产业和就业扶持，着力做好产销衔接、劳务对接，实现稳定脱贫。有序推进易地扶贫搬迁，让搬迁群众搬得出、稳得住、能致富。对完全或部分丧失劳动能力的特殊

贫困人口,综合实施保障性扶贫政策,确保病有所医、残有所助、生活有兜底。做好农村最低生活保障工作的动态化精细化管理,把符合条件的贫困人口全部纳入保障范围。

(二)聚焦深度贫困地区集中发力。全面改善贫困地区生产生活条件,确保实现贫困地区基本公共服务主要指标接近全国平均水平。以解决突出制约问题为重点,以重大扶贫工程和到村到户帮扶为抓手,加大政策倾斜和扶贫资金整合力度,着力改善深度贫困地区发展条件,增强贫困农户发展能力,重点攻克深度贫困地区脱贫任务。新增脱贫攻坚资金项目主要投向深度贫困地区,增加金融投入对深度贫困地区的支持,新增建设用地指标优先保障深度贫困地区发展用地需要。

(三)激发贫困人口内生动力。把扶贫同扶志、扶智结合起来,把救急纾困和内生脱贫结合起来,提升贫困群众发展生产和务工经商的基本技能,实现可持续稳固脱贫。引导贫困群众克服等靠要思想,逐步消除精神贫困。要打破贫困均衡,促进形成自强自立、争先脱贫的精神风貌。改进帮扶方式方法,更多采用生产奖补、劳务补助、以工代赈等机制,推动贫困群众通过自己的辛勤劳动脱贫致富。

(四)强化脱贫攻坚责任和监督。坚持中央统筹省负总责市县抓落实的工作机制,强化党政一把手负总责的责任制。强化县级党委作为全县脱贫攻坚总指挥部的关键作用,脱贫攻坚期内贫困县县级党政正职要保持稳定。开展扶贫领域腐败和作风问题专项治理,切实加强扶贫资金管理,对挪用和贪污扶贫款项的行为严惩不贷。将2018年作为脱贫攻坚作风建设年,集中力量解决突出作风问题。科学确定脱贫摘帽时间,对弄虚作假、搞数字脱贫的严肃查处。完善扶贫督查巡查、考核评估办法,除党中央、国务院统一部署外,各部门一律不准再组织其他检查考评。严格控制各地开展增加一线扶贫干部负担的各类检查考评,切实给基层减轻工作负担。关心爱护战斗在扶贫第一线的基层干部,制定激励政策,为他们工作生活排忧解难,保护和调动他们的工作积极性。做好实施乡村振兴战略与打好精准脱贫攻坚战的有机衔接。制定坚决打好精准脱贫攻坚战三年行动指导意见。研究提出持续减贫的意见。

九、推进体制机制创新，强化乡村振兴制度性供给

实施乡村振兴战略，必须把制度建设贯穿其中。要以完善产权制度和要素市场化配置为重点，激活主体、激活要素、激活市场，着力增强改革的系统性、整体性、协同性。

（一）巩固和完善农村基本经营制度。落实农村土地承包关系稳定并长久不变政策，衔接落实好第二轮土地承包到期后再延长30年的政策，让农民吃上长效“定心丸”。全面完成土地承包经营权确权登记颁证工作，实现承包土地信息联通共享。完善农村承包地“三权分置”制度，在依法保护集体土地所有权和农户承包权前提下，平等保护土地经营权。农村承包土地经营权可以依法向金融机构融资担保、入股从事农业产业化经营。实施新型农业经营主体培育工程，培育发展家庭农场、合作社、龙头企业、社会化服务组织和农业产业化联合体，发展多种形式适度规模经营。

（二）深化农村土地制度改革。系统总结农村土地征收、集体经营性建设用地入市、宅基地制度改革试点经验，逐步扩大试点，加快土地管理法修改，完善农村土地利用管理政策体系。扎实推进房地一体的农村集体建设用地和宅基地使用权确权登记颁证。完善农民闲置宅基地和闲置农房政策，探索宅基地所有权、资格权、使用权“三权分置”，落实宅基地集体所有权，保障宅基地农户资格权和农民房屋财产权，适度放活宅基地和农民房屋使用权，不得违规违法买卖宅基地，严格实行土地用途管制，严格禁止下乡利用农村宅基地建设别墅大院和私人会馆。在符合土地利用总体规划前提下，允许县级政府通过村土地利用规划，调整优化村庄用地布局，有效利用农村零星分散的存量建设用地；预留部分规划建设用地指标用于单独选址的农业设施和休

闲旅游设施等建设。对利用收储农村闲置建设用地发展农村新产业新业态的,给予新增建设用地指标奖励。进一步完善设施农用地政策。

(三)深入推进农村集体产权制度改革。全面开展农村集体资产清产核资、集体成员身份确认,加快推进集体经营性资产股份合作制改革。推动资源变资产、资金变股金、农民变股东,探索农村集体经济新的实现形式和运行机制。坚持农村集体产权制度改革正确方向,发挥村党组织对集体经济组织的领导核心作用,防止内部少数人控制和外部资本侵占集体资产。维护进城落户农民土地承包权、宅基地使用权、集体收益分配权,引导进城落户农民依法自愿有偿转让上述权益。研究制定农村集体经济组织法,充实农村集体产权权能。全面深化供销合作社综合改革,深入推进集体林权、水利设施产权等领域改革,做好农村综合改革、农村改革试验区等工作。

(四)完善农业支持保护制度。以提升农业质量效益和竞争力为目标,强化绿色生态导向,创新完善政策工具和手段,扩大"绿箱"政策的实施范围和规模,加快建立新型农业支持保护政策体系。深化农产品收储制度和价格形成机制改革,加快培育多元市场购销主体,改革完善中央储备粮管理体制。通过完善拍卖机制、定向销售、包干销售等,加快消化政策性粮食库存。落实和完善对农民直接补贴制度,提高补贴效能。健全粮食主产区利益补偿机制。探索开展稻谷、小麦、玉米三大粮食作物完全成本保险和收入保险试点,加快建立多层次农业保险体系。

十、汇聚全社会力量,强化乡村振兴人才支撑

实施乡村振兴战略,必须破解人才瓶颈制约。要把人力资本开发放在首要位置,畅通智力、技术、管理下乡通道,造就更多乡土人才,聚天下人才而用之。

(一)大力培育新型职业农民。全面建立职业农民制度,完善配套政策体系。实施新型职业农民培育工程。支持新型职业农民通过弹性学制参加中

高等农业职业教育。创新培训机制,支持农民专业合作社、专业技术协会、龙头企业等主体承担培训。引导符合条件的新型职业农民参加城镇职工养老、医疗等社会保障制度。鼓励各地开展职业农民职称评定试点。

(二)加强农村专业人才队伍建设。建立县域专业人才统筹使用制度,提高农村专业人才服务保障能力。推动人才管理职能部门简政放权,保障和落实基层用人主体自主权。推行乡村教师“县管校聘”。实施好边远贫困地区、边疆民族地区和革命老区人才支持计划,继续实施“三支一扶”、特岗教师计划等,组织实施高校毕业生基层成长计划。支持地方高等学校、职业院校综合利用教育培训资源,灵活设置专业(方向),创新人才培养模式,为乡村振兴培养专业化人才。扶持培养一批农业职业经理人、经纪人、乡村工匠、文化能人、非遗传承人等。

(三)发挥科技人才支撑作用。全面建立高等院校、科研院所等事业单位专业技术人员到乡村和企业挂职、兼职和离岗创新创业制度,保障其在职称评定、工资福利、社会保障等方面的权益。深入实施农业科研杰出人才计划和杰出青年农业科学家项目。健全种业等领域科研人员以知识产权明晰为基础、以知识价值为导向的分配政策。探索公益性和经营性农技推广融合发展机制,允许农技人员通过提供增值服务合理取酬。全面实施农技推广服务特聘计划。

(四)鼓励社会各界投身乡村建设。建立有效激励机制,以乡情乡愁为纽带,吸引支持企业家、党政干部、专家学者、医生教师、规划师、建筑师、律师、技能人才等,通过下乡担任志愿者、投资兴业、包村包项目、行医办学、捐资捐物、法律服务等方式服务乡村振兴事业。研究制定管理办法,允许符合要求的公职人员回乡任职。吸引更多人才投身现代农业,培养造就新农民。加快制定鼓励引导工商资本参与乡村振兴的指导意见,落实和完善融资贷款、配套设施建设补助、税费减免、用地等扶持政策,明确政策边界,保护好农民利益。发挥工会、共青团、妇联、科协、残联等群团组织的优势和力量,发挥各民主党派、工商联、无党派人士等积极作用，支持农村产业发展、生态环境保护、乡风文明建设、农村弱势群体关爱等。实施乡村振兴"巾帼行动"。加强对下乡组织和人员的管理服务，使之成为乡村振兴的建设性力量。

（五）创新乡村人才培育引进使用机制。建立自主培养与人才引进相结合，学历教育、技能培训、实践锻炼等多种方式并举的人力资源开发机制。建立城乡、区域、校地之间人才培养合作与交流机制。全面建立城市医生教师、科技文化人员等定期服务乡村机制。研究制定鼓励城市专业人才参与乡村振兴的政策。

十一、开拓投融资渠道，强化乡村振兴投入保障

实施乡村振兴战略，必须解决钱从哪里来的问题。要健全投入保障制度，创新投融资机制，加快形成财政优先保障、金融重点倾斜、社会积极参与的多元投入格局，确保投入力度不断增强、总量持续增加。

（一）确保财政投入持续增长。建立健全实施乡村振兴战略财政投入保障制度，公共财政更大力度向"三农"倾斜，确保财政投入与乡村振兴目标任务相适应。优化财政供给结构，推进行业内资金整合与行业间资金统筹相互衔接配合，增加地方自主统筹空间，加快建立涉农资金统筹整合长效机制。充分发挥财政资金的引导作用，撬动金融和社会资本更多投向乡村振兴。切实发挥全国农业信贷担保体系作用，通过财政担保费率补助和以奖代补等，加大对新型农业经营主体支持力度。加快设立国家融资担保基金，强化担保融资增信功能，引导更多金融资源支持乡村振兴。支持地方政府发行一般债券用于支持乡村振兴、脱贫攻坚领域的公益性项目。稳步推进地方政府专项债券管理改革，鼓励地方政府试点发行项目融资和收益自平衡的专项债券，支持符合条件、有一定收益的乡村公益性项目建设。规范地方政府举债融资行为，不得借乡村振兴之名违法违规变相举债。

（二）拓宽资金筹集渠道。调整完善土地出让收入使用范围，进一步提高

农业农村投入比例。严格控制未利用地开垦，集中力量推进高标准农田建设。改进耕地占补平衡管理办法，建立高标准农田建设等新增耕地指标和城乡建设用地增减挂钩节余指标跨省域调剂机制，将所得收益通过支出预算全部用于巩固脱贫攻坚成果和支持实施乡村振兴战略。推广一事一议、以奖代补等方式，鼓励农民对直接受益的乡村基础设施建设投工投劳，让农民更多参与建设管护。

（三）提高金融服务水平。坚持农村金融改革发展的正确方向，健全适合农业农村特点的农村金融体系，推动农村金融机构回归本源，把更多金融资源配置到农村经济社会发展的重点领域和薄弱环节，更好满足乡村振兴多样化金融需求。要强化金融服务方式创新，防止脱实向虚倾向，严格管控风险，提高金融服务乡村振兴能力和水平。抓紧出台金融服务乡村振兴的指导意见。加大中国农业银行、中国邮政储蓄银行“三农”金融事业部对乡村振兴支持力度。明确国家开发银行、中国农业发展银行在乡村振兴中的职责定位，强化金融服务方式创新，加大对乡村振兴中长期信贷支持。推动农村信用社省联社改革，保持农村信用社县域法人地位和数量总体稳定，完善村镇银行准入条件，地方法人金融机构要服务好乡村振兴。普惠金融重点要放在乡村。推动出台非存款类放贷组织条例。制定金融机构服务乡村振兴考核评估办法。支持符合条件的涉农企业发行上市、新三板挂牌和融资、并购重组，深入推进农产品期货期权市场建设，稳步扩大“保险+期货”试点，探索“订单农业+保险+期货（权）”试点。改进农村金融差异化监管体系，强化地方政府金融风险防范处置责任。

十二、坚持和完善党对“三农”工作的领导

实施乡村振兴战略是党和国家的重大决策部署，各级党委和政府要提高对实施乡村振兴战略重大意义的认识，真正把实施乡村振兴战略摆在优先位置，把党管农村工作的要求落到实处。

(一)完善党的农村工作领导体制机制。各级党委和政府要坚持工业农业一起抓、城市农村一起抓,把农业农村优先发展原则体现到各个方面。健全党委统一领导、政府负责、党委农村工作部门统筹协调的农村工作领导体制。建立实施乡村振兴战略领导责任制,实行中央统筹省负总责市县抓落实的工作机制。党政一把手是第一责任人,五级书记抓乡村振兴。县委书记要下大气力抓好“三农”工作,当好乡村振兴“一线总指挥”。各部门要按照职责,加强工作指导,强化资源要素支持和制度供给,做好协同配合,形成乡村振兴工作合力。切实加强各级党委农村工作部门建设,按照《中国共产党工作机关条例(试行)》有关规定,做好党的农村工作机构设置和人员配置工作,充分发挥决策参谋、统筹协调、政策指导、推动落实、督导检查等职能。各省(自治区、直辖市)党委和政府每年要向党中央、国务院报告推进实施乡村振兴战略进展情况。建立市县党政领导班子和领导干部推进乡村振兴战略的实绩考核制度,将考核结果作为选拔任用领导干部的重要依据。

(二)研究制定中国共产党农村工作条例。根据坚持党对一切工作的领导的要求和新时代“三农”工作新形势新任务新要求,研究制定中国共产党农村工作条例,把党领导农村工作的传统、要求、政策等以党内法规形式确定下来,明确加强对农村工作领导的指导思想、原则要求、工作范围和对象、主要任务、机构职责、队伍建设等,完善领导体制和工作机制,确保乡村振兴战略有效实施。

(三)加强“三农”工作队伍建设。把懂农业、爱农村、爱农民作为基本要求,加强“三农”工作干部队伍培养、配备、管理、使用。各级党委和政府主要领导干部要懂“三农”工作、会抓“三农”工作,分管领导要真正成为“三农”工作行家里手。制定并实施培训计划,全面提升“三农”干部队伍能力和水平。拓宽县级“三农”工作部门和乡镇干部来源渠道。把到农村一线工作锻炼作为培养干部的重要途径,注重提拔使用实绩优秀的干部,形成人才向农村基层一线流动的用人导向。

(四)强化乡村振兴规划引领。制定国家乡村振兴战略规划(2018—2022年),分别明确至2020年全面建成小康社会和2022年召开党的二十大时的目标任务,细化实化工作重点和政策措施,部署若干重大工程、重大计划、重大行动。各地区各部门要编制乡村振兴地方规划和专项规划或方案。加强各类规划的统筹管理和系统衔接,形成城乡融合、区域一体、多规合一的规划体系。根据发展现状和需要分类有序推进乡村振兴,对具备条件的村庄,要加快推进城镇基础设施和公共服务向农村延伸;对自然历史文化资源丰富的村庄,要统筹兼顾保护与发展;对生存条件恶劣、生态环境脆弱的村庄,要加大力度实施生态移民搬迁。

(五)强化乡村振兴法治保障。抓紧研究制定乡村振兴法的有关工作,把行之有效的乡村振兴政策法定化,充分发挥立法在乡村振兴中的保障和推动作用。及时修改和废止不适应的法律法规。推进粮食安全保障立法。各地可以从本地乡村发展实际需要出发,制定促进乡村振兴的地方性法规、地方政府规章。加强乡村统计工作和数据开发应用。

(六)营造乡村振兴良好氛围。凝聚全党全国全社会振兴乡村强大合力,宣传党的乡村振兴方针政策和各地丰富实践,振奋基层干部群众精神。建立乡村振兴专家决策咨询制度,组织智库加强理论研究。促进乡村振兴国际交流合作,讲好乡村振兴中国故事,为世界贡献中国智慧和中国方案。

让我们更加紧密地团结在以习近平同志为核心的党中央周围,高举中国特色社会主义伟大旗帜,以习近平新时代中国特色社会主义思想为指导,迎难而上、埋头苦干、开拓进取,为决胜全面建成小康社会、夺取新时代中国特色社会主义伟大胜利作出新的贡献!

二、《中共中央 国务院关于稳步推进农村集体产权制度改革的意见》

（2016年12月26日）

为探索农村集体所有制有效实现形式,创新农村集体经济运行机制,保护农民集体资产权益,调动农民发展现代农业和建设社会主义新农村的积极性,现就稳步推进农村集体产权制度改革提出如下意见。

一、重大意义

（一）农村集体产权制度改革是巩固社会主义公有制、完善农村基本经营制度的必然要求。农村集体经济是集体成员利用集体所有的资源要素,通过合作与联合实现共同发展的一种经济形态,是社会主义公有制经济的重要形式。改革开放以来,农村实行以家庭承包经营为基础、统分结合的双层经营体制,极大解放和发展了农村社会生产力。适应健全社会主义市场经济体制新要求,不断深化农村集体产权制度改革,探索农村集体所有制有效实现形式,盘活农村集体资产,构建集体经济治理体系,形成既体现集体优越性又调动个人积极性的农村集体经济运行新机制,对于坚持中国特色社会主义道路,完善农村基本经营制度,增强集体经济发展活力,引领农民逐步实现共同富裕具有深远历史意义。

（二）农村集体产权制度改革是维护农民合法权益、增加农民财产性收入的重大举措。农村集体资产包括农民集体所有的土地、森林、山岭、草原、荒地、滩涂等资源性资产,用于经营的房屋、建筑物、机器设备、工具器具、农业基础设施、集体投资兴办的企业及其所持有的其他经济组织的资产份额、无形资产等经营性资产,用于公共服务的教育、科技、文化、卫生、体育等方面的非经营性资产。这三类资产是农村集体经济组织成员的主要财产,是农业农村发展的重要物质基础。适应城乡一体化发展新趋势，分类推进农村集体产权制度改革，在继续按照党中央、国务院已有部署抓好集体土地等资源性资产确权登记颁证，建立健全集体公益设施等非经营性资产统一运行管护机制的基础上，针对一些地方集体经营性资产归属不明、经营收益不清、分配不公开、成员的集体收益分配权缺乏保障等突出问题，着力推进经营性资产确权到户和股份合作制改革，对于切实维护农民合法权益，增加农民财产性收入，让广大农民分享改革发展成果，如期实现全面建成小康社会目标具有重大现实意义。

二、总体要求

（三）指导思想。全面贯彻党的十八大和十八届三中、四中、五中、六中全会精神，以邓小平理论、“三个代表”重要思想、科学发展观为指导，深入贯彻习近平总书记系列重要讲话精神和治国理政新理念新思想新战略，紧紧围绕统筹推进“五位一体”总体布局和协调推进“四个全面”战略布局，牢固树立新发展理念，认真落实党中央、国务院决策部署，以明晰农村集体产权归属、维护农村集体经济组织成员权利为目的，以推进集体经营性资产改革为重点任务，以发展股份合作等多种形式的合作与联合为导向，坚持农村土地集体所有，坚持家庭承包经营基础性地位，探索集体经济新的实现形式和运行机制，不断解放和发展农村社会生产力，促进农业发展、农民富裕、农村繁荣，为推进城乡协调发展、巩固党在农村的执政基础提供重要支撑和保障。

（四）基本原则

——把握正确改革方向。充分发挥市场在资源配置中的决定性作用和更好发挥政府作用，明确农村集体经济组织市场主体地位，完善农民对集体资产股份权能，把实现好、维护好、发展好广大农民的根本利益作为改革的出发点和落脚点，促进集体经济发展和农民持续增收。

——坚守法律政策底线。坚持农民集体所有不动摇，不能把集体经济改弱了、改小了、改垮了,防止集体资产流失;坚持农民权利不受损,不能把农民的财产权利改虚了、改少了、改没了,防止内部少数人控制和外部资本侵占。严格依法办事,妥善处理各种利益关系。

——尊重农民群众意愿。发挥农民主体作用,支持农民创新创造,把选择权交给农民,确保农民知情权、参与权、表达权、监督权,真正让农民成为改革的参与者和受益者。

——分类有序推进改革。根据集体资产的不同类型和不同地区条件确定改革任务,坚持分类实施、稳慎开展、有序推进,坚持先行试点、先易后难,不搞齐步走、不搞一刀切;坚持问题导向,确定改革的突破口和优先序,明确改革路径和方式,着力在关键环节和重点领域取得突破。

——坚持党的领导。坚持农村基层党组织的领导核心地位不动摇,围绕巩固党在农村的执政基础来谋划和实施农村集体产权制度改革,确保集体经济组织依法依规运行,逐步实现共同富裕。

(五)改革目标。通过改革,逐步构建归属清晰、权能完整、流转顺畅、保护严格的中国特色社会主义农村集体产权制度,保护和发展农民作为农村集体经济组织成员的合法权益。科学确认农村集体经济组织成员身份,明晰集体所有产权关系,发展新型集体经济;管好用好集体资产,建立符合市场经济要求的集体经济运行新机制,促进集体资产保值增值;落实农民的土地承包权、宅基地使用权、集体收益分配权和对集体经济活动的民主管理权利,形成有效维护农村集体经济组织成员权利的治理体系。

三、全面加强农村集体资产管理

(六)开展集体资产清产核资。这是顺利推进农村集体产权制度改革的基础和前提。要对集体所有的各类资产进行全面清产核资,摸清集体家底,健全管理制度,防止资产流失。在清产核资中,重点清查核实未承包到户的资源性资产和集体统一经营的经营性资产以及现金、债权债务等,查实存量、价值和使用情况，做到账证相符和账实相符。对清查出的没有登记入账或者核算不准确的，要经核对公示后登记入账或者调整账目；对长期借出或者未按规定手续租赁转让的，要清理收回或者补办手续；对侵占集体资金和资产的，要如数退赔，涉及违规违纪的移交纪检监察机关处理，构成犯罪的移交司法机关依法追究当事人的刑事责任。清产核资结果要向全体农村集体经济组织成员公示，并经成员大会或者代表大会确认。清产核资结束后，要建立健全集体资产登记、保管、使用、处置等制度，实行台账管理。各省级政府要对清产核资工作作出统一安排，从2017年开始，按照时间服从质量的要求逐步推进，力争用3年左右时间基本完成。

（七）明确集体资产所有权。在清产核资基础上，把农村集体资产的所有权确权到不同层级的农村集体经济组织成员集体，并依法由农村集体经济组织代表集体行使所有权。属于村农民集体所有的，由村集体经济组织代表集体行使所有权，未成立集体经济组织的由村民委员会代表集体行使所有权；分别属于村内两个以上农民集体所有的，由村内各该集体经济组织代表集体行使所有权，未成立集体经济组织的由村民小组代表集体行使所有权；属于乡镇农民集体所有的，由乡镇集体经济组织代表集体行使所有权。有集体统一经营资产的村（组），特别是城中村、城郊村、经济发达村等，应建立健全农村集体经济组织，并在村党组织的领导和村民委员会的支持下，按照法律法规行使集体资产所有权。集体资产所有权确权要严格按照产权归属进行，不能打乱原集体所有的界限。

（八）强化农村集体资产财务管理。加强农村集体资金资产资源监督管理，加强乡镇农村经营管理体系建设。修订完善农村集体经济组织财务会计制度，加快农村集体资产监督管理平台建设，推动农村集体资产财务管理制度化、规范化、信息化。稳定农村财会队伍，落实民主理财，规范财务公开，切实维护集体成员的监督管理权。加强农村集体经济组织审计监督，做好日常财务收支等定期审计，继续开展村干部任期和离任经济责任等专项审计，建立问题移交、定期通报和责任追究查处制度,防止侵占集体资产。对集体财务管理混乱的村,县级党委和政府要及时组织力量进行整顿,防止和纠正发生在群众身边的腐败行为。

四、由点及面开展集体经营性资产产权制度改革

(九)有序推进经营性资产股份合作制改革。将农村集体经营性资产以股份或者份额形式量化到本集体成员,作为其参加集体收益分配的基本依据。改革主要在有经营性资产的村镇,特别是城中村、城郊村和经济发达村开展。已经开展这项改革的村镇,要总结经验,健全制度,让农民有更多获得感;没有开展这项改革的村镇,可根据群众意愿和要求,由县级以上地方政府作出安排,先进行试点,再由点及面展开,力争用5年左右时间基本完成改革。农村集体经营性资产的股份合作制改革,不同于工商企业的股份制改造,要体现成员集体所有和特有的社区性,只能在农村集体经济组织内部进行。股权设置应以成员股为主,是否设置集体股由本集体经济组织成员民主讨论决定。股权管理提倡实行不随人口增减变动而调整的方式。改革后农村集体经济组织要完善治理机制,制定组织章程,涉及成员利益的重大事项实行民主决策,防止少数人操控。

(十)确认农村集体经济组织成员身份。依据有关法律法规,按照尊重历史、兼顾现实、程序规范、群众认可的原则,统筹考虑户籍关系、农村土地承包关系、对集体积累的贡献等因素,协调平衡各方利益,做好农村集体经济组织成员身份确认工作,解决成员边界不清的问题。改革试点中,要探索在群众民主协商基础上确认农村集体经济组织成员的具体程序、标准和管理办法,建立健全农村集体经济组织成员登记备案机制。成员身份的确认既要得到多数人认可,又要防止多数人侵犯少数人权益,切实保护妇女合法权益。提倡农村集体经济组织成员家庭今后的新增人口,通过分享家庭内拥有的集体资产权益的办法,按章程获得集体资产份额和集体成员身份。

（十一）保障农民集体资产股份权利。组织实施好赋予农民对集体资产股份占有、收益、有偿退出及抵押、担保、继承权改革试点。建立集体资产股权登记制度，记载农村集体经济组织成员持有的集体资产股份信息，出具股权证书。健全集体收益分配制度，明确公积金、公益金提取比例，把农民集体资产股份收益分配权落到实处。探索农民对集体资产股份有偿退出的条件和程序，现阶段农民持有的集体资产股份有偿退出不得突破本集体经济组织的范围，可以在本集体内部转让或者由本集体赎回。有关部门要研究制定集体资产股份抵押、担保贷款办法，指导农村集体经济组织制定农民持有集体资产股份继承的办法。及时总结试点经验，适时在面上推开。

五、因地制宜探索农村集体经济有效实现形式

（十二）发挥农村集体经济组织功能作用。农村集体经济组织是集体资产管理的主体，是特殊的经济组织，可以称为经济合作社，也可以称为股份经济合作社。现阶段可由县级以上地方政府主管部门负责向农村集体经济组织发放组织登记证书，农村集体经济组织可据此向有关部门办理银行开户等相关手续，以便开展经营管理活动。发挥好农村集体经济组织在管理集体资产、开发集体资源、发展集体经济、服务集体成员等方面的功能作用。在基层党组织领导下，探索明晰农村集体经济组织与村民委员会的职能关系，有效承担集体经济经营管理事务和村民自治事务。有需要且条件许可的地方，可以实行村民委员会事务和集体经济事务分离。妥善处理好村党组织、村民委员会和农村集体经济组织的关系。

（十三）维护农村集体经济组织合法权利。严格保护集体资产所有权，防止被虚置。农村承包土地经营权流转不得改变土地集体所有性质，不得违反耕地保护制度。以家庭承包方式承包的集体土地，采取转让、互换方式流转的，应在本集体经济组织内进行，且需经农村集体经济组织等发包方同意；采取出租（转包）或者其他方式流转经营权的，应报农村集体经济组织等发包方

书面备案。在农村土地征收、集体经营性建设用地入市和宅基地制度改革试点中,探索正确处理国家、集体、农民三者利益分配关系的有效办法。对于经营性资产,要体现集体的维护、管理、运营权利;对于非经营性资产,不宜折股量化到户,要根据其不同投资来源和有关规定统一运行管护。

(十四)多种形式发展集体经济。从实际出发探索发展集体经济有效途径。农村集体经济组织可以利用未承包到户的集体"四荒"地(荒山、荒沟、荒丘、荒滩)、果园、养殖水面等资源,集中开发或者通过公开招投标等方式发展现代农业项目;可以利用生态环境和人文历史等资源发展休闲农业和乡村旅游;可以在符合规划前提下,探索利用闲置的各类房产设施、集体建设用地等,以自主开发、合资合作等方式发展相应产业。支持农村集体经济组织为农户和各类农业经营主体提供产前产中产后农业生产性服务。鼓励整合利用集体积累资金、政府帮扶资金等,通过入股或者参股农业产业化龙头企业、村与村合作、村企联手共建、扶贫开发等多种形式发展集体经济。

(十五)引导农村产权规范流转和交易。鼓励地方特别是县乡依托集体资产监督管理、土地经营权流转管理等平台,建立符合农村实际需要的产权流转交易市场,开展农村承包土地经营权、集体林权、"四荒"地使用权、农业类知识产权、农村集体经营性资产出租等流转交易。县级以上地方政府要根据农村产权要素性质、流转范围和交易需要,制定产权流转交易管理办法,健全市场交易规则,完善运行机制,实行公开交易,加强农村产权流转交易服务和监督管理。维护进城落户农民土地承包权、宅基地使用权、集体收益分配权,在试点基础上探索支持引导其依法自愿有偿转让上述权益的有效办法。

六、切实加强党对农村集体产权制度改革的领导

(十六)强化组织领导。各级党委和政府要充分认识农村集体产权制度改革的重要性、复杂性、长期性,认真抓好中央改革部署的贯彻落实,既要鼓励创新、勇于试验,又要把控方向、有历史耐心,切实加强组织领导,积极稳妥

推进改革。要建立省级全面负责、县级组织实施的领导体制和工作机制，地方各级党委书记特别是县乡党委书记要亲自挂帅，承担领导责任。各地要层层分解任务，落实工作措施，提出具体要求，创造保障条件，确保事有人管、责有人负，对于改革中遇到的矛盾和问题，要切实加以解决，涉及重大政策调整的，要及时向上级请示汇报，确保社会和谐稳定。

（十七）精心组织实施。农村集体产权制度改革工作由中央农村工作领导小组组织领导，农业部、中央农村工作领导小组办公室牵头实施。要梳理细化各项改革任务，明确任务承担单位，制定配套的分工实施方案，有关部门按职责抓好落实。各有关部门要加强调查研究和工作指导，及时做好政策评估，协调解决改革中遇到的困难和问题；农业等有关部门的干部要深入基层，加强政策解读和干部培训，编写通俗易懂的宣传材料，让基层干部群众全面了解改革精神和政策要求。加强监督检查，严肃查处和纠正弄虚作假、侵害集体经济组织及其成员权益等行为。注重改革的系统性、协同性，与正在推进的有关改革做好衔接，发挥改革的综合效应。

（十八）加大政策支持力度。清理废除各种阻碍农村集体经济发展的不合理规定，营造有利于推进农村集体产权制度改革的政策环境。农村集体经济组织承担大量农村社会公共服务支出，不同于一般经济组织，其成员按资产量化份额从集体获得的收益，也不同于一般投资所得，要研究制定支持农村集体产权制度改革的税收政策。在农村集体产权制度改革中，免征因权利人名称变更登记、资产产权变更登记涉及的契税，免征签订产权转移书据涉及的印花税，免收确权变更中的土地、房屋等不动产登记费。进一步完善财政引导、多元化投入共同扶持集体经济发展机制。对政府拨款、减免税费等形成的资产归农村集体经济组织所有，可以量化为集体成员持有的股份。逐步增加政府对农村的公共服务支出，减少农村集体经济组织的相应负担。完善金融机构对农村集体经济组织的融资、担保等政策，健全风险防范分担机制。统筹安排农村集体经济组织发展所需用地。

(十九)加强法治建设。健全适应社会主义市场经济体制要求、以公平为核心原则的农村产权保护法律制度。抓紧研究制定农村集体经济组织方面的法律,赋予农村集体经济组织法人资格,明确权利义务关系,依法维护农村集体经济组织及其成员的权益,保证农村集体经济组织平等使用生产要素,公平参与市场竞争,同等受到法律保护。抓紧修改农村土地承包方面的法律,赋予农民更加充分而有保障的土地权益。适时完善集体土地征收、集体经营性建设用地入市、宅基地管理等方面的法律制度。认真做好农村产权纠纷调解仲裁和司法救济工作。

三、《国务院办公厅关于支持返乡下乡人员创业创新促进农村一二三产业融合发展的意见》

国办发〔2016〕84号

各省、自治区、直辖市人民政府,国务院各部委、各直属机构:

近年来,随着大众创业、万众创新的深入推进,越来越多的农民工、中高等院校毕业生、退役士兵和科技人员等返乡下乡人员到农村创业创新,为推进农业供给侧结构性改革、活跃农村经济发挥了重要作用。返乡下乡人员创业创新,有利于将现代科技、生产方式和经营理念引入农业,提高农业质量效益和竞争力;有利于发展新产业新业态新模式,推动农村一二三产业融合发展;有利于激活各类城乡生产资源要素,促进农民就业增收。在《国务院办公厅关于支持农民工等人员返乡创业的意见》(国办发〔2015〕47号)和《国务院办公厅关于推进农村一二三产业融合发展的指导意见》(国办发〔2015〕93号)的基础上,为进一步细化和完善扶持政策措施,鼓励和支持返乡下乡人员创业创新,经国务院同意,现提出如下意见。

一、重点领域和发展方向

（一）突出重点领域。鼓励和引导返乡下乡人员结合自身优势和特长，根据市场需求和当地资源禀赋，利用新理念、新技术和新渠道，开发农业农村资源，发展优势特色产业，繁荣农村经济。重点发展规模种养业、特色农业、设施农业、林下经济、庭院经济等农业生产经营模式，烘干、贮藏、保鲜、净化、分等分级、包装等农产品加工业，农资配送、耕地修复治理、病虫害防治、农机作业服务、农产品流通、农业废弃物处理、农业信息咨询等生产性服务业，休闲农业和乡村旅游、民族风情旅游、传统手工艺、文化创意、养生养老、中央厨房、农村绿化美化、农村物业管理等生活性服务业，以及其他新产业新业态新模式。

（二）丰富创业创新方式。鼓励和引导返乡下乡人员按照法律法规和政策规定，通过承包、租赁、入股、合作等多种形式，创办领办家庭农场林场、农民合作社、农业企业、农业社会化服务组织等新型农业经营主体。通过聘用管理技术人才组建创业团队，与其他经营主体合作组建现代企业、企业集团或产业联盟，共同开辟创业空间。通过发展农村电商平台，利用互联网思维和技术，实施“互联网＋”现代农业行动，开展网上创业。通过发展合作制、股份合作制、股份制等形式，培育产权清晰、利益共享、机制灵活的创业创新共同体。

（三）推进农村产业融合。鼓励和引导返乡下乡人员按照全产业链、全价值链的现代产业组织方式开展创业创新，建立合理稳定的利益联结机制，推进农村一二三产业融合发展，让农民分享二三产业增值收益。以农牧（农林、农渔）结合、循环发展为导向，发展优质高效绿色农业。实行产加销一体化运作，延长农业产业链条。推进农业与旅游、教育、文化、健康养老等产业深度融合，提升农业价值链。引导返乡下乡人员创业创新向特色小城镇和产业园区等集中，培育产业集群和产业融合先导区。

二、政策措施

（四）简化市场准入。落实简政放权、放管结合、优化服务一系列措施，深化行政审批制度改革，持续推进商事制度改革，提高便利化水平。落实注册资本认缴登记和“先照后证”改革，在现有“三证合一”登记制度改革成效的基础上大力推进“五证合一、一照一码”登记制度改革。推动住所登记制度改革，积极支持各地放宽住所（经营场所）登记条件。县级人民政府要设立“绿色通道”，为返乡下乡人员创业创新提供便利服务，对进入创业园区的，提供有针对性的创业辅导、政策咨询、集中办理证照等服务。对返乡下乡人员创业创新免收登记类、证照类等行政事业性收费。（工商总局等负责）

（五）改善金融服务。采取财政贴息、融资担保、扩大抵押物范围等综合措施，努力解决返乡下乡人员创业创新融资难问题。稳妥有序推进农村承包土地的经营权抵押贷款试点，有效盘活农村资源、资金和资产。鼓励银行业金融机构开发符合返乡下乡人员创业创新需求的信贷产品和服务模式，探索权属清晰的包括农业设施、农机具在内的动产和不动产抵押贷款业务，提升返乡下乡人员金融服务可获得性。推进农村普惠金融发展，加强对纳入信用评价体系返乡下乡人员的金融服务。加大对农业保险产品的开发和推广力度，鼓励有条件的地方探索开展价格指数保险、收入保险、信贷保证保险、农产品质量安全保证保险、畜禽水产活体保险等创新试点，更好地满足返乡下乡人员的风险保障需求。（人民银行、银监会、保监会、农业部、国家林业局等负责）

（六）加大财政支持力度。加快将现有财政政策措施向返乡下乡人员创业创新拓展，将符合条件的返乡下乡人员创业创新项目纳入强农惠农富农政策范围。新型职业农民培育、农村一二三产业融合发展、农业生产全程社会化服务、农产品加工、农村信息化建设等各类财政支农项目和产业基金，要将符合条件的返乡下乡人员纳入扶持范围，采取以奖代补、先建后补、政府购买服务等方式予以积极支持。大学生、留学回国人员、科技人员、青年、妇女等人员创业的财政支持政策，要向返乡下乡人员创业创新延伸覆盖。把返乡下乡人员开展农业适度规模经营所需贷款纳入全国农业信贷担保体系。切实落实好定向减税和普遍性降费政策。（财政部、税务总局、教育部、科技部、工业和信息化部、人力资源社会保障部、农业部、国家林业局、共青团中央、全国妇联等负责）

（七）落实用地用电支持措施。在符合土地利用总体规划的前提下，通过调整存量土地资源，缓解返乡下乡人员创业创新用地难问题。支持返乡下乡人员按照相关用地政策，开展设施农业建设和经营。落实大众创业万众创新、现代农业、农产品加工业、休闲农业和乡村旅游等用地政策。鼓励返乡下乡人员依法以入股、合作、租赁等形式使用农村集体土地发展农业产业，依法使用农村集体建设用地开展创业创新。各省（区、市）可以根据本地实际，制定管理办法，支持返乡下乡人员依托自有和闲置农房院落发展农家乐。在符合农村宅基地管理规定和相关规划的前提下，允许返乡下乡人员和当地农民合作改建自住房。县级人民政府可在年度建设用地指标中单列一定比例专门用于返乡下乡人员建设农业配套辅助设施。城乡建设用地增减挂钩政策腾退出的建设用地指标，以及通过农村闲置宅基地整理新增的耕地和建设用地，重点支持返乡下乡人员创业创新。支持返乡下乡人员与农村集体经济组织共建农业物流仓储等设施。鼓励利用“四荒地”（荒山、荒沟、荒丘、荒滩）和厂矿废弃地、砖瓦窑废弃地、道路改线废弃地、闲置校舍、村庄空闲地等用于返乡下乡人员创业创新。农林牧渔业产品初加工项目在确定土地出让底价时可按不低于所在地土地等别相对应全国工业用地出让最低价标准的70%执行。返乡下乡人员发展农业、林木培育和种植、畜牧业、渔业生产、农业排灌用电以及农业服务业中的农产品初加工用电，包括对各种农产品进行脱水、凝固、去籽、净化、分类、晒干、剥皮、初烤、沤软或大批包装以供应初级市场的用电，均执行农业生产电价。（国土资源部、国家发展改革委、住房城乡建

设部、农业部、国家林业局、国家旅游局、国家电网公司等负责)

(八)开展创业培训。实施农民工等人员返乡创业培训五年行动计划和新型职业农民培育工程、农村青年创业致富“领头雁”计划、贫困村创业致富带头人培训工程,开展农村妇女创业创新培训,让有创业和培训意愿的返乡下乡人员都能接受培训。建立返乡下乡人员信息库,有针对性地确定培训项目,实施精准培训,提升其创业能力。地方各级人民政府要将返乡下乡人员创业创新培训经费纳入财政预算。鼓励各类培训资源参与返乡下乡人员培训,支持各类园区、星创天地、农民合作社、中高等院校、农业企业等建立创业创新实训基地。采取线上学习与线下培训、自主学习与教师传授相结合的方式,开辟培训新渠道。加强创业创新导师队伍建设,从企业家、投资者、专业人才、科技特派员和返乡下乡创业创新带头人中遴选一批导师。建立各类专家对口联系制度,对返乡下乡人员及时开展技术指导和跟踪服务。(人力资源社会保障部、农业部、教育部、科技部、民政部、国家林业局、国务院扶贫办、共青团中央、全国妇联等负责)

(九)完善社会保障政策。返乡下乡人员可在创业地按相关规定参加各项社会保险,有条件的地方要将其纳入住房公积金缴存范围,按规定将其子女纳入城镇(城乡)居民基本医疗保险参保范围。对返乡下乡创业创新的就业困难人员、离校未就业高校毕业生以灵活就业方式参加社会保险的,可按规定给予一定社会保险补贴。对返乡下乡人员初始创业失败后生活困难的,可按规定享受社会救助。持有居住证的返乡下乡人员的子女可在创业地接受义务教育,依地方相关规定接受普惠性学前教育。(人力资源社会保障部、财政部、民政部、住房城乡建设部、教育部等负责)

(十)强化信息技术支撑。支持返乡下乡人员投资入股参与信息进村入户工程建设和运营,可聘用其作为村级信息员或区域中心管理员。鼓励各类电信运营商、电商等企业面向返乡下乡人员开发信息应用软件,开展农业生产技术培训,提供农资配送、农机作业等农业社会化服务,推介优质农产品,组织开展网络营销。面向返乡下乡人员开展信息技术技能培训。通过财政补贴、政府购买服务、落实税收优惠等政策，支持返乡下乡人员利用大数据、物联网、云计算、移动互联网等新一代信息技术开展创业创新。(农业部、国家发展改革委、工业和信息化部、财政部、商务部、税务总局、国家林业局等负责)

(十一)创建创业园区(基地)。按照政府搭建平台、平台聚集资源、资源服务创业的思路，依托现有开发区、农业产业园等各类园区以及专业市场、农民合作社、农业规模种养基地等，整合创建一批具有区域特色的返乡下乡人员创业创新园区(基地)，建立开放式服务窗口，形成合力。现代农业示范区要发挥辐射带动和示范作用，成为返乡下乡人员创业创新的重要载体。支持中高等院校、大型企业采取众创空间、创新工厂等模式，创建一批重点面向初创期"种子培育"的孵化园(基地)，有条件的地方可对返乡下乡人员到孵化园(基地)创业给予租金补贴。(农业部、国家发展改革委、科技部、工业和信息化部、财政部、人力资源社会保障部、商务部、文化部、国家林业局等负责)

三、组织领导

(十二)健全组织领导机制。各地区、各有关部门要充分认识返乡下乡人员创业创新的重要意义，作为经济社会发展的重点任务予以统筹安排。农业部要发挥牵头作用，明确推进机构，加强工作指导，建立部门间协调机制，督促返乡下乡人员创业创新政策落实，加强经验交流和推广。地方人民政府要建立协调机制，明确任务分工，落实部门责任，形成工作合力；加强调查研究，结合本地实际，研究制定和落实支持返乡下乡人员创业创新的政策措施。探索建立领导干部定点联系返乡下乡人员创业创新制度，深入了解情况，帮助解决实际问题。(农业部、省级人民政府等负责)

(十三)提升公共服务能力。积极开展面向返乡下乡人员的政策咨询、市场信息等公共服务。推进农村社区综合服务设施和信息平台建设，依托现有的各类公益性农产品市场和园区(基地),为返乡下乡人员创业创新提供高效便捷服务。做好返乡下乡人员创业创新的土地流转、项目选择、科技推广等方面专业服务。利用农村调查系统和农村固定观察点,加强对返乡下乡人员创业创新的动态监测和调查分析。(农业部、国家发展改革委、民政部、人力资源社会保障部、商务部、国家统计局、国家林业局等负责)

(十四)加强宣传引导。采取编制手册、制定明白卡、编发短信微信微博等方式,宣传解读政策措施。大力弘扬创业创新精神,树立返乡下乡人员先进典型,宣传推介优秀带头人,发挥其示范带动作用。充分调动社会各界支持返乡下乡人员创业创新的积极性,广泛开展创业大赛、创业大讲堂等活动,营造良好氛围。(农业部等负责)

国务院办公厅

2016年11月18日

四、《财政部 农业部关于深入推进农业领域政府和社会资本合作的实施意见》

财金〔2017〕50号

各省、自治区、直辖市、计划单列市财政厅(局)、农业(农牧、农机、畜牧、兽医、农垦、渔业)厅(局、委、办),新疆生产建设兵团财务局、农业局:

为贯彻落实《中共中央 国务院关于深入推进农业供给侧结构性改革加快培育农业农村发展新动能的若干意见》《国务院办公厅关于创新农村基础设施投融资体制机制的指导意见》(国办发〔2017〕17号)、《国务院办公厅转发财政部 发展改革委 人民银行关于在公共服务领域推广政府和社会资本合作模式指导意见的通知》(国办发〔2015〕42号)精神,深化农业供给侧结构性改革，引导社会资本积极参与农业领域政府和社会资本合作(PPP)项目投资、建设、运营，改善农业农村公共服务供给，现提出意见如下：

一、总体要求

(一)指导思想

全面贯彻落实党中央、国务院关于农业、农村、农民问题的决策部署，牢固树立和贯彻落实新发展理念，适应把握引领经济发展新常态，以加大农业领域PPP模式推广应用为主线，优化农业资金投入方式，加快农业产业结构调整，改善农业公共服务供给，切实推动农业供给侧结构性改革。

(二)基本原则

——政府引导，规范运作。坚持农业供给侧结构性改革方向，深化对PPP模式的理解认识，加快观念转变，厘清政府与市场的边界，加大对农业农村公共服务领域推广运用PPP模式的政策扶持力度，强化绩效评价和项目监管，严格执行财政PPP工作制度规范体系，确保顺利实施、规范运作，防止变相举借政府债务，防范财政金融风险。

——明确权责，合作共赢。注重发挥市场在资源配置中的决定性作用，鼓励各类市场主体通过公开竞争性方式参与农业PPP项目合作，破除社会资本进入农业公共服务领域的隐性壁垒，营造规范有序的市场环境。在平等协商基础上订立合同，平衡政府、社会资本、农民、农村集体经济组织、农民合作组织等各方利益，明确各参与主体的责任、权利关系和风险分担机制，推动实现改善公共服务供给，拓展企业发展空间，增加人民福祉的共赢局面。

——因地制宜，试点先行。各地根据国家“三农”工作统一部署，结合地区实际和工作重点，分阶段、分类型、分步骤推进农业领域PPP工作。鼓励选择重点领域、重点项目先行试点探索，及时总结经验，完善相关政策，形成可复制、可推广的合作模式。

(三)工作目标

探索农业领域推广PPP模式的实施路径、成熟模式和长效机制,创新农业公共产品和公共服务市场化供给机制,推动政府职能转变,提高农业投资有效性和公共资源使用效益,提升农业公共服务供给质量和效率。

二、聚焦重点领域

重点引导和鼓励社会资本参与以下领域农业公共产品和服务供给:

(一)农业绿色发展。支持畜禽粪污资源化利用、农作物秸秆综合利用、废旧农膜回收、病死畜禽无害化处理,支持规模化大型沼气工程。

(二)高标准农田建设。支持集中连片、旱涝保收、稳产高产、生态友好的高标准农田建设,支持开展土地平整、土壤改良与培肥、灌溉与排水、田间道路、农田防护与生态环境保持、农田输配电等工程建设,支持耕地治理修复。

(三)现代农业产业园。支持以规模化种养基地为基础,通过"生产+加工+科技",聚集现代生产要素、创新体制机制的现代农业产业园。

(四)田园综合体。支持有条件的乡村建设以农民合作社为主要载体、让农民充分参与和受益,集循环农业、创意农业、农事体验于一体的田园综合体。

(五)农产品物流与交易平台。支持农产品交易中心(市场)、生产资料交易平台、仓储基地建设,支持区域农产品公用品牌创建。

(六)"互联网+"现代农业。支持信息进村入户工程、智慧农业工程、农村电子商务平台、智能物流设施等建设运营。

三、规范项目实施

(一)严格筛选项目。各级财政部门、农业部门要加强合作,依托全国PPP综合信息平台推进农业PPP项目库建设,明确入库标准,优先选择有经营性现金流、适宜市场化运作的农业公共设施及公共服务项目，做好项目储备，明确年度及中长期项目开发计划，确保农业PPP有序推进。

（二）合理分担风险。各地农业部门、财政部门要指导项目实施机构按照风险分担、利益共享的原则，充分识别、合理分配PPP项目风险。为保障政府知情权，政府可以参股项目公司，但应保障项目公司的经营独立性和风险隔离功能，不得干预企业日常经营决策，不得兜底项目建设运营风险。

（三）保障合理回报。各地农业部门、财政部门要指导项目实施机构根据项目特点构建合理的项目回报机制，依据项目合同约定将财政支出责任纳入年度预算和中期财政规划，按项目绩效考核结果向社会资本支付对价，保障社会资本获得稳定合理收益。鼓励农民专业合作社等新型农业经营主体参与PPP项目，并通过订单带动、利润返还、股份合作等模式进一步完善与农户的利益联结机制，建立长期稳定的合作关系，让更多农民分享农业PPP发展红利。

（四）确保公平竞争。各地农业部门、财政部门要指导项目实施机构依法通过公开、公平、竞争性方式，择优选择具备项目所需经营能力和履约能力的社会资本开展合作，保障各类市场主体平等参与农业PPP项目合作，消除本地保护主义和各类隐形门槛。鼓励金融机构早期介入项目前期准备，提高项目融资可获得性。

（五）严格债务管理。各地财政部门、农业部门要认真组织开展项目物有所值评价和财政承受能力论证，加强本辖区内PPP项目财政支出责任统计和超限预警，严格政府债务管理，严禁通过政府回购安排、承诺固定回报等方式进行变相举债，严禁项目公司债务向政府转移。

（六）强化信息公开。各地财政部门、农业部门要认真落实《政府和社会资本合作（PPP）综合信息平台信息公开管理暂行办法》（财金〔2017〕1号）有关要求，做好PPP项目全生命周期信息公开工作，及时、完整、准确地录入农业PPP项目信息，及时披露识别论证、政府采购及预算安排等关键信息，增强社会资本和金融机构信心,保障公众知情权,接受社会监督。

(七)严格绩效监管。各地财政部门、农业部门要构建农业PPP项目的绩效考核监管体系和监督问责机制,跟踪掌握项目实施和资金使用情况,推动形成项目监管与资金安排相衔接的激励制约机制。

四、加大政策保障

(一)强化组织领导责任。地方人民政府要积极探索建立跨部门PPP工作领导协调机制,加强政府统一领导,明确部门职责分工,确保形成工作合力,推动项目顺利实施。

(二)优化资金投入方式。各级财政部门、农业部门要探索创新农业公共服务领域资金投入机制,进一步改进和加强资金使用管理,发挥财政资金引导撬动作用,积极推动金融和社会资本更多投向农业农村,提高投资有效性和公共资金使用效益。

(三)发挥示范引领作用。财政部与农业部联合组织开展国家农业PPP示范区创建工作。各省(区、市)财政部门会同农业部门择优选择1个农业产业特点突出、PPP模式推广条件成熟的县级地区作为农业PPP示范区向财政部、农业部推荐。财政部、农业部将从中择优确定"国家农业PPP示范区"。国家农业PPP示范区所属PPP项目,将在PPP示范项目申报筛选和PPP以奖代补资金中获得优先支持。各地财政部门、农业部门要共同做好农业PPP示范区的申报工作,加强对示范区的经验总结和案例推广,推动形成一批可复制、可推广的成功模式。

(四)拓宽金融支持渠道。充分发挥中国PPP基金和各地PPP基金的引导作用,带动更多金融机构、保险资金加大对农业PPP项目的融资支持。加强与国家农业信贷担保体系的合作,鼓励各地设立农业PPP项目担保基金,为PPP项目融资提供增信支持。创新开发适合农业PPP项目的保险产品。开展农业PPP项目资产证券化试点,探索各类投资主体的合规退出渠道。

（五）完善定价调价机制。积极推进农业农村公共服务领域价格改革，探索建立污水垃圾处理农户缴费制度，综合考虑建设运营成本、财政承受能力、农村居民意愿，合理确定农业公共服务价格水平和补偿机制。建立健全价格动态调整和上下游联动机制，增强社会资本收益预期，提高社会资本参与积极性。

（六）加强项目用地保障。各地农业部门、财政部门要积极协调相关土地部门，在保障耕地占补平衡的基础上，在当地土地使用中长期规划中全面考虑农业PPP项目建设需求，并给予优先倾斜，为项目用地提供有效保障。

财政部　农业部

2017年5月31日

五、《社会资本投资农业农村指引（2022年）》

一、总体要求

（一）指导思想

以习近平新时代中国特色社会主义思想为指导，全面贯彻党的十九大和十九届历次全会精神，深入贯彻中央经济工作会议、中央农村工作会议精神，坚持稳字当头、稳中求进，按照保供固安全、振兴畅循环的工作定位，聚焦乡村振兴重点领域，创新投入方式，打造合作平台，营造良好营商环境，激发社会资本投资活力，规范社会资本投资行为，更好满足全面推进乡村振兴多样化投融资需求，为全面推进乡村振兴、加快农业农村现代化提供有力支撑。

(二)基本原则

1.尊重农民主体地位。充分尊重农民意愿，切实发挥农民在乡村振兴中的主体作用，引导社会资本与农民建立紧密利益联结机制，不断提升人民群众获得感。支持社会资本依法依规拓展业务，注重合作共赢，把收益更多留在乡村，把就业岗位更多留给农民，带动农村同步发展、农民同步进步。

2.遵循市场规律。充分发挥市场在资源配置中的决定性作用，更好发挥政府作用，激发社会资本投资活力，引导将人才、技术、管理等现代生产要素注入农业农村。坚持“放管服”改革方向，建立健全监管和风险防范机制，营造公平竞争的市场环境、政策环境、法治环境，创造良好稳定的市场预期。

3.坚持开拓创新。鼓励社会资本与政府、金融机构开展合作，发挥社会资本市场化、专业化优势，加快投融资模式创新应用，探索典型模式。建立完善社会资本投融资合作对接机制，拓宽社会资本投资渠道，挖掘农业农村领域投资潜力，保持农业农村投资稳定增长，培育经济发展新动能。

4.稳妥有序投入。立足村庄现有基础，结合乡村发展实际，引导社会资本稳妥有序投入亟需支持的农业农村领域，不超越发展阶段搞大融资、大开发、大建设。坚决守住耕地红线，坚决遏制耕地“非农化”、防止耕地“非粮化”。严禁违规占用耕地从事非农建设，严禁超标准建设绿色通道，严禁违规占用耕地挖湖造景，确保资本下乡不损害农民和集体利益。

二、鼓励投资的重点产业和领域

对标全面推进乡村振兴、加快农业农村现代化目标任务，立足当前农业农村新形势新要求，聚焦乡村发展、乡村建设、乡村治理的重点领域、关键环节，撬动更多社会资本，充分调动各方面积极性，促进农业农村经济转型升级。

(一)现代种养业。支持社会资本发展规模化、标准化、品牌化和绿色化种养业，推动品种培优、品质提升、品牌打造和标准化生产，助力提升粮食和重要农产品供给保障能力。巩固主产区粮棉油糖胶生产，推进国家粮食安全产业带建设。支持大豆油料生产基地建设，支持玉米大豆带状复合种植，发展旱作农业，加强智能粮库建设。加强蔬菜（含食药用菌）生产能力建设，大力发展温室大棚、集约养殖、水肥一体、高效节水等设施农业，鼓励发展工厂化集约养殖、立体生态养殖等新型养殖设施。支持稳定生猪基础产能，推进标准化规模养殖；加快发展草食畜牧业，扩大基础母畜产能，稳步发展家禽业，加强奶源基地建设。支持建设现代化饲草产业体系，推进饲草料专业化生产。鼓励发展水产绿色健康养殖，发展稻渔综合种养、大水面生态渔业和盐碱水养殖。支持深远海养殖业发展，发展深远海大型智能化养殖渔场，推动海洋牧场、远洋渔业基地建设。支持大食物开发，保障各类食物有效供给。

（二）现代种业。鼓励社会资本投资创新型种业企业，扶优扶强种业企业，推进科企深度融合，支持种业龙头企业健全商业化育种体系，提升商业化育种创新能力，提升我国种业国际竞争力。引导参与现代种业自主创新能力提升，推进种源等农业关键核心技术攻关。加强种质资源保存与利用、育种创新、品种检测测试与展示示范、良种繁育等能力建设，促进育繁推一体化发展，建立现代种业体系。在严格监管、风险可控的基础上，鼓励社会资本积极参与生物育种产业化应用。创新推广“龙头企业+优势基地”模式，支持社会资本参与国家南繁育种基地等制种基地建设与升级，加快制种大县和区域性良繁基地建设。鼓励社会资本参与建设国家级育种场，完善良种繁育和生物安全防护设施条件，推进国家级水产供种繁育基地建设。

（三）乡村富民产业。鼓励社会资本开发特色农业农村资源，支持农业现代化示范区主导产业全产业链升级，积极参与建设现代农业产业园、优势特色产业集群、农业产业强镇、渔港经济区，发展特色农产品优势区，发展国家农村产业融合发展示范园，支持建设“一村一品”示范村镇。鼓励企业到产地发展粮油加工、农产品初加工、食品制造。支持发展特色优势产业，发展绿色农产品、有机农产品和地理标志农产品，支持拓展农业多种功能、挖掘乡村多元价值。建设标准化生产基地、集约化加工基地、仓储物流基地,完善科技支撑体系、生产服务体系、品牌与市场营销体系、质量控制体系,建立利益联结紧密的建设运行机制。巩固提升脱贫地区特色产业,鼓励有条件的脱贫地区发展光伏产业。因地制宜发展具有民族、文化与地域特色的乡村手工业,发展一批家庭工厂、手工作坊、乡村车间。加快农业品牌培育,加强品牌营销推介,鼓励社会资本支持区域公用品牌建设,打造一批具有市场竞争力的农业企业品牌。

(四)农产品加工流通业。鼓励社会资本参与粮食主产区和特色农产品优势区发展农产品加工业,提升行业机械化、标准化水平。鼓励发展冷藏保鲜、原料处理、分级包装等初加工,到产地发展粮油加工、农产品加工、食品制造等精深加工,在主产区和大中城市郊区布局中央厨房、主食加工、休闲食品、方便食品、净菜加工等业态。鼓励参与农产品产地、集散地、销地批发市场、田头市场建设,完善农村商贸服务网络。加强粮食、棉花、食糖等重要农产品仓储物流设施建设,建设一批贮藏保鲜、分级包装、冷链配送等设施设备和田头小型仓储保鲜冷链设施。鼓励有条件的地方建设产地冷链配送中心,打造农产品物流节点,发展农超、农社、农企、农校等产销对接的新型流通业态。鼓励发展生鲜农产品新零售。支持冷链物流企业做大做强,支持大型流通企业以县城和中心镇为重点下沉供应链,促进农村客货邮融合发展。

(五)乡村新型服务业。鼓励社会资本发展休闲观光、乡村民宿、创意农业、农事体验、农耕文化、农村康养等产业,做精做优乡村休闲旅游业。支持挖掘和利用农耕文化遗产资源,发展乡村特色文化产业,培育具有农耕特质的乡村文化产品,大力开发乡宿、乡游、乡食、乡购、乡娱等休闲体验产品,建设农耕主题博物馆、村史馆,传承农耕手工艺、曲艺、民俗节庆,促进农文旅融合发展。鼓励发展生产性服务业,引导设施租赁、市场营销、信息咨询等领域市场主体将服务网点延伸到乡村。引导采取“农资+服务”“农机+服务”“科技+服务”“互联网+服务”等方式,发展农业生产托管服务,提供市场信息、农技推广、农资供应、统防统治、深松整地、农产品营销等社会化服务。鼓励社会资本拓展生活性服务业，改造提升餐饮住宿、商超零售、电器维修、再生资源回收和养老护幼、卫生保洁、文化演出等乡村生活服务业。

（六）农业农村绿色发展。鼓励社会资本积极参与建设国家农业绿色发展先行区，支持参与绿色种养循环农业试点、畜禽粪污资源化利用、养殖池塘尾水治理、农业面源污染综合治理、秸秆综合利用、农膜农药包装物回收行动、病死畜禽无害化处理、废弃渔网具回收再利用，推进农业投入品减量增效，加大对收储运和处理体系等方面的投入力度。鼓励投资农村可再生能源开发利用，加大对农村能源综合建设投入力度，推广农村可再生能源利用技术，提升秸秆能源化、饲料化利用能力。支持研发应用减碳增汇型农业技术，探索建立碳汇产品价值实现机制，助力农业农村减排固碳。参与长江黄河等流域生态保护、东北黑土地保护、重金属污染耕地治理修复。

（七）农业科技创新。鼓励社会资本创办农业科技创新型企业，参与农业关键核心技术攻关，开展全产业链协同攻关。鼓励聚焦生物育种、耕地质量、智慧农业、农业机械设备、农业绿色投入品等关键领域，加快研发与创新一批关键核心技术及产品，开展生物育种、高端智能农机、丘陵山区农机、大型复合农机和产业急需农民急用的短板机具、渔业装备、绿色投入品、环保渔具和玻璃钢等新材料渔船等的研发创新、成果转化与技术服务，提升装备研发应用水平。鼓励参与农业领域国家重点实验室等科技创新平台基地建设，参与农业科技创新联盟、国家现代农业产业科技创新中心等建设，促进科技与产业深度融合。支持农业企业牵头建设农业科技创新联合体或新型研发机构，加强农业科技社会化服务体系建设，完善农业科技推广服务云平台。引导发展技术交易市场和科技服务机构，提供科技成果转化服务，加快先进实用技术集成创新与推广应用。

（八）农业农村人才培养。支持社会资本参与农业生产经营人才、农村二三产业发展人才、乡村公共服务人才、乡村治理人才、农业农村科技人才、乡村基础设施建设和管护人才等培养。鼓励依托原料基地、产业园区等建设实训基地,依托信息、科技、品牌、资金等优势打造乡村人才孵化基地。鼓励为优秀农业农村人才提供奖励资助、技术支持、管理服务,促进农业农村人才脱颖而出。

(九)农业农村基础设施建设。支持社会资本参与高标准农田建设、中低产田改造、耕地地力提升、盐碱地开发利用、农田水利建设,农村产业路、资源路、旅游路建设,通村组路硬化,丘陵山区农田宜机化改造,农房质量安全提升,农村电网巩固,农村供水工程建设和小型工程标准化改造,太阳能、风能、水能、地势能、生物质能等清洁能源建设,以及建设乡村储气罐站和微管网供气系统。立足乡村现有基础扎实稳妥推进乡村建设,协调推进农村道路、供水、乡村清洁能源、数字乡村等基础设施建设。在有条件的地区推动实施区域化整体建设,推进田水林路电综合配套,同步发展高效节水灌溉。鼓励参与渔港和避风锚地建设,协同推动乡村基础设施建设和公共服务发展。

(十)数字乡村和智慧农业建设。鼓励社会资本参与建设数字乡村和智慧农业,推进农业遥感、物联网、5G、人工智能、区块链等应用,推动新一代信息技术与农业生产经营、质量安全管控深度融合,促进信息技术与农机农艺融合应用,提高农业生产智能化、经营网络化水平。支持参与数字乡村建设行动,引导平台企业、物流企业、金融企业等各类主体布局乡村。鼓励参与农业农村大数据建设,拓展农业农村大数据应用场景,加强农产品及农资市场监测和分析预警,为新型农业经营主体、小农户提供信息服务。鼓励参与农村地区信息基础设施建设,助力提升乡村治理、社会文化服务等信息化水平。鼓励参与“互联网+”农产品出村进城工程建设,推进优质特色农产品网络销售,促进农产品产销对接。支持数字乡村标准化建设,加强农村信用基础设施建设,推动遥感卫星数据在农业农村领域中的应用,健全农村信息服务体系。鼓励建设数字田园、数字灌区和智慧农(牧、渔)场,借力信息技术赋能乡村公共服务,推动“互联网+政务服务”向乡村延伸覆盖。

（十一）农村创业创新。鼓励社会资本投资建设返乡入乡创业园、农村创业创新园区和农村创业孵化实训基地等平台载体，加强各类平台载体的基础设施、服务体系建设，推动产学研用合作，激发农村创业创新活力。鼓励联合普通高校、职业院校、优质教育培训机构等开展面向农村创业创新带头人关于创业能力、产业技术、经营管理方面的培训，建设产学研用协同创新基地，规范发展新就业形态，培育发展家政服务、物流配送、养老托育等生活性服务业，促进农民就地就近就业创业。

（十二）农村人居环境整治。支持社会资本参与农村人居环境整治提升五年行动。鼓励参与农村厕所革命、农村生活垃圾治理、农村生活污水治理等项目建设运营，健全农村生活垃圾收运处置体系，加强村庄有机废弃物综合处置利用设施建设。鼓励参与村庄清洁和绿化行动。推进农村人居环境整治与发展乡村休闲旅游等有机结合。

（十三）农业对外合作。鼓励社会资本参与农业对外经贸合作，支持企业在“一带一路”共建国家开展粮、棉、油、糖、胶、畜、渔等生产加工、仓储物流项目合作，建设境外农业合作园区。鼓励围绕粮食安全、气候变化、绿色发展等领域，积极参与全球农业科技合作，参与农资农机、农产品加工流通、农业信息等服务走出去，带动相关领域产能合作。鼓励参与农业国际贸易高质量发展基地、农业对外开放合作试验区等建设，创新农业经贸合作模式、对接有关规则标准、培育出口农产品品牌、建设国际营销促销网络，培育农业国际竞争新优势。

三、创新投入方式

根据各地农业农村实际发展情况，因地制宜创新投融资模式，推动资源整合、投资结构优化、投资效能提升。通过独资、合资、合作、联营、租赁等途径，采取特许经营、公建民营、民办公助等方式，健全联农带农有效激励机制，稳妥有序投入乡村振兴。

(一)完善全产业链开发模式。支持农业产业化龙头企业、农垦企业联合家庭农场、农民合作社等新型农业经营主体、小农户,加快全产业链开发和一体化经营、标准化生产,开展规模化种养,发展加工和流通。开创品牌、注重营销,推进产业链生产、加工、销售各环节有机衔接,贯通产加销、融合农文旅,推进延链、补链、壮链、优链,打造一批创新能力强、产业链条全、绿色底色足、安全可控制、联农带农紧的农业全产业链。鼓励社会资本聚焦比较优势突出的产业链条,补齐产业链条中的发展短板,参与现代种业提升、农机研发与应用、智慧农业、设施农业等产业发展,提升产业链供应链现代化水平。支持龙头企业下乡进村,建分支机构、生产加工基地等,发挥农业产业化龙头企业的示范带动作用。

(二)探索区域整体开发模式。支持有实力的社会资本在符合法律法规和相关规划、尊重农民意愿的前提下,立足乡村发展实际和乡村建设现状,因地制宜、稳妥有序探索区域整体开发模式,统筹乡村基础设施和公共服务建设、高标准农田建设、国家级水产健康养殖和生态养殖示范区、产业融合发展等进行整体化投资,建立完善合理的利益分配机制,为当地农业农村发展提供区域性、系统性解决方案,促进农业提质增效,带动农村人居环境显著改善、农民收入持续提升,实现社会资本与农户互惠共赢。

(三)创新政府和社会资本合作模式。鼓励信贷、保险机构加大金融产品和服务创新力度,配合财政支持农业农村重大项目实施,加大投贷联动等投融资模式探索力度。鼓励各级农业农村部门按照有关要求,对本地区农业投资项目进行系统性梳理,探索在高标准农田建设、智慧农业、仓储保鲜冷链物流、农村人居环境整治等领域,培育一批适于采取PPP模式的、有稳定收益的公益性项目,依法合规、有序推进政府和社会资本合作,让社会资本投资可预期、有回报、能持续。鼓励社会资本探索通过资产证券化、股权转让等方式,盘活项目存量资产,丰富资本进入退出渠道。

(四)探索设立乡村振兴投资基金。各地要结合当地发展实际,推动设立金融机构大力支持、社会资本广泛参与、市场化运作的乡村振兴基金。鼓励有实力的社会资本结合地方农业产业发展和投资情况规范有序设立产业投资基金。充分发挥农业农村部门的行业优势,积极稳妥推进基金项目储备、项目推介等工作,鼓励相关基金通过直接股权投资和设立子基金等方式,充分发挥在乡村振兴产业发展、基础设施建设等方面的引导和资金撬动作用。

(五)建立紧密合作的利益共赢机制。强化社会资本责任意识,让农民更多分享产业增值收益。鼓励农民以土地经营权、水域滩涂、劳动、技术等入股,支持农村集体经济组织通过股份合作、租赁等形式,参与村庄基础设施建设、农村人居环境整治和产业融合发展。创新村企合作模式,充分发挥产业化联合体等联农带农作用,激发和调动农民参与乡村振兴的积极性、主动性。鼓励社会资本采用“农民+合作社+龙头企业”“土地流转+优先雇用+社会保障”“农民入股+保底收益+按股分红”等利益联结方式,与农民建立稳定合作关系、形成稳定利益共同体,做大做强新型农业经营主体,健全农业专业化社会化服务体系,提升小农户生产经营能力和组织化程度,让社会资本和农民共享发展成果。

四、打造合作平台

打造一批社会资本投资农业农村的合作平台,为社会资本投向农业农村提供规划、项目信息、融资、土地、建设运营等一揽子、全方位投资服务,促进要素集聚、产业集中、企业集群,实现控风险、降成本、提效率。

(一)完善规划体系平台。统筹做好发展引导规划、专项规划、区域规划、建设规划等的管理制定、信息发布等工作,充分发挥以《乡村振兴战略规划(2018—2022年)》《“十四五”推进农业农村现代化规划》等为总纲,以种植业、渔业、畜牧业、种业、乡村产业、农垦、农业科技、农业机械化、农田建设和农业国际合作等相关规划为指导,以地方农业农村发展有关规划为补充的农业农村规划体系作用,引导社会资本突出重点、科学决策,有序投向补短板、强弱项的重点领域和关键环节。

（二）构建现代农业园区平台。围绕农业现代化示范区、粮食生产功能区、重要农产品生产保护区、特色农产品优势区和农业绿色发展先行区，以及国家现代农业产业园、优势特色产业集群、农业产业强镇、全国“一村一品”示范村镇、农村产业融合发展示范园、农村创业创新园区和孵化实训基地、精深加工基地、南繁硅谷、农业对外开放合作试验区等重大农业园区，建立社会资本投资指导服务机构，发挥园区平台的信息汇集、投资对接作用。健全完善政策支持体系，加快园区公共服务设施和能力水平建设，增强各类园区对社会资本的引导和聚集功能，不断提升农业绿色化、优质化、特色化、品牌化水平。

（三）建设重大工程项目平台。依托高标准农田建设、优质粮食工程、农业生产“三品一标”提升行动、奶业振兴行动、种业振兴行动、农产品产地冷藏保鲜设施建设工程，以及畜禽粪污资源化利用整县推进、内陆集中连片养殖池塘改造和尾水达标治理整县推进、农村人居环境整治、新一轮畜禽水产遗传改良计划、农业关键核心技术攻关、“百县千乡万村”乡村振兴示范创建等，建立项目征集和发布机制，引导各类资源要素互相融合。加强宣传和解读，提高重大工程项目参与方式、运营方式、盈利模式、投资回报等相关信息透明度和可获得性；充分发挥政府投资“四两拨千斤”的引导带动作用，稳定市场收益预期，调动社会资本积极性。

（四）推进项目数据信息共享。汇集农业领域基建项目、财政项目，以及各行各业重大项目，形成重点项目数据库，在严守信息安全底线的前提下，通过统一的信息共享平台集中向社会资本公开发布，发挥信息汇集、交流、对接等服务作用，引导各环节市场主体自主调节生产经营决策。推广大数据应用，引导整合线上线下企业的资源要素，推动业态创新、模式变革和效能提高。鼓励行业协会商会主动完善和提升行业服务标准，发布高标准的服务信息指引，发挥行业协会、开发区、孵化器的沟通桥梁作用，加强与资本市场对接。

五、营造良好环境

(一)加强组织领导。各级农业农村部门、乡村振兴部门要把引导社会资本投资农业农村作为重要任务,加强与发改、财政、金融监管、自然资源等部门的沟通,推进信息互通共享,协调各有关部门立足职能、密切配合、形成合力。要建立规范的合作机制,引导社会资本积极参与相关规划编制、项目梳理,严格遵循乡村规划“三区三线”的空间管制,准确把握投资方向,积极探索具体方式,提高各类项目落地效率,充分发挥政府、市场和社会资本的合力作用。加强对外资的管理,推动外资依照《外商投资法》相关规定和要求,投资农业农村。

(二)强化政策激励。完善农村闲置宅基地和闲置住宅盘活利用政策。鼓励各地根据地方实际和农村产业业态特点探索供地新方式,保障和规范农村一二三产业融合发展用地。加快构建以农村土地流转风险防范制度、农村社会信用评价制度,以及农业保险“扩面、增品、提标”和农产品期货价格发现机制等为重要内容的风险防范体系。落实稳步提高土地出让收入用于农业农村比例的政策要求,集中用于乡村振兴重点任务。支持地方政府发行政府债券用于符合条件的乡村振兴公益性项目,发挥专项债券资金对促进乡村振兴作用。加快健全商业性、合作性和政策性、开发性金融,以及信贷担保等为重要内容的多层次农村金融服务体系,发展供应链金融,探索通过投贷联动等模式,不断加大对社会资本投资农业农村的支持力度。

(三)广泛宣传引导。汇集重点规划、农业园区、重大工程项目、示范主体名单等相关信息,各类主体可在农业农村部新型农业经营主体信息直报平台上点击查询。大力宣传社会资本投资农业农村的重大意义,做好政策解读,回应社会关切,稳定市场预期,培育合作理念,正确引导社会资本有序进入农业农村经济领域。各地要加强社会资本投资农业农村成功经验和案例的总结,推介一批典型模式。充分利用报刊、广播、电视、互联网等媒体,全方位、多角度、立体式宣传社会资本投资建设成果,营造社会资本投资农业农村的良好氛围。

六、《培育发展社区社会组织专项行动方案(2021—2023年)》

为深入学习贯彻党的十九届五中全会精神,落实《中共中央 国务院关于加强和完善城乡社区治理的意见》《中共中央 国务院关于实施乡村振兴战略的意见》《中共中央办公厅 国务院办公厅关于改革社会组织管理制度促进社会组织健康有序发展的意见》要求,深化《民政部关于大力培育发展社区社会组织的意见》实施,充分发挥社区社会组织在创新基层社会治理中的积极作用,现就实施培育发展社区社会组织专项行动(以下简称专项行动)制定如下方案。

一、指导思想

以习近平新时代中国特色社会主义思想为指导,深入贯彻党的十九大和十九届二中、三中、四中、五中全会精神,紧紧围绕国家治理体系和治理能力现代化总目标,落实中央关于构建基层社会治理新格局的要求,着力固根基、扬优势、补短板、强弱项,从2021年起用3年时间,开展培育发展社区社会组织专项行动,通过实施一批项目计划和开展系列主题活动,进一步提升质量、优化结构、健全制度,推动社区社会组织在建设人人有责、人人尽责、人人享有的社会治理共同体中更好发挥作用。

二、基本原则

坚持党的领导。发挥城乡基层党组织的领导作用，将社区社会组织纳入创新基层社会治理、完善城乡社区服务体系的整体布局，确保社区社会组织工作始终沿着正确政治方向，始终服从服务大局。

坚持以人民为中心。广泛调动社区居民和多方主体参与社区社会组织发展，做到需求由群众提出、活动有群众参与、成效让群众评判，引导社区社会组织更好提供服务、反映诉求、规范行为，积极推进共建共治共享。

坚持问题导向。针对社区社会组织发展短板，以培育发展、能力提升、作用发挥为重点，打造有效工作载体，落实鼓励扶持政策，推动建立长效工作机制。

坚持因地制宜。根据区域特点和经济社会发展实际，制定专项行动实施方案，推动工作重心下沉，细化实化工作措施，保证资源到位，坚持不懈抓好政策落地。

三、工作任务

（一）实施社区社会组织培育发展计划。

进一步明确培育发展导向，制定培育发展规划，完善培育发展机制，落实培育发展资金。到2023年，社区社会组织在结构布局上得到进一步优化，服务各类特殊群体能力进一步增强。

1.制定专项规划。各地根据经济社会发展实际，把社区社会组织培育发展工作纳入城乡社区治理总体布局，加强对社区社会组织工作的统一领导和统筹协调。结合编制城乡社区服务体系建设"十四五"规划，制定本地区社区社会组织发展专项规划，部署、实施培育发展社区社会组织、提高社区社会组织服务能力项目；明确优先发展领域和重点扶持对象，加大服务性、公益性、互助性社区社会组织支持力度，提升社区社会组织在地域分布、服务对象、业务领域等方面的覆盖面和志愿服务参与度;细化培育扶持、发展质量、内部治理、服务开展等方面工作目标,落实相关部门、街道(乡镇)、村(居)民委员会工作责任,为社区社会组织发展提供政策支持和资源保障。

2.建设支持平台。实施社区社会组织“安家”工程,依托街道(乡镇)、城乡社区综合服务设施和社区社会工作服务站点等,为社区社会组织开展活动提供场地支持。推进社区社会组织支持平台建设,发挥社区社会组织联合会等枢纽型、支持型社会组织作用,有条件的地方可以建设社区社会组织孵化基地。明确相关支持平台和孵化机构工作职责,完善工作制度,强化工作力量,为社区社会组织提供党建引领、培育孵化、资金代管、人员培训等综合服务和指导支持。有条件的地方可以探索委托具备专业能力的枢纽型社会组织或社会工作服务机构运营服务平台与孵化机构。

3.加强政策扶持。推动建立多元化筹资机制,鼓励通过政府购买服务、公益创投、社会支持等多种渠道支持社区社会组织培育发展。健全政府购买社区服务机制,支持各地加大向社区社会组织购买社区服务的力度。鼓励街道(乡镇)为社区社会组织参与社区服务提供资源支持、项目对接等服务,鼓励城乡社区党组织和村(居)民委员会为当地优秀人才领办社区社会组织提供必要支持。各地可结合实际情况探索多种形式设立工作基金,支持社区社会组织发展。

4.补齐工作短板。要结合本地农村实际以及脱贫攻坚、乡村振兴等工作要求,加大农村社区社会组织培育发展力度,推动政府和社会资源向农村社区社会组织和服务项目倾斜。强化农村社区党组织领导和村民委员会指导功能,动员引导村民根据生产生活需求、本地风俗、个人兴趣爱好等成立农村社区社会组织。培育发展农村志愿服务组织,为村民提供生产生活服务,为农村留守老年人、儿童等特殊困难群众提供关爱服务。加强农村社区文体团队建设,丰富农民精神文化生活。注重发现培养农村社区社会组织骨干人才,加强农村社区社会工作人才队伍建设。根据区域实际,选取一批基础较好的农村社区开展农村社区社会组织培育发展试点，总结符合本地区实际的发展模式和经验。

（二）实施社区社会组织能力提升计划。

加强工作指导和统筹协调，从工作力量、工作方法、工作内容和工作资源等方面给予支持，不断提升社区社会组织的组织管理和服务能力。到2023年，社区社会组织参与相关领域管理、提供专业化社区服务的能力进一步提升，成为居民参与社会治理和社区服务的有效载体。

1. 培养一批骨干人才。各地民政部门要统筹社区、社会组织、社会工作力量，制定培训计划，培养社会组织工作的骨干队伍。要通过举办示范培训、网上课堂、新媒体教学等多种方式，面向街道（乡镇）民政助理、城乡社区工作者、儿童主任、社区社会组织负责人、社区社会工作者、社区志愿者等，广泛开展各类能力培训，将社区社会组织党的建设、培育发展、能力建设、日常运作等纳入培训内容。鼓励社区社会组织从业人员参加社会工作知识培训和全国社会工作者职业资格考试，有条件的地方视情况对参加考试人员给予考试教材、考前培训、考试费用等帮扶激励。力争到2023年，全国普遍开展社区社会组织骨干人才培训，社区社会工作人才培训累计达到245万人次。

2. 对接一批活动项目。在推进社区、社会工作者、社区志愿者、社区社会组织、社区公益慈善资源联动实践的基础上，结合实际组织开展社区服务项目洽谈会、公益创投大赛等社区公益服务供需对接活动，通过服务项目加强对社区社会组织的引导。要进一步强化项目意识，提升社区社会组织需求调研、项目设计、项目运作水平。推进社区社会组织品牌建设，引导优秀社区社会组织完善发展规划、加强项目宣传，提高品牌辨识度和社会知名度。

3. 提升专业服务能力。会同相关部门推动管理、服务资源下沉，指导街道（乡镇）和城乡社区党组织、村（居）民委员会落实责任，通过加强社区宣传、建立联络制度、开展业务培训、组织应急演练等方式，提升社区社会组织协同应对自然灾害、事故灾难、公共卫生、社会安全等突发事件的水平;通过加强对群防群治活动的组织、指导和保障,提升社区社会组织参与平安社区建设、和谐社区建设的能力;通过购买服务、委托项目等方式,提升社区社会组织参与提供健康、养老、育幼等社区服务的能力;通过提供活动场地等措施,支持社区社会组织开展文艺演出、体育竞赛等活动,增强社区文化建设阵地功能。鼓励有条件的城乡社区通过设置社会工作岗位等方式,配备专人联系、指导和服务辖区内社区社会组织,不断提升社区社会组织的专业服务能力。

(三)实施社区社会组织作用发挥计划。

加强组织动员,引导社区社会组织在提供社区服务、扩大居民参与、培育社区文化、促进社区和谐等方面发挥积极作用。到2023年,居民通过社区社会组织参与社区生活、享受社区服务更加广泛,对社区社会组织的感知度和认可度进一步提升,社区社会组织服务领域进一步拓展,服务质量进一步提升,成为参与城乡社区治理的重要力量。

1.“邻里守望”系列社区志愿服务活动。引导社区社会组织在城乡基层党组织领导、基层群众性自治组织指导下,以“邻里守望”等为主题,开展有特色、有实效的主题志愿服务活动。通过综合包户、结对帮扶等多种方式,重点为社区内低保对象、特困人员、空巢老人、农村留守人员、困境儿童、残疾人、进城务工人员及随迁子女等困难群体提供亲情陪伴、生活照料、心理疏导、法律援助、社会融入等各类关爱服务,构建守望相助的邻里关系,推动社区志愿服务常态化。引导基金会等慈善组织支持社会工作者、志愿者深入城乡社区,依托社区社会组织为重点群体和困难群众提供关爱服务,为兜底保障、社区服务提供支持力量。

2.“共建共治共享”系列社区协商活动。引导社区社会组织在城乡基层党组织领导下,协助基层群众性自治组织带动居民有序参与基层群众自治实践,依法开展自我管理、自我服务、自我教育、自我监督。倡导“有事好商量,众人的事由众人商量”，通过小区自管会、乡贤参事会等组织形式，发动社区居民和驻社区单位等多方主体围绕公共服务、矛盾调解、建设发展等社区重要事务，定期组织开展议事协商、乡贤参事等活动。发挥社区社会组织在汇聚民智、收集民意中的积极作用，通过委托开展居民调查等方式，指导社区社会组织发挥收集、反映居民诉求作用，拓展居民群众利益表达渠道。

3.“共创平安”系列社区治理活动。发挥社区社会组织在社区治安综合治理中的积极作用，指导社区社会组织开展社区矛盾化解、纠纷调解、心理服务等工作。推动社区社会组织参与平安社区建设，协助做好社区矫正、社区戒毒、重点人员帮扶、社区康复，有序参与应急救援、疫情防控等工作。针对社区治安、环境卫生、物业管理、流动人口管理服务等社区突出问题，以社区社会组织为载体，广泛调动社区居民和驻社区单位参与治安巡逻、商圈整治、垃圾分类、就业对接等活动。

4.“文化铸魂”系列精神文明创建活动。以社区社会组织为平台，推进社区文明创建。围绕践行社会主义核心价值观，指导社区社会组织广泛开展歌咏、读书、书法、朗诵、科普知识等群众性文化、教育活动，弘扬时代新风。发挥社区社会组织在社区文化建设中的积极作用，通过开展文化演出、非遗展示、民俗展演、文旅宣传、体育竞赛等活动，推动形成具有本地特色的社区文化、村镇文化、节日文化、广场文化。发挥农村红白理事会、乡风文明理事会等在改革婚丧礼仪等方面的作用，强化村规民约的引导作用和约束力，发动党员、村民代表带头签订移风易俗承诺书，倡导婚事新办、丧事俭办、喜事简办。

（四）实施社区社会组织规范管理计划。

进一步落实社区社会组织各项管理制度，在党的领导、活动指导和内部治理等方面，细化工作规程，形成一套制度安排。到2023年，形成比较成熟的社区社会组织工作机制，社区社会组织管理、指导和服务更加有效，社区社会组织发展既充满活力又健康有序。

1.落实党建责任。指导街道(乡镇)党(工)委和城乡社区党组织落实党建责任,围绕加强党对社区社会组织各项工作的领导、城乡社区党组织与社区社会组织定期联系、组织协调社区社会组织参与城乡社区共驻共建等制定工作方案、明确责任目标、细化工作任务。

2.完善分类管理。落实分类登记管理要求,符合条件的社区社会组织要依法登记;对规模较大但未达到登记条件的社区社会组织,由所在乡镇人民政府、街道办事处实施管理;规模较小、组织松散的社区社会组织,由城乡社区党组织领导,村(居)民委员会对其活动进行指导和管理。对未达到登记条件的社区社会组织,各省级民政部门要研究制定管理工作规程,细化工作内容和工作规范,指导街道(乡镇)、城乡社区落实相关要求。推动建立社区社会组织开展节庆活动、文化演出、体育竞赛、人员集会等重大活动报告制度。探索建立社区社会组织定期向村(社区)"两委"报告工作,由村(社区)"两委"和居民群众对社区社会组织工作进行评估评议制度,评估评议结果作为开展社区社会组织相关工作的重要参考。

3.规范内部治理。推动社区社会组织制定简易章程,以章程为核心加强宗旨建设,规范内部治理、资金使用和活动开展。在社区层面建立社区社会组织信息公开制度,强化决策公开和透明运作,提升社区社会组织公信力。加强街道(乡镇)层面社会组织联合会建设,倡导社区社会组织遵纪守法、遵章守规,积极承担社会责任,强化自律管理。

四、组织实施

(一)加强组织领导。

民政部社会组织管理局、基层政权建设和社区治理司、慈善事业促进和社会工作司按照各自职责分工,分别抓好相关指导工作。地方各级民政部门要充分认识大力培育发展社区社会组织的重要性，积极争取支持，强化部门协同，完善工作机制，形成工作合力；要加强调查研究，制定和落实好本地区社区社会组织发展规划，细化工作措施，分步骤、有重点地推进相关工作；要加强宣传引导，广泛调动社区居民和多方主体参与，推进共建共治共享的基层社会治理格局。

（二）加强指导支持。

民政部将培育发展社区社会组织作为贯彻落实中央关于改革社会组织管理制度、促进社会组织健康有序发展要求的重点任务，纳入民政工作综合评估、民政事业统计，推动纳入相关部门平安建设考核指标，加强工作指导。省级民政部门要落实工作职责，加强督促检查，指导地方民政部门和基层组织细化实化工作措施。有条件的地方要争取将社区社会组织发展纳入基层政府绩效考核、村（社区）“两委”班子目标责任考核、社区党组织书记年度述职内容，形成层层抓落实的责任体系。

（三）加强典型引领。

民政部将围绕社区社会组织培育发展、能力提升、作用发挥、规范管理等重点内容，通过网络、报刊等进行系列主题宣传，通过召开会议、网上平台沟通等方式促进工作交流，加强典型引领。各地要注重提炼形成可推广、可复制的经验做法，通过模式总结、案例分析、理论研究等方式完善本地区社区社会组织发展思路和政策措施。要通过组织各类交流展示活动，加大对社区社会组织优秀典型、先进事迹的宣传、表扬力度。

后记

很荣幸有机会参与“乡村振兴探索”丛书的编写，本书是丛书中的一册，侧重介绍社会企业在乡村振兴中可以做的创新可能。在全面实施乡村振兴战略的过程中，产业振兴是重要的工作抓手，而如何转变思路、创新思维，让乡村产业振兴既符合生态文明战略的要求，又能为本地农民带来真切的实惠、改善基层治理与社会发展呢？其实是很多地方领导、企业家和新型农业经营主体都感到困惑的问题。复杂多变的国内外经济形势，也为乡村产业发展带来了更多的风险和压力。因此，融合城乡资源、调动生态资源、创新业态和就业方式、推动企业转型升级，就成了必须要走的路。在这条路上，作为一种探索实践的乡村社会企业，有助于化解传统农业产业的瓶颈困境，可能成为一个重要的突破途径。

在这本书中，收录了不同类型乡村社会企业的实践。它们在规模、经营主体、业态类型、组织方式、经营方式等方面，都存在着众多的差异，但其内核是不变的——立足于乡土本地资源和本土市场，吸引社会资源，创新乡村业态，调动与整合乡村多元社会资源与生态资源，完善乡村社会服务和良性治理。

这里虽然介绍了社会企业的很多优点，但并不意味着社会企业在乡村的发展就会一帆风顺。在本书的每一个案例中，或多或少地介绍了社会企业家们在探索前行的道路上所经历的曲折与困惑。他们的不畏艰难、勇于创新，更是让人动容，他们的努力是一个从无到有的过程，是从乡土社会中汲取智慧力量的过程，是寻找创造适合乡土社会的综合发展可能性的过程。

在此，向授权本书使用经验资料的各位实践者、案例作者表示深深的感谢！他们在百忙之中提供资料、多次修改文章，殊为不易！而且，写在纸上的只是过往的经验，鲜活的实践永无止境。书中案例文字书写于几年前，成稿至今他们的工作又有了很多的推进和变迁，很可惜无法在书中做更全面的呈现。在此，祝福他们发展得越来越好。

同时，由于种种条件限制，本书收录的案例只是众多优秀社会企业实践中的一小部分。乡村社会企业的发展与创新层出不穷、日新月异，还有很多很多具有启发借鉴意义的经验案例没能收入，非常遗憾。作为研究者，笔者会持续关注与学习中国本土社会企业发展过程中的探索实践。也希望这个小册子能成为一个契机，与您共同去探寻社会企业更加宽广的可能性。

在实践乡村振兴战略的过程中，乡村社会企业就像一棵棵扎根于本土城乡社会的大树，生于斯长于斯又荫蔽于斯，期待它们一起生长出全面乡村振兴的共同富裕图景！